I0606032

El Yiye que yo conocí

El Yiye que yo conocí

LECCIONES DE VIDA

Dr. Luis Ángel Díaz-Pabón

ORIGEN

Primera edición: enero de 2026

Publicado por ORIGEN®, marca registrada de
Penguin Random House Grupo Editorial USA, LLC

Impreso en Colombia / *Printed in Colombia*

Información de catalogación de publicaciones disponible
en la Biblioteca del Congreso de los Estados Unidos

ISBN: 979-8-89098-598-9

Contenido

Capítulo IV: Vida y servicio

Capítulo V: Ministerio

Capítulo VI: Campañas y encuentros

Capítulo VII: La prueba más dura

PARTE II: YIYE, UNA MIRADA A SU DOCTRINA Y TEOLOGÍA

Capítulo VIII: Ejercicios espirituales

Capítulo IX: Los dones espirituales

Introducción

Antes de que usted se sumerja en la lectura de este libro, deseo adelantarle algunos pensamientos y experiencias particulares. Lo quiero hacer consciente de que en ciertos capítulos veremos estas observaciones en mayor detalle.

He visitado todos los países del continente americano y en casi todos he predicado en varias ciudades. También he cultivado amistad con muchos de los evangelistas más conocidos en las últimas décadas del mundo hispanohablante, y nunca estuve en un país o hablé con algún líder donde no surgiera la conversación o me comentara algo acerca de Yiye Ávila.

Por eso deseo hacer una declaración que quizás me causará problemas con algunos amigos. Pero no temo afirmar que, desde la década de los setenta hasta la primera década del siglo XXI, Yiye Ávila fue el evangelista de mayor influencia en Latinoamérica. No creo que durante esos cincuenta años hubiera alguien que les predicara directamente a más personas que Yiye. Esto lo digo después de considerar datos tan elocuentes como la cantidad de lugares de sus campañas, la duración de los eventos, la frecuencia de ellos, la asistencia de personas y los resultados evangelísticos obtenidos.

La manera en que el equipo de trabajo de Yiye registraba las conversiones de fe era rigurosa, como rigurosa era su vida de oración. Para la segunda mitad de la década de los ochenta le escuché un informe donde dijo que Dios exigía de él cuando menos tres horas de oración diarias, y que, por algunos años, sus campañas llegaron a promediar cien mil conversiones anuales.

El evangelista Pedro Rosa, uno de los coordinadores de las campañas de Yiye, me dijo que en Bolivia se registraron 57 000 conversiones en una gira, y en Perú 53 000. Estas son profesiones de fe con nombres y direcciones registradas, no estimaciones aproximadas. Nunca escuché de números como esos en Latinoamérica. Mientras hablaba con Pedro Rosa, se mostraba emocionado, y decía refiriéndose a Yiye: «Ese hombre era un fenómeno».

Su último aniversario

Sonó el teléfono y era la inconfundible voz de Tommy Figueroa, para entonces considerado la mano derecha de Yiye y vicepresidente del Ministerio Cristo Viene. Después de intercambiar saludos, me hizo saber que Yiye cumplía cincuenta años de ministerio y lo celebrarían con una noche de ministración al pueblo de Dios en la ciudad de Arecibo, Puerto Rico. Deseaban que el evangelista Eugenio Jiménez fuera el predicador de la celebración. Tommy me pidió que realizara el contacto con Jiménez para extenderle la invitación. En efecto, el hermano Eugenio Jiménez fue el predicador de dicha celebración.

Recuerdo que unos años antes de ese evento, estando en la casa de Eugenio Jiménez, en lo que parecería un museo de proezas divinas, encontré una foto en la que se distingue un hombre joven y fornido muy parecido a Yiye Ávila. El evangelista me dijo: «En mi campaña de Quebradillas, Yiye levantó su mano dando testimonio público de su conversión».

Me propuse viajar a Puerto Rico y estar presente en la actividad. No podía faltar a tan importante encuentro. Llegué más o menos a la hora a la que debía dar inicio, pero no estaba preparado para lo que vi. Tuve que estacionar a unas cuadras del coliseo porque ya en el estacionamiento no había cupo. Mientras caminaba hacia el lugar, escuchaba los comentarios de la gente que, en procesión, regresaba triste por no haber podido entrar. Igual número avanzaba hacia el coliseo con la esperanza de que lograrían el acceso. La frustración era evidente y los comentarios desgarradores: «Yo quería ver a mi viejito por última vez», decía una anciana. «Esta ofrenda se la enviaré por correo», comentó otra. «¡Yo no me quedo sin verlo!», exclamó un joven que se apuraba cuesta arriba.

Para ese pueblo el famoso predicador no era un extraño, era familia. Evidentemente había calado muy profundo en sus corazones. Su jocosidad, sus refranes y la ternura de su mirada le habían granjeado el amor de su gente. Muchos de ellos eran convertidos de sus campañas, otros, sanados en sus cultos, y la mayoría lo tenían como su predicador favorito. Lo cierto es que el anciano era visto como un padre para unos y como un abuelito para otros.

Habían pasado cincuenta años desde su conversión e inicio de su ministerio. Eso significaba que yo había pasado mi vida entera oyéndolo predicar; que había sido testigo del desarrollo de uno de los ministerios más grandes de la historia del mundo hispano, y que ahora era testigo del impresionante cierre de este ministerio. Pensé: *Contaré esta historia a mis nietos.*

Durante el servicio, se apersonaron líderes religiosos, políticos y otros famosos para reconocer la labor realizada por un Yiye Ávila, que para entonces mostraba en su cuerpo el efecto de los años y el desgaste por el duro trabajo de cinco décadas. El gobernador de Puerto Rico, Luis Fortuño, estuvo acompañado de senadores, miembros de la cámara y otros funcionarios. Jiménez predicó un gran sermón, y aunque no se esperaba que el anciano Yiye ministrara, Eugenio quiso honrarlo acercándole el micrófono para que orara. Fue un momento inolvidable; la multitud se levantó entusiasmada, Yiye pegó un grito de alabanza y el ambiente volvió a ser el mismo de cada cruzada. Se respiraba unción en el aire. Era una mezcla de amor, respeto y admiración.

Busqué un lugar donde pudiera arrodillarme y orar, dando gracias por el privilegio de ser testigo de estas cosas. Pensé sobre la importancia de que todo esto se les cuente a las próximas generaciones. Y supuse que de alguna manera intentaría estimular a la persona que escribiera esta historia. Ya en el auto, mientras tomaba la autopista de regreso a la capital, llegó la idea de que el libro pudiera llamarse *El Yiye que yo conocí*. Y así ocurrió. Cada persona influenciada debe tener la oportunidad de compartir su perspectiva personal acerca del Yiye que conoció.

Hace unos años, cuando el jefe de ventas de una editorial me preguntó si yo deseaba escribir la biografía de Yiye Ávila, le dije que no. Luego aclaré: «no procuro escribirla, pero estaría dispuesto si se dieran ciertas circunstancias». Me preguntó cuáles, y le dije: «Son tres mis requisitos: que la junta directiva del Ministerio Cristo Viene apruebe unánimemente que yo sea el autor; que Carmen Delia "Yeya" Ávila, la viuda de Yiye, esté de acuerdo, y que Doris, la única de las tres hijas que aún vive, respalde el proyecto». Dios se encargó de que las tres condiciones se dieran, y en la armonía del acuerdo emprendimos esta tarea. En ninguna circunstancia quería incomodar a la gente con la que he compartido tan maravillosas experiencias.

He entrevistado a cientos de personas que me han contado sus experiencias. No todas son mencionadas en este libro, pero todas ayudaron a enriquecer el contenido. Creo que si contara todo lo que he escuchado sobre Yiye, el documento tendría miles de páginas. He conversado con familiares, miembros del Ministerio Cristo Viene, con evangelistas, coordinadores, pastores, políticos, gente sanada y convertidos de las campañas en unos veinte países.

En cada conversación mis preguntas intentaban descubrir cómo era el Yiye que esa persona había conocido. Le pregunté a Tommy Figueroa, actual presidente del Ministerio Cristo Viene, qué era lo que más le impresionaba de Yiye. Como si hubiese estado esperando la pregunta, respondió: «Su amistad con Dios». La respuesta de Tommy resumió lo que tantos me habían comentado. Yiye vivía, conversaba, consultaba y se reía con Dios como viejos amigos.

Vinimos a enterrar las hachas

Entre las historias que me contaron los mismos protagonistas, se destaca la de dos líderes que visitaron a Yiye para comentarle sobre la conducta impropia de otro líder cristiano. Ellos deseaban que Yiye se distanciara de ese pastor. Terminado el argumento, Yiye les preguntó: «¿Ya tomaron tiempo para orar por él y preguntarle a Dios qué hacer para levantarlo? ¿No? Entonces arrodíllense aquí conmigo y oremos por él». Enseguida irrumpió en oración, con un clamor desgarrador. Pedía a Dios que perdonara al pastor en cuestión y le diera otra oportunidad. Esos dos líderes salieron de la oficina de Yiye y llegaron a la oficina del pastor caído. Después de contarle lo ocurrido, le dijeron: «Venimos a enterrar las hachas con las que te estábamos despedazando». Esa experiencia describe el carácter restaurador y reconciliador que caracterizó a Yiye. Dios no está en la labor de difamar, y Yiye lo sabía.

Algunos reciben sanidad

La fraternidad de concilios pentecostales de Puerto Rico invitó al evangelista Luis Palau a predicar en el estadio Hiram Bithorn, en la celebración del Domingo de Resurrección. El Dr. Rubén Proietti y Palau me dijeron que deseaban invitar a un almuerzo a algunos evangelistas presentes en el evento. Me concedieron el honor de ser quien los invitara, y señalaron que serían Yiye Ávila, Eugenio Jiménez, Raimundo Jiménez, Jorge Raschke y yo.

Palau eligió sentarse junto a Yiye, haciendo evidente su interés en conocerlo mejor. Yiye pidió ensalada, y los demás, carne. La reunión fue muy amena. Hubo comentarios sobre las familias, sobre experiencias, países y futuras actividades. La cercanía física entre Palau y Yiye les permitía conversar de forma más o menos íntima. Palau se acomodó en su silla como procurando captar la atención de Yiye, y le dirigió la pregunta: «Hermano Yiye, he escuchado que Dios le ha dado un hermoso don de sanidad divina». La espontánea respuesta de Yiye quedó grabada en mi memoria hasta el día de hoy: «Yo no sé si Dios me ha dado don de sanidad o no, pero cuando yo veo a un enfermo se me parte el corazón y oro con todas mis fuerzas por un milagro, y algunos reciben sanidad».

Mi conversación con Doris y Yeya

Mientras conversaba con Yeya y con Doris, venía a mi mente este versículo: *Y cualquiera que haya dejado casas, o hermanos, o hermanas, o padre, o madre, o mujer, o hijos, o tierras, por mi nombre, recibirá cien veces más, y heredará la vida eterna* (Mateo 19:29).

Me preguntaba por qué siempre conocemos acerca del que deja todo por el nombre del Señor y es premiado por su sacrificio, pero no escuchamos de aquellos que fueron dejados. Pensé que sería interesante entrevistar a la madre del joven Juan, el que dejó el negocio de la familia y se fue con Jesús. Sería bueno entrevistar a la suegra de Pedro y a su hija. O entrevistar a la esposa de Mateo el publicano, que seguramente se daba una holgada vida con el abundante dinero que este recibía cobrando impuestos antes de irse a caminar con Jesús. O a la familia de José de Arimatea, quien donó el sepulcro donde podían ser enterrados sus parientes.

Teniendo frente a mí a estas mujeres, me dije, *hoy sabré qué sintieron los que fueron dejados.* Porque la respuesta corta es decir simplemente: fue un privilegio ser la hija o la esposa o el padre de este gran hombre de Dios. La historia completa es también preguntarnos: ¿y qué pasaba cuando papá estaba meses fuera de casa? ¿Qué pasaba cuando necesitábamos un abrazo o un consejo? Siempre resulta interesante mirar tras bastidores en estos casos.

En las palabras de ambas se siente el dolor de un esposo y de un padre que, a menudo, se ausentó de ciertos eventos que a la familia parecían importantes. Yiye no estuvo en muchos cumpleaños, nacimientos, aniversarios y graduaciones. Sin embargo, a ambas les brillaban los ojos al decir que él era muy auténtico. En casa, a solas o en público siempre fue el mismo. Durante la reunión, Yeya repitió varias veces: «No fue fácil».

Resultaba difícil mantener el paso de un atleta que llevó su disciplina deportiva al ministerio y a su relación con Dios. Doris me dijo: «El imponía su fe. Uno tenía que creer como él creía». Para Yiye la vida de fe era su rutina diaria. Pero también lo era ser cariñoso y amoroso.

El personal de trabajo era la familia y algunos voluntarios. Luego Dios fue trayendo algunos de los que se convertirían en piezas clave en el ministerio. Tito Atiles, Ito Tavares, Vicente Vale y cuatro jóvenes que se unieron en Estados Unidos y se mudaron a vivir en la casa de Tito para poder servir en el ministerio de Yiye. Estos últimos eran Cipriano, Junior, Juan y Joaquín. Después del legendario ayuno de 41 días, se sumaron unas veinte personas más, y el ministerio se extendió como pólvora por todo Latinoamérica y Estados Unidos. Había nacido el Escuadrón Relámpago Cristo Viene.

¡Yo lo perdono!

Cuando Ilia murió, viajé para estar en el entierro. Yiye dijo que Dios le había hablado y que él debía predicar en la ceremonia. Describió allí cada detalle del momento en que vio el cuerpo apuñalado de su hija. Y comentó: «Cuando vi el cuerpo de mi muchachita lleno de huecos desde la cara hasta las piernas, el diablo quiso poner un pensamiento en mi mente. Pero levanté mis brazos y mis ojos, y grité. ¡Yo lo amo y lo perdono!». Junto a mí estaba el Licenciado Rafael Torres Ortega, que con un suspiro dijo: «Ay, Dios mío», al tiempo que derramaba lágrimas. Ese grito de perdón contrastaba con lo que se vivía en Puerto Rico durante aquellos días. En radio y televisión algunos predicadores se atacaban con críticas y señalamientos. Las tensiones, rencores y falta de perdón estaban a la orden del día. Pienso que el ejemplo de Yiye ayudó a bajar los niveles de ataques y resentimientos. El evangelista y expandillero de Nueva York, Nicky Cruz, reaccionó diciendo: «Yiye ya vive en el cielo, aunque aún no se ha enterado». Esa era la opinión de todo el que se relacionaba de cerca con él.

Le pedí el divorcio tres veces

A raíz de la conversión de Yiye, Yeya le pidió el divorcio tres veces. Una de las primeras victorias fue la conversión de Yeya. De inmediato Yeya comenzó a ganar almas. Ganó para Cristo a su madre, Carmen Mora, quien muy pronto se convirtió en evangelista. Y Yeya viajó con Yiye en sus primeras campañas, donde predicó ella también.

Pocos saben que alguna vez Yiye fue profesor de Carmen Delia «Yeya», y allí nació el amor entre ellos. Ella me dijo con una sonrisa: «Me casé con mi profesor de química». Como dato curioso, fue la abuela de Carmen Delia quien la apodó Yeya durante la adolescencia. Luego ocurre la coincidencia de que se conocen y forman esta interesante pareja con apodos similares.

Una de las cosas que Yeya me comentó fue que en ocasiones sueña con Yiye, que él la abraza y que, en el sueño, ella le dice: «Quédate conmigo, quédate conmigo». Luego despierta y lo extraña. Eso me hizo recordar que en mi diálogo con el actual presidente del Ministerio Cristo Viene, este me contó que ya en la etapa en que Yiye contemplaba la posibilidad de su muerte, le dijo: «Tommy, cuídame a Yeya». El amor sigue vivo.

Otro detalle

Yeya fue la primera en ir a la cárcel para perdonar al asesino de su hija. Ella cuenta: «Frente a mí, a través del cristal, por teléfono, me incliné para mirar la cara de Rafael, y le dije, "Vine a perdonarte". Puso la mano en el cristal y yo puse la mía, y lo bendije. Le dije que Jesús lo amaba y que deseaba perdonarlo. Al irme sentía que me caía. Me tuve que recostar del dintel de la puerta para no caerme. La experiencia fue muy fuerte, pero sentí la necesidad de liberar esa alma, a fin de que se acercara a Dios. Me han dicho que está predicando en la cárcel. Yo doy gloria a Dios por eso».

Soy el más bendecido

A nadie bendecirá leer este libro tanto como a mí me ha edificado escribirlo. Recibí tanto de los entrevistados que no podré contarlo todo, pero quedará en mi corazón para irlo entregando gradualmente.

El tenor Carlos Seise me testificó que a los nueve años sufrió una infección de oído. Poco a poco perdía la audición. Para entonces, Yiye Ávila realizaba una campaña evangelística en Carolina, Puerto Rico. Su mamá decidió llevarlo. Esa noche el niño se convirtió a Cristo; Dios sanó su oído y posiblemente el mundo de la música clásica ganó un gran intérprete.

Las campañas crecían de forma asombrosa. Ito Tavares dice que después del ayuno de 41 días lo que más se hacía en las oficinas era orar. El teléfono se atendía las veinticuatro horas del día para orar por las peticiones que llegaban. En Chile se usó el parque O'Higgins y la multitud era difícil de contabilizar. El presidente Pinochet lo invitó a su oficina y le envió el helicóptero presidencial para traerlo de la ciudad donde se encontraba predicando. Los milagros alcanzaron a todos, cristianos, inconversos, miembros del ministerio y familiares. Muelas dañadas, sobrepeso, curvatura de los pies, cáncer, sordera y hernias eran sanados diariamente. El hijo de Ito recibió una *platificación* en una pieza dental.

También hubo lugares donde la persecución obligó a tener que trasladar escondido a Yiye. Países como Argentina, México, Perú y Bolivia fueron recorridos por él de frontera a frontera. Se utilizaban todos los medios disponibles para llevar el mensaje del evangelio: discos de acetato, cartuchos de ocho pistas, casetes, CD y DVD. Tuvieron que abrir oficinas en casi todos los países latinoamericanos.

El que invita paga

En mi reunión con el tesorero de la Junta Directiva de Cristo Viene, le pregunté sobre el salario de Yiye. Me dijo: «Él no permitió que se lo aumentáramos. Se mantuvo en trescientos dólares semanales hasta su muerte. Mantuvo sus gastos personales al mínimo y no tenía lujos, aunque el ministerio tenía un presupuesto de varios millones de dólares anuales. Cuando el departamento de contabilidad mostraba preocupación por los gastos de las campañas, la televisión o los orfanatos, Yiye respondía lo mismo: "El que invita paga"».

Me contó Josué Hernández, supervisor del departamento de contabilidad, que entrado Yiye en la última etapa de su vida, pidió ser llevado por cada oficina del edificio del Ministerio Cristo Viene, y llevaba consigo la Biblia, como era su costumbre. Con el dedo señalaba un versículo insistentemente. Aunque ya casi no podía hablar, insistía señalando un versículo. Al mirar, se leía: *Amados, amémonos unos a otros; porque el amor es de Dios. Todo aquel que ama, es nacido de Dios, y conoce a Dios* (1 Juan 4:7). Su último recorrido por las oficinas fue para decir: «Ámense los unos a los otros».

Tito Atiles, uno de los primeros miembros del Ministerio Cristo Viene, dice que siempre dependieron del Señor para todo, incluyendo las finanzas. Estando en Ciudad Juárez, México, una mujer entregó un cheque de un banco de Estados Unidos por 100 000 dólares. Algunos miembros del equipo evangelísticos dijeron que seguramente era un error, que probablemente quería dar cien dólares. Y en efecto fue un error. La mujer vino el próximo día para sustituir el cheque, y entregó uno por 500 000 dólares (medio millón).

Esteban Paredes Jr. llegó a trabajar en la Cadena del Milagro sin ser salvo. Poco tiempo después Yiye, de forma personal, lo llamó a su oficina para predicarle y conducirlo a los pies de Cristo. Para Yiye, evangelizar no era asunto de púlpito. Esteban comenta: «Para mí Yiye fue una escuela».

Tingo Rodríguez Pérez es uno de los muchos evangelistas que se desarrollaron junto a Yiye Ávila. Él comenta: «Me impresionaba que se negaba ir a los hoteles y prefería quedarse en casa de hermanos, economizando cada centavo que podía. Vi milagros de todo tipo en esas campañas, y abundantes conversiones cada noche».

Felix Cardec es otro de los convertidos en las campañas de Yiye. Actualmente dirige la revista del ministerio *La Fe en Marcha*. En su mejor momento la revista distribuía 220 000 ejemplares mensualmente. Cardec dice que esperaban que Yiye viviera hasta el rapto, pero que ahora la responsabilidad es que la Cadena del Milagro, *La Fe en Marcha* y los tratados sigan llevando el mensaje. Yiye no está, pero su mensaje continúa llegando a miles cada día.

Campañas poco tradicionales

Andrés Claudio me contó de eventos como los de Perú, donde Yiye fue acompañado de diez evangelistas que recorrieron el país predicando. Hicieron este tipo de invasión evangelística en varios países. El 31 de diciembre de 1986, mientras el Hotel Dupont Plaza, de San Juan, Puerto Rico, se quemaba, el equipo de evangelistas marchaba con tristeza rumbo a otra jornada evangelística. Alejarse de su tierra en esas circunstancias era muy difícil, pero nada detenía a Yiye cuando se trataba de la predicación. Dios los premió. En ese viaje tuvieron más de 5000 profesiones de fe. En Arequipa los católicos lo invitaron a predicarles. Fue impactante: curas, monjas y feligreses se entregaron a Cristo.

El Estadio Modelo, en Guayaquil, Ecuador, con capacidad para 42 000 personas, se llenó más allá de su capacidad. El pastor Jairo Santa, de la Alianza Cristiana y Misionera, me dijo en testimonio personal que llovía fuera del estadio copiosamente, pero que adentro del estadio no caía una gota de agua. Impresionado por el fenómeno, el pastor Santa salió del estadio y volvió a entrar en repetidas ocasiones, confirmando que en derredor del estadio llovía, pero no adentro.

Yiye era profeta en su tierra

El pastor Ernesto Santos comenta: «Lo conocí en 1972. Yo era pastor en Barahona de Morovis. ¡El ayuno de 41 días fue la gran noticia! Vine a conocerlo. Yiye contribuyó a que yo fuera un ministro de éxito. Aprendí a ayunar y venía a orar a las cuatro de la mañana. Vi que Yiye no interrumpía la oración para atender a nadie». La oración, para Yiye, era una audiencia privada con el Dios del universo. El pastor Santos afirma: «Sobre todas las cosas, Yiye era un hombre de oración».

Santos fue a pastorear en Camuy, la ciudad de Yiye, y tuvo como miembros a la familia de Yiye Ávila. No es fácil pastorear a la familia de un hombre que la ciudad entera respeta. Tenía cultos los lunes en el templo de la iglesia y la asistencia era mayor que los cultos regulares de los domingos. La iglesia local creció a raíz de lo que ocurría los lunes en el culto auspiciado por el Ministerio Cristo Viene. Cada lunes era noche de milagros y conversiones.

Atrapado en una encrucijada

Le pregunté a Tommy Figueroa sobre los momentos difíciles junto a Yiye. Me contó que, en la campaña de Nueva York, él estaba probando a las personas que deseaban dar su testimonio de sanidad, y un hombre le dijo que Dios le había sanado el oído sordo. Dice Tommy que él le hablaba, pero el hombre no escuchaba. Desde la tarima Yiye se dirigió a él, y le dijo: «Pásamelo, porque Dios me dijo que está sano». Tommy se sintió en una encrucijada. Era evidente que el hombre estaba sordo, pero Yiye decía otra cosa. Finalmente, el hombre fue a donde Yiye, y este probó sus oídos ante miles de personas. El hombre escuchaba perfectamente. Tommy dice que aprendió que contra la fe no se puede luchar.

En otra campaña en Nueva York, trajeron a una anciana en ambulancia y decían que había muerto en el trayecto a la campaña. Los paramédicos la certificaron muerta. Yiye la llamó con gran autoridad. La mujer testificó que sentía que se iba por un túnel y que al final veía una luz, cuando escuchó la voz de Yiye que la llamaba. No hubo explicación médica, pero la mujer estaba viva. Algo sobrenatural había ocurrido; aun los paramédicos estaban atónitos.

Tommy Figueroa testifica que Yiye tenía una gran carga por la juventud. Pidió organizar un encuentro de jóvenes, y en el Estadio Juan Ramón Loubriel, de Bayamón, P. R., unos 20 000 jóvenes llenaron el lugar. Después de la predicación, oró por el bautismo del Espíritu Santo. Entró como un viento recio. Una manifestación única. Miles de jóvenes fueron llenos del Espíritu Santo.

Se realizaron unos quince encuentros de jóvenes. Se celebró en Guayaquil, Ecuador, y las escuelas públicas cerraron para que los estudiantes pudieran participar en la celebración.

En cada país o ciudad de Estados Unidos los encuentros de la juventud fueron impresionantes.

Pregunté a Tommy, «¿Cómo desea que recuerden a Yiye?». Me dijo: «Por su obediencia a Dios». Cuando él estaba seguro de que Dios le había hablado, nada lo podía detener. Sin finanzas, avanzaba confiando en que aquel que lo había llamado lo respaldaría. Aun los contrarios lo respetaban. Un periodista puertorriqueño que es abogado le preguntó a un cura: «Si Yiye Ávila fuera católico, ¿qué lugar ocuparía en la iglesia?». El cura respondió: «Si Yiye Ávila fuera católico, estaría canonizado».

El último milagro

Quise entrevistar al Dr. Luis Paz, médico que lo atendió durante los últimos años. Me narró lo siguiente:

> Después de su percance médico, yo lo visité. Me exigía que orara con él una hora; ya tenía 78 años cuando lo visité por primera vez. Me recibía como a un hermano en Cristo que sucede que es médico. Con Yiye aprendí que Dios era real. Yiye era real, era auténtico como el Dios a quien servía. En él no había zonas grises. Creía algo o no lo creía.
>
> Yo le cerré los ojos cuando murió en su pequeña camita. Yiye decía que se iría en el rapto. Unos cinco meses antes de morir, me dijo: «Hablé con el Señor y le dije que si no me va a sanar y no voy a predicar, me voy a ir con Él». Ya él sabía que partiría antes del rapto.
>
> El último milagro ocurrió un mes antes de que Yiye falleciera. Casi no hablaba. Llegó una mujer de un país centroamericano. Ella había tenido una visión donde veía que Yiye colocaba las manos sobre ella y era sanada. La mujer sufría de leucemia. Me llamaron de las oficinas del

> ministerio para preguntarme qué hacer. Por un lado, no deseaban defraudar a la mujer que llegaba con esa fe, pero, por el otro, Yiye ya estaba muy deteriorado físicamente. Le dije a quien me llamó: «Llévenla, eso no le hará daño». Me pidieron que estuviera presente en el momento del encuentro. Acepté y fui. Era una joven sin cabello, muy delgada. Era una escena dolorosa. Ahora la joven lloraba al ver al debilitado anciano. Nada parecido al poderoso predicador que ella veía por televisión. Yeya tomó el brazo de Yiye y lo colocó sobre la cabeza de la joven. Enseguida, Yiye alzó su voz y dijo: «En el nombre del Señor». No dijo más. Ella lloró. Se fue. Luego llegó una comunicación del testimonio. La joven entró en inmediata recuperación. El cáncer desapareció. Dios la sanó.

Salí de la oficina del Dr. Luis Paz impresionado por su testimonio. Oro para que este libro alcance a una generación que no conoció a este hombre de Dios, pero que puede conocer al Cristo a quien él servía.

Jorge Raschke

El evangelista Jorge Raschke me dijo que cuando Yiye comenzó, algunos reaccionaron con temores a su ministerio. Creían que podía convertirse en un falso profeta. «Tres evangelistas levantamos la voz a favor de él —dijo Raschke—: Eugenio Jiménez, David García y yo».

No había nada que temer. Su intensa pasión era sana. Dios levanta hombres ungidos en cada generación. Dice Raschke:

> Vi que Yiye no odiaba a quienes lo atacaban, sino que los perdonaba y amaba. Yiye fue capaz de vivir los cambios

> que Dios exigía. Se superó y balanceó. La CDM refleja a un hombre sabio, humilde y balanceado. Cuando pasé una gran lucha en mi vida, él me dio fortaleza y consuelo. Yiye tenía un espíritu de restauración. Abría puertas a los que se levantaban. Él me recibió cuando yo estaba en medio de la más grande tormenta de mi vida. Era un hombre de paciencia. Me respaldaba, nunca me abandonó. A través de él mi familia fue bendecida. Una de mis hijas se convirtió con él. Mi otra hija, Kathryn, fue sanada de la vista por medio de Yiye.
>
> Dios me sanó de malaria cuando Yiye oró por mí. La contraje en la selva amazónica. Debemos honrar a ese hombre que fue un verdadero siervo de Dios. Oro para que este libro sea ese instrumento de honra.

En otra conversación, un evangelista mucho más joven, David Valle, me dijo: «Yiye Ávila ha sido mi modelo. No por lo que hacía, sino por lo que era. Una vez, estando en la ciudad de Nueva York y sabiendo que había sido pelotero, lo llevé al Yankee Stadium. Él llevó su Biblia como siempre; lo llevé al *dugout*, y todos los jugadores hispanos se querían tomar fotos con él. Humilde y sencillo, Yiye fue un regalo de Dios para nosotros. Quien lo recibió, creció».

Valle me contó que, en el aeropuerto de Puerto Rico, Daddy Yankee, el rapero, se acercó para saludar a Yiye, que no tenía idea de quién era aquel joven; pero cuando le dijeron que era rapero, le dijo: «Lo más importante es la letra».

Nicaragua, marzo de 1987

Daniel Ortega, el presidente de Nicaragua de entonces, autorizó la visita de Yiye Ávila para predicar en el 28º Aniversario de Radio Ondas de Luz. Fueron más de 60 000 asistentes en tiempo de guerra. Fue glorioso. Yiye había pedido una reunión con el presidente y le fue denegada. Una enfermera cristiana llevó ocho paralíticos a la campaña y todos dejaron las sillas de ruedas. El impacto de lo sucedido trascendió.

Al otro día, Yiye ministraba a los pastores, y llegaron los de la seguridad del Estado buscando a Yiye, «porque el comandante Ortega lo estaba esperando». Los pastores le pidieron a Yiye que fuera a la reunión con el presidente (comandante). Le indicaron que solo tenía quince minutos para hablar con Ortega. La conversación entre Yiye y Ortega comenzó, y cuando entró el oficial para indicar que la reunión terminaba, Ortega se puso de pie para decir que aún no habían terminado. Conversaron por más de dos horas y media. Ortega amó a Yiye. Yiye lo invitó al cierre de campaña, en el cual orarían por la paz.

Transmitiendo a Centroamérica y a Puerto Rico, el comandante saludó, y no habló de política; ofreció a Yiye que podía venir a Nicaragua cuando quisiera, al lugar del país que quisiera. De una vez Yiye le dijo: «Vengo en noviembre». Fue impactante. Oraron por la paz de Nicaragua y Centroamérica. Luego en agosto se reunieron los presidentes y se firmó el Acuerdo de Paz de Esquipulas.

Yiye vuelve en noviembre y viaja por toda Nicaragua: Estelí, Jinotepe, Chichigalpa y otras ciudades. Termina en Managua en un terreno abierto. En el cierre de ese evento, se calculó una asistencia de más de 200 000 personas. Ortega testificó públicamente que la oración de Yiye provocó el milagro de la paz en Centroamérica. El evangelista Pedro Rosa fue el coordinador de ese evento. Me dijo: «El Yiye que yo conocí era humilde y sano; lo extraño».

La mató un rayo

Carmen Delia Rivera tenía como su principal responsabilidad la oración. Viajaba a las campañas para mantenerse orando con el grupo de intercesores locales. Durante la campaña de Chicago, se suscitó un evento trágico y singular. Una mujer se burlaba de Yiye, interrumpiendo el culto. Ante miles de testigos, el cielo azul se oscureció y un único rayo cayó sobre la cabeza de la mujer, matándola al instante.

Carmen Delia, la intercesora, corrió a tratar de auxiliarla, pero estaba muerta. La cubrió con su abrigo. El temor llenó los corazones, y ese fue el tema de conversación por muchos años. He conversado con personas que estuvieron presentes, y todos afirman que la historia es real.

Tomaba un avión en la ciudad de Miami cuando vi al cantante René González que se acercaba. Después del saludo lo invité a desayunar. Ya en la mesa, surgió el tema del libro «El Yiye que yo conocí». Le comenté sobre el incidente de Chicago y me dijo: «Yo estaba cantando en esa campaña. Lo ocurrido fue único. Mientras esa mujer se burlaba de Yiye, repentinamente el cielo se oscureció y cayó un solo rayo. Ella cayó muerta y los presentes fuimos tomados por un profundo temor a Dios».

En otro lugar, un joven subió con un puñal para matar a Yiye. De pronto, cayó al suelo y el puñal cayó de su mano. Dijo que había sentido un golpe en la cabeza y había perdido las fuerzas. «Con Yiye aprendí —dijo Carmen Delia— que las batallas se ganan de rodillas».

En el entierro de Yiye le preguntaron a Tommy Figueroa: «¿Y ahora quién tomará esos zapatos?». Tommy respondió: «A Yiye lo vamos a enterrar con los zapatos puestos».

No hay desánimo

Recorrer hoy los pasillos del edificio Cristo Viene es tropezarse con personas llenas de vida. No hay desánimo, sino sueños que hablan de lo que Dios está haciendo y hará. Gloria Velázquez, una de aquellos veinte que fueron llamados por Dios después del ayuno de 41 días, me dijo: «Tú estás autorizado para escribir la biografía». Escucharla fue como recibir un mensaje del cielo, pues ella fue la primera secretaria del ministerio.

Gloria describe a Yiye como un héroe del pueblo, siempre sonriente y amado de los vecinos. El 27 de diciembre de 1972, ella recibió el llamado y dejó su empleo para trabajar tiempo completo en el ministerio junto a Yiye Ávila. En esa primera etapa, dice Gloria que no había día libre. Se trabajaba los siete días de la semana. El Yiye que Gloria Velázquez conoció muy bien era humilde y perdonador. Lo vio perdonar a personas que lo habían criticado fuertemente y nunca permitió que los miembros de su ministerio lo defendieran atacando a otra persona. En Cristo Viene, perdonar y olvidar era parte de su cultura.

Como secretaria supo que toda ofrenda debía ser depositada en la cuenta del ministerio, aun aquellas que llegaban dirigidas a Yiye personalmente. Gloria me expresó: «Me emociona saber que miles de personas que no conocieron al hermano Yiye Ávila ahora lo conocerán a través de este libro. Doy gloria a Dios por este esfuerzo, que traerá mucha bendición».

Un caudal de inspiración

He escrito varios libros y es muy probable que escriba otros, pero *El Yiye que yo conocí* ocupará un lugar muy especial entre ellos. En este trabajo he querido cubrir algunos objetivos:

Honrar la memoria de Yiye. Él fue un paradigma de cristiano en cuanto a su vida y ejemplo se refiere. Yiye, como cualquier humano, seguro tenía sus desaciertos y pecados, pero he querido centrarme en aquello que honra a Dios en la vida de este siervo. Cuando honramos a Dios, somos honrados también. Quiero que este trabajo constituya un tributo a este gran siervo.

Aprender de su vida y ministerio. Procuro dejar una reseña de su vida y pensamiento. No solo cuento los hechos hasta donde los he conocido, sino que procuro interpretar y aleccionar a partir de los diferentes sucesos. De manera que este trabajo no es propiamente una biografía en el sentido más estricto, sino que es también un manual ministerial de donde los diferentes ministros puedan recibir un seminario o instrucción inspirado en la vida de Yiye Ávila.

Teologizar a partir de sus vivencias. Aunque Yiye mismo, como expreso más adelante, no se dedicó al quehacer teológico, su ministerio, de por sí, en su dimensión pragmática, implica un pensamiento y, por tanto, teología. Esparcidas por toda la obra se encuentran reflexiones que implican un análisis teológico. Además, el lector podrá encontrar en la segunda parte de este trabajo una selección de tópicos doctrinales que, aunque incompleto, de alguna manera aluden y repasan criterios de Yiye. Considerar el pensamiento de Yiye en un texto histórico y escritural le permitirá al lector ver que él no era un predicador improvisado sino un lector voraz y piadoso de las Escrituras.

Testificar de la obra de Dios. El evangelio es un testimonio de la obra de Dios en Cristo. Los testimonios son valiosos instrumentos del obrar divino. Dios se ha valido de la historia de hombres que despiertan el interés de las masas en lo divino, en lo espiritual, en lo sobrenatural de Dios y, sobre todo, de la necesidad de salvación del pecado. Para su época, Yiye fue esa poderosa herramienta, y merece que más allá de su vida física quede un documento que siga testificando a las futuras generaciones.

Inspirar a vivir para Dios. No son pocos los que han escuchado buenos sermones y estudios bíblicos sin ser conmovidos; sin embargo, cuando ha llegado un hombre que modela a Cristo y destila evidencia del poder de Dios, muchos se han movido por el impacto de la inspiración de su vida. Yiye inspira a vivir en santidad, inspira a evangelizar, inspira a orar y ayunar.

Yiye es una gran motivación de vida y de ministerio cristiano, y para aquellos que se puedan encontrar atrapados en el desánimo, la soledad, o la carencia del poder espiritual, espero que puedan encontrar en su testimonio ese caudal de inspiración que los levante y reconforte para seguir adelante.

Dr. Luis A. Díaz-Pabón

Parte I

YIYE, SU VIDA Y MINISTERIO

Capítulo I

SEÑALADO POR DIOS

Desde el inicio y la insignificancia

Dios, que prepara su obra a través de los siglos, la cumple a su hora, muchas veces con los instrumentos más débiles.

JEAN-HENRI MERLE D'AUBIGNÉ (1794-1872)

Si alguno escucha el nombre «José Joaquín Ávila Portalatín» es muy probable que no le diga mucho. Sin embargo, si oye decir «Yiye Ávila» es totalmente diferente, porque enseguida vendrá a su mente la idea de poder, de evangelización, de milagros, de conversiones, de multitudes, de Cristo y de otras tantas grandes ideas con las que el predicador estuvo relacionado.

Muy pocos de los que escucharon al famoso predicador podrán expresar el nombre con el que estaba inscrito en el registro civil. Era una información que estaba reservada para los más allegados. Por eso, cada vez que me refiera a este hombre de Dios, lo haré con aquel nombre con el que es identificado por las multitudes y por todos aquellos que, de alguna manera, se beneficiaron desde lejos con este poderoso ministerio.

Dios muchas veces cambia y escoge nuestro nombre. Esto es algo distintivo en la Biblia.

A Abraham, en Génesis 17:5, Dios le cambió el nombre: *Y no se llamará más tu nombre Abram, sino que será tu nombre Abraham, porque te he puesto por padre de muchedumbre de gentes.*

A Jacob, en Génesis 32:28: *Y el varón le dijo: No se dirá más tu nombre Jacob, sino Israel; porque has luchado con Dios y con los hombres, y has vencido.*

A Pedro, en Juan 1:42: *Y le trajo a Jesús. Y mirándole Jesús, dijo: Tú eres Simón, hijo de Jonás; tú serás llamado Cefas (que quiere decir, Pedro).*

En el caso de Jesús y de Juan el Bautista, el nombre venía por orientación divina aun antes de que estos nacieran (Mt. 1:21; Lc. 1:13).

El nombre en el mundo judaico tenía un significado especial, porque hacía referencia a la personalidad, los atributos, la experiencia o los cambios. No sé el significado del tetragrámaton Yiye, pero ahora tiene un significado especial. Este nombre-apodo quizá no fue el proyecto o la intención determinada con un propósito para alguien, pero sucedió, Dios lo permitió y ahora ha cobrado significado.

El nombre Yiye inicialmente no tenía sentido, diferente a lo que ocurre en el mundo judaico, pero Dios ahora le ha impreso un sentido que resuena en los oídos de los que saben cómo Él lo usó. Por supuesto, muchos no repararán acerca de cómo fue conocido este hombre de Dios; lo darán como algo incidental y sin importancia. Quizás algunos señalen que este apodo lo acompañó también durante los años que estaba sin Dios, pero no debemos olvidar que, aun antes de su conversión, venía trabajando con él, y es con este nombre que llegó a ser conocido.

Una curiosidad sobre el nombre Yiye, y cómo Dios usó este calificativo de manera particular, es cuando visité el capitolio de Puerto Rico y vi que el salón dedicado a él, que tiene el nombre de *José Joaquín Ávila,* agrega debajo el nombre *Yiye,* para que todos distingan a quién realmente está dedicado el salón.

Yiye nació y vivió los primeros años de su vida en los campos de Camuy, Puerto Rico, uno de los 78 municipios de la Isla. Esta zona es conocida por el parque de las cuevas del río Camuy y posee uno de los sistemas de cavernas más grandes del mundo. Sin embargo, aunque es muy conocida por la gente oriunda de Puerto Rico, no es relevante para otras latitudes. El lugar no compite con las grandes metrópolis, ni con las grandes maravillas del mundo, ni siquiera con San Juan, la capital del mismo Puerto Rico.

Me parece que, así como Nazaret (Jn. 1:46), el pueblo de donde Jesús salió, muchos lo menospreciaron y fue señalado por su mala fama, así también algunos pueden pensar de Camuy, que por su falta de relevancia, no podía tener a un gran hombre de Dios en su seno. ¿Puede de Camuy salir algo bueno? ¿Puede de Camuy salir alguien relevante? ¿Puede de Camuy salir alguien que sea usado grandemente por Dios? La respuesta, en retrospectiva, es *sí.* ¿Podía Dios, de este sencillo y humilde lugar, escoger a un hombre para usarlo en Latinoamérica, en los Estados Unidos, en la India y aun en Europa? La respuesta sigue siendo *sí.* Camuy fue el lugar escogido por Dios para dejarnos el *legado Yiye* que hoy conocemos. El 11 de septiembre de 1925, Dios traía a este mundo a un hombre que nos dejaría una herencia de inspiración poderosa a favor de la obra del Rey de reyes.

Las Sagradas Escrituras expresan lo siguiente acerca del profeta Jeremías: *Antes que te formase en el vientre te conocí, y antes que nacieses te santifiqué, te di por profeta a las naciones* (Jer. 1:5). ¿Será también esta afirmación verdadera acerca de Yiye? Creo que sí, que él fue un escogido de Dios, que él también fue un instrumento de honra.

Los tiempos que precedieron a su conversión no estuvieron ajenos a la acción de Dios. Aun en ese tiempo, el Señor estaba llevando a cabo una labor preparatoria en la que cada detalle, cada derrota, cada cambio o ajuste constituía un eslabón de la cadena que Dios usaría para manifestarse a través de él en los años venideros.

El mismo Yiye cuenta que en los años de su niñez muchas veces caminaba solo por los campos y los bosques de Camuy. Durante esas caminatas tuvo experiencias que en ese momento eran extrañas. Sentía que era visitado y acompañado por seres que se paraban justo al lado de él, pero sin que pudiera ver nada. Esa experiencia llegó a ser recurrente. Eran momentos que le daban mucho temor e inquietud. Años después, cuando conoció al Señor, comentó que eran ángeles que lo visitaban y lo protegían, porque Dios tenía un propósito para su vida.

Sea que tuviera razón en su interpretación o no, una cosa es segura: Dios estaba trabajando alrededor de él. Si eran ángeles, como él interpretó, sin duda era Dios guardándolo y librándolo de muchos males aun antes de su conversión.

Ejercicios del cuerpo y de la mente

La vida solo puede ser comprendida mirando hacia atrás,
pero ha de ser vivida mirando hacia delante.

Søren Kierkegaard (1813-1855)

Los padres de Yiye eran Pablo Ávila y Herminia Portalatín.

La madre procedía de una familia de creencias espiritistas. Sus abuelos tenían un templo espiritista, donde había recurrentes manifestaciones demoniacas.

El padre, por otro lado, era un intelectual. Se interesaba por la lectura y el estudio, pero tenía una total apatía por

Dios. Ambos eran judíos sefaradíes, o sea, eran descendientes directos de aquellos judíos españoles que fueron expulsados de la península ibérica en 1492. Era un gran orgullo familiar descender de tan honorable linaje. Ambos ejercían el magisterio en una escuela del pueblo. Es curioso que actualmente la Escuela Superior de Camuy lleva el nombre del padre de Yiye.

Era un hogar de trabajadores con vocación para el magisterio, y quizás con muchos atributos y virtudes, aspectos positivos, pero carecían de lo más importante: era un hogar sin Cristo. No es de extrañar que en el contexto religioso donde se desarrollaban, la gente hubiese escuchado mucho de Dios; quizás hasta su moral se podía haber refinado y habrían desarrollado cierto civismo, lo cual de poco les servía porque esto no acercó sus corazones al Dios de la Biblia. Por lo tanto, reinaba el pecado y la oscuridad en la familia. El mismo Yiye testificó muchas veces que su familia estaba totalmente perdida, que en su casa no se hablaba de Dios y que no había ni siquiera una Biblia.

Es llamativo que sus padres hayan matriculado a Yiye en una universidad cristiana, la Universidad Interamericana de San Germán, Puerto Rico. Entre las materias que se impartían, estaban las clases de Biblia. Estas enseñanzas fueron relevantes y quedaron en su mente. Una de ellas fue que Jesucristo, y solo Él, es el Salvador del mundo. La otra verdad importante que aprendió es que la Biblia es la Palabra de Dios.

Aunque el ambiente de la escuela distaba mucho de ser santo, y muchos de sus estudiantes ni siquiera eran cristianos, años más tarde esas clases bíblicas saldrían a flote en el corazón de aquel estudiante que, sin saberlo, Dios ya estaba trabajando en su interior. La propia Escritura dice que la Palabra de Dios nunca regresa vacía. El Libro del profeta Isaías declara: *Porque como desciende de los cielos la lluvia y la nieve, y no vuelve allá, sino que riega la tierra, y la hace germinar y producir, y da semilla al que siembra, y pan al que come, así será mi palabra que sale de mi boca; no volverá a mí vacía, sino que hará lo que yo quiero, y será prosperada en aquello para que la envié* (Is. 55:10-11). No importa si el contexto es favorable o desfavorable, cuando las grandes verdades espirituales de la Biblia son proclamadas hay resultados y el propósito de Dios se cumple.

Yiye entró allí con planes de ser médico. En 1946 obtuvo un Bachillerato en Ciencias Naturales, Biología y Química, con vistas a avanzar en los estudios y recibirse de médico, cometido que nunca llegó a realizar. La razón por la que no estudió Medicina fue porque la disciplina era importante para él. Prefirió abandonar los estudios avanzados de Medicina para consagrarse completamente al deporte e invertir todo el tiempo que le fuera posible en su entrenamiento. Odiaba la idea de quedar mal por falta de tiempo, tanto en los estudios como en el entrenamiento. Era un hombre responsable y disciplinado, que le daba valor al compromiso. Una vez que se involucraba en algo procuraba por todos los medios cumplir y hacerlo bien.

Desde los dieciséis años practicaba deportes y, estando en la universidad, se sumó al equipo de béisbol, al levantamiento de pesas y al fisicoculturismo. El deporte era algo que le apasionaba, de tal manera que su vida empezó a girar en torno a este. Quería alcanzar fama y ser conocido en el deporte por haber ganado trofeos. Cuando finalizó los estudios previos a estudiar Medicina, su fervor por el deporte había crecido tanto que abandonó la carrera por la que había luchado y entrado a la universidad, para dedicarse al deporte. Así que regresó a su ciudad natal, Camuy, para ejercer el magisterio en la Escuela Superior local, siguiendo los pasos de sus padres por espacio de veintidós años.

El magisterio en el ministerio cristiano juega un papel fundamental, de manera que aun en esta etapa, y sin él saberlo,

Dios lo estaba tratando para el futuro que luego viviría. Hay creyentes que renuncian a carreras y estudios académicos para ejercer el ministerio, y si Dios los guía a esto es justo que lo hagan. Sin embargo, toda preparación que se reciba para desarrollar ministerios en la iglesia es buena y útil. En esta etapa, Yiye no tenía la conciencia del obrar de Dios, pero sin dudas Él estaba detrás de cada período de su vida.

Quizá algunos, al pensar en Yiye como predicador, como el evangelista que con tanta sencillez comunicaba el mensaje de Dios, pueden tildarlo de una persona sin estudios, sin formación intelectual, pero esto de ninguna manera es cierto. Él ejercitó también su mente en los primeros años de su vida. Es cierto que Yiye no estudió teología ni participó de las grandes controversias que se tratan en los seminarios teológicos, pero eso no significa que fuera un ignorante. Podemos discrepar acerca de Yiye, y hasta rechazar algunas de las ideas que expresó cuando años más tarde enseñó sobre la Biblia, pero no podemos acusarlo de alguien falto de formación académica o de inteligencia. Yiye tenía el don natural del magisterio y lo ejerció extensamente.

El profesorado paralelamente le permitía satisfacer su pasión por el deporte. Estuvo quince años jugando al béisbol en Clase A y Doble A en Puerto Rico; su último juego fue en 1960, en Manatí. Sus hazañas, como tercera base del Camuy Arenas, son conocidas por todos los camuyanos. Durante mis visitas a Camuy, me sorprendió un fanático del Yiye pelotero que me contaba sus experiencias con él. Sus proezas en el deporte habían quedado en su memoria, y me contaba de la habilidad con la que Yiye tiraba de tercera a primera; nadie se le escapaba. En este deporte que mueve tantas emociones había que contar con Yiye. Mirando al pasado, aquella etapa de su vida era como ver el avance de una película que, aunque emocionante, solo mostraba una pequeña parte de un filme cargado de acción, emociones diversas y sorprendentes de principio a fin. Aquel hombre que se había comprometido hasta los tuétanos con el deporte fue el mismo que más tarde se comprometió hasta la muerte con la causa del evangelio de Cristo.

No solo en el béisbol obtuvo lauros. Entre sus logros también estaba el de ser campeón de levantamiento de pesas, peso medio. Fue campeón a nivel estatal por años. Ganó títulos como *Míster Puerto Rico*, que era una competencia estatal. Ganó también el de *Míster Norteamérica.* Sin embargo, cuando se alistaba para partir a los Estados Unidos a una competencia de pesas en 1960, algo comenzó a frustrar su proyecto deportivo.

Todos los logros terrenales de nada sirvieron frente a una devastadora noticia: un diagnóstico médico. A los 33 años le anunciaban que tenía una agresiva artritis reumatoide, que paralizaba todos los sueños y cualquier anhelo futuro que él pudiera tener en esta carrera. Literalmente el dolor paralizaba cada articulación de su cuerpo, manteniéndolo en cama día y noche. Tal era su dolor y limitación que Yeya, su esposa, tuvo que fabricarle un bastón de un palo de escoba que lo asistiera al caminar. Aquí es justo citar las Sagradas Escrituras, cuando expresan: *Porque el ejercicio corporal para poco es provechoso, pero la piedad para todo aprovecha, pues tiene promesa de esta vida presente y de la venidera. Palabra fiel es esta, y digna de ser recibida por todos* (1 Ti. 4:8-9).

¿Cuántas personas cuando se les habla de cultivar la piedad, de congregarse, de la vida de Dios, de la santidad, dicen que eso es fanatismo? Pero aquellos que pasan sus días dentro de un gimnasio, centrando su atención en el cuerpo, no lo consideran fanatismo. El texto bíblico dice que el ejercicio corporal para poco aprovecha, pero no dice que para nada. Por esto es obvio que los creyentes no nos oponemos a cuidar del cuerpo y a ejercitarnos físicamente. Pero siempre entendiendo que esto es significativo solo para esta vida terrenal. Los ejercicios espirituales son relevantes más allá de esta, porque implican la vida venidera.

El error de Yiye no era que le gustara el deporte, que invirtiera tiempo en este o que ganara trofeos en las competencias. El problema fue que esto se había transformado, entonces, en su prioridad y en su centro. Había descuidado su relación con Dios y vivía de espaldas a Jesucristo, el Salvador, del que tanto había escuchado en la universidad en sus clases de Biblia.

Muchas personas tienen que llegar a situaciones extremas para dejar de mirar a su alrededor y comenzar a mirar hacia lo alto.

Querido lector, si usted es una persona que no conoce a Jesucristo, deseo que este aspecto del testimonio de Yiye lo lleve a reconciliarse con Dios hoy. Que no tenga que llegar a situaciones o noticias devastadoras en su vida para darse cuenta de que la vanidad y la gloria de este mundo son efímeras. Lo único que llena al hombre y lo satisface es Jesucristo, y a esto debe dedicar su atención, como prioridad y lugar central en su vida, para que sin importar lo que viva pueda estar seguro y pleno.

Aunque las noticias que recibió Yiye fueron malas y, desde el punto de vista humano, sombrías y sin perspectiva, Dios tenía un plan y estaba actuando. Donde Yiye y sus conocidos veían avecinarse un desastre, en realidad, a partir de ahora vendría lo mejor.

Capítulo II

ENCUENTRO CON DIOS

Dios convierte lo malo en bueno

Nos hiciste, Señor, para ti y nuestro corazón está inquieto. Hasta que descanse en ti.

AGUSTÍN DE HIPONA (354-430)

Imaginémonos el panorama de esa época. Un hombre que dividía su tiempo entre las clases y el gimnasio, entre las competencias y los entrenamientos, entre los premios y los reconocimientos. Alguien a quien las horas no le alcanzaban para todos los retos impuestos, ahora estaba atado a una cama con dolores incesantes y sin perspectivas alentadoras inmediatas, ni a largo plazo. En aquel lecho de enfermedad, Yiye recordó que tenía una vieja Biblia que había comprado hacía ya muchos años. Recordó también una de las dos verdades que había aprendido sobre Cristo en la universidad: Jesús es el Salvador. Y justo eso era lo que él necesitaba en ese momento, un Salvador. Muchos comenzaron su vida en Cristo buscando la sanidad para su cuerpo, pero encontraron mucho más: la salvación para su alma.

Así fue como Yiye comenzó a clamar a Dios, pidiéndole misericordia para su cuerpo. Día y noche clamaba, en agonía, por un milagro. Esta enfermedad de Yiye fue el primer paso para que Dios comenzara a hacer algo grande. Ver frustrados sus proyectos terrenales fue un instrumento que Dios utilizó.

Un domingo Yiye quería ver carreras de caballos por televisión, pero encendió el televisor antes de que comenzaran y apareció un predicador, un evangelista muy conocido, Oral Roberts, que decía: «Cristo salva, Cristo sana, Cristo es aquel que Dios envió». Aquel joven adolorido y desesperado quedó cautivado al escuchar esas palabras. Después el predicador oró por los enfermos y muchos fueron sanados. Mientras veía estas escenas temblaba y lloraba. Entonces, al finalizar, el predicador hizo una invitación a aceptar a Cristo como Salvador. Sugirió que leyeran la Biblia y que se congregaran. Yiye en este momento se olvidó de las carreras de caballos y corrió al cuarto a ponerse de rodillas. Y, entre lágrimas, entregó su alma al Señor, pidiéndole perdón por sus pecados.

En ese momento sintió una paz inmensa y algo que lo envolvía, trayéndole un enorme bienestar. Allí tuvo la convicción de que era salvo y que, si moría, iría a la presencia del Señor.

Me gustaría aclarar, con respecto a este tema, que la salvación no es algo que los creyentes tendrán sino algo que ya tienen en Cristo. La convicción de ser salvo es un resguardo contra las acusaciones y temores que el maligno nos quiere infundir. El apóstol Juan quería que los creyentes disfrutaran de esta certeza cuando expresó: *Estas cosas os he escrito a vosotros que creéis en el nombre del Hijo de Dios, para que sepáis que tenéis vida eterna, y para que creáis en el nombre del Hijo de Dios* (1 Jn. 5:13). Una persona salva que no tiene la seguridad de que tendrá un futuro con Dios es víctima de Satanás. Pero este no fue el caso de Yiye. Él tuvo la certeza de que ya era un hijo de Dios.

Él no empezó buscando la salvación de su alma, pero la búsqueda lo llevó a la salvación. Aunque desorientado al principio, lo hizo en un acto de fe, y Dios recibe los actos de fe. Yiye había estado como aquel paralítico que, cargado por cuatro amigos, fue a ver a Jesús. Él no estaba buscando el perdón de sus pecados sino la restauración de sus pies. Pero, en medio de esa búsqueda, recibió lo más importante cuando el Señor le dijo: *...tus pecados te son perdonados* (Mr. 2:1-12). El Señor sabe guiarnos cuando lo buscamos mal, porque, en definitiva, lo estamos buscando. El Señor deja de lado nuestra simpleza e ignorancia porque Él es misericordioso con nosotros.

Después de su experiencia de conversión, Yiye comenzó a desarrollar una relación más profunda con la Biblia. Por medio de las Sagradas Escrituras, empezó a rememorar muchas de las enseñanzas que no le eran nuevas porque las había recibido en la Universidad. El que tenía apatía por la Biblia, y que no quería pensar en Dios y en su oferta de salvación, ahora dedicaba tres o cuatro horas al día a una lectura ávida, buscando que la Palabra de Dios lo guiara.

Esto no menguó con los años, sino que la Biblia llegó a ser parte de su indumentaria. Se lo podía encontrar en los lugares más disímiles con su Biblia a cuestas. En el aeropuerto, en los hospitales, mientras caminaba por la calle, en las oficinas que visitaba, se le veía leyendo la Palabra de Dios. Tengo en mi mente, como una fotografía, esa imagen vívida de aquel hombre con su Biblia. He oído a algunos cristianos hablar del primer amor, aquel que el apóstol Juan menciona en Apocalipsis (Ap. 2:4), como si se tratase de una etapa inicial de la vida cristiana. Cuando ven a un recién convertido ferviente y apasionado por la lectura bíblica, que asiste a cada actividad de la iglesia, que tiene fervor por aprender cada día más, expresan que está en su primer amor, pero esto pasará pronto, como si se tratase de algo normal. En realidad, lo normal es mantener la pasión, la entrega, la búsqueda, con el mismo impulso del primer día. Así se lo podía ver a Yiye desde que abrazó la fe verdadera hasta que dejó este mundo para abrazar a Cristo por la eternidad. *Por tanto, de la manera que habéis recibido al Señor Jesucristo, andad en él* (Col. 2:6). Como recibimos al Señor, así debemos andar toda la vida cristiana.

Yiye leía su Biblia, pero también leía muchos libros cristianos. Cuando escribí mi libro, *Secretos de fe,* le obsequié un ejemplar y pensé que no le daría mucha importancia. Para mi sorpresa, en una ocasión en que lo visité en su oficina, sobre su escritorio Yiye tenía un grupo de libros puestos en el orden en que los leería, y allí, entre muchos otros autores, saltó a mi vista el mío. Yiye lo tenía entre aquellos que comenzaría a leer pronto. Un predicador ha de cultivarse y nutrirse con literatura cristiana.

A través de la experiencia espiritual que iba teniendo con Dios y de la lectura de la Biblia, Yiye se dio cuenta de la idolatría de la que había sido víctima, de manera que se deshizo de los ídolos y abandonó la práctica de honrar a las imágenes. En ese momento su esposa aún no había tenido la experiencia de la salvación, así que no pudo botar los ídolos de ella.

Yiye comenzó a hablar con Dios, no con frases aprendidas sin sentido, como hasta ese entonces tal vez elevaba. Esta vez estaba hablando con Dios seriamente y esperaba respuestas de su parte. Yiye buscaba su sanidad. En medio de su desconocimiento e ignorancia, levantaba un clamor que era torpe y a veces inadecuado, porque clamaba como le habían enseñado sus familiares religiosos.

Avance en la vida espiritual

Cada uno puede haber nacido de Dios en un instante,
pero sin embargo crece lenta y gradualmente.

JUAN WESLEY (1703-1791)

El abandono de la idolatría fue un suceso interesante. Estoy convencido de que muchos se alarmarán al conocer las distintas etapas y sucesos del peregrinaje espiritual de Yiye. Los acontecimientos tal vez estén fuera de los cánones que algunos de nosotros exigiríamos a nuestras ovejas al ejercer liderazgo sobre ellas. Pero los hechos son innegables. Dios no está limitado por nada y su obrar va más allá de nuestra comprensión. Por ejemplo, Yiye, ya convertido y aun haciendo la obra de Dios, predicando y testificando, mantenía vínculos con el catolicismo y aun se congregaba en esa iglesia. ¿Lo pueden creer? ¿Qué haríamos nosotros con Yiye? Quizá le diríamos que no puede evangelizar, lo disciplinaríamos o tomaríamos alguna medida, poniéndole límites. Quizá incluso pensaríamos que no hay una auténtica obra de Dios en su vida.

Cuando meditaba sobre esto, recordaba la historia del cristianismo, y venía a mi mente el gran reformador Martín Lutero. Este se convirtió, dio sus primeros pasos y hasta sirvió al Señor en el mismo seno del catolicismo romano. Las personas se convierten y son usadas por Dios en momentos y lugares impensados.

La conversión es tanto un instante como un proceso. Yiye era una vasija auténtica del obrar de Dios, pero todavía en bruto. Creo que entenderán lo que estoy expresando. Yiye recibió la sanidad del alma antes que la física. De hecho, la obra de sanidad espiritual fue lo que abrió las puertas para que recibiera muchas otras gracias divinas, incluyendo el bien físico.

Una muestra de auténtica conversión fueron los avances que luego llegaron en términos de santidad. Terminó abandonando todo lo que no era de Dios. Se consideraba a sí mismo como uno de los más grandes idólatras que tenía el pueblo, especialmente era «mariólatra». Oraba, honraba y adoraba a María. Me parece interesante que Dios no lo había sanado físicamente para este momento. La sanidad del alma había comenzado y en la medida en que Dios limpiaba su alma, también obraría en su cuerpo.

Se cuenta de una ocasión en que Yiye buscó ayuda en la iglesia católica. Encontró al sacerdote, al que le manifestó que se sentía muy mal físicamente. Le dijo que estaba buscando la ayuda de Dios, que por favor le aconsejara. Para sorpresa nuestra y del propio Yiye, ¿cuál fue el consejo que recibió? El sacerdote le expresó que la favorita de él era Santa Teresa. Entonces, le dio un montón de estampitas, expresándole su seguridad de que eso lo iba a ayudar. La respuesta implicaba continuar en la idolatría y en la oscuridad espiritual.

Salió de allí esperanzado, pero a la noche experimentó la obra de Dios. El Señor le había dado muchas indicaciones de que eso estaba mal, pero hasta ese momento no había captado la orientación de Dios. ¡Qué bueno que el Señor multiplica las maneras de traernos su mensaje e insiste en nosotros para ayudarnos! Dios le estaba mostrando a Yiye que eso no era de Él y que solo se trataba de Jesucristo, el Salvador del mundo. Los textos de las Escrituras que había leído en otras ocasiones cobraron vida y empezó a entenderlos.

A partir de ese momento la vida de Yiye dio otro giro importante porque, en obediencia a la guía de Dios, abandonó todo lo que implicaba idolatría: cuadros, estampitas y crucifijos fueron lanzados a la basura.

Las puertas de su vida se seguían abriendo para experimentar más y para que luego pudiera ser receptor del milagro físico. Eso es lo que hace una persona que auténticamente se encuentra con Dios. La Biblia cuenta cómo los que habían creído se deshacían de todo lo que pertenecía a la obra de Satanás: *Y muchos de los que habían creído venían, confesando y dando cuenta de sus hechos. Asimismo muchos de los que habían practicado la magia trajeron los libros y los quemaron delante de todos; y hecha la cuenta de su precio, hallaron que era cincuenta mil piezas de plata.* (Hch. 19:18-19).

No fue la última vez que Yiye visitó la iglesia católica, porque acto seguido fue a pedir cuentas. Regresó a hablar con un sacerdote, al que consideraba su amigo. En esta ocasión no iba a pedir ayuda, no iba a respaldar tampoco la actividad de la iglesia católica, ni a participar de la misa. En esta ocasión Yiye llevaba un tono confrontativo. Lanzó la interrogante, mientras señalaba las imágenes de la iglesia: *¿Por qué se adora a esos ídolos en esta iglesia?* La respuesta fue una negativa, el sacerdote objetaba que allí hubiese idolatría. Pero Yiye insistía en que así era y lo hacía apelando a las Sagradas Escrituras que llevaba consigo. La Escritura que leyó fue: *No tendrás dioses ajenos delante de mí. No te harás imagen, ni ninguna semejanza de lo que está arriba en el cielo, ni abajo en la tierra, ni en las aguas debajo de la tierra. No te inclinarás a ellas, ni las honrarás; porque yo soy Jehová tu Dios…* (Ex. 20:3-5). También le reclamaba que no orientaban a las personas que acudían allí cuando besaban a los ídolos y oraban a ellos.

Yiye responsabilizaba al sacerdote del pecado de las personas que tenía bajo su tutela. Esta confrontación desató tal molestia en el sacerdote que terminó quitándole la Biblia de las manos a Yiye, lanzándola por el aire. El sacerdote desautorizaba la Biblia y gritaba que ese no era más que un simple libro.

Fue la última vez que Yiye visitó la iglesia católica. El sacerdote había sido un instrumento de Dios para que los vínculos con esa institución terminaran para siempre. Después se unió a una iglesia evangélica, donde aprendía del Señor y crecía en el conocimiento de la Palabra de Dios. Terminó solidificando en su corazón aquello que había escuchado en las clases de la Universidad: solo Cristo salva. La Biblia fue abierta ante su mente y vio que se trataba solo de Jesús.

La Palabra de Dios y la idolatría

Hay tres grandes verdades: la primera, que hay un Dios;
la segunda, que Él nos ha hablado en la Biblia;
la tercera, que Él quiere decir lo que dice.
HUDSON TAYLOR (1832-1905)

Dada la experiencia de Yiye con la idolatría, y su énfasis contra esta práctica en sus mensajes, haré a continuación algunas aclaraciones sobre este tópico. Aunque parezca increíble, es lamentable que en el seno del protestantismo y del evangelismo todavía sea necesario esclarecer estos puntos. Además, en el contexto actual todavía abunda el paganismo. En nuestros días abunda la idolatría y la confusión religiosa. Así como hizo Yiye, tendremos que hacer también nosotros. Hay que insistir en que hay un solo Dios digno de adoración, y que los adoradores deben adorar en espíritu y en verdad. Veamos algunos puntos importantes en relación con la idolatría y cómo debe el cristiano asumir dicho tema.

Tenemos el privilegio de dirigirnos al ser más grande del universo. La oración debe ir dirigida solo a Dios. Las antiguas civilizaciones creían que había panteones de dioses que compartían habilidades especiales para resolver cada situación, a los que debíamos dirigirnos en oración, dependiendo de la problemática. Algunos creen que en realidad son personas que murieron y que, debido a sus buenas obras, han sido dotadas de poderes especiales para ayudarnos e interceder por nosotros. Sin embargo, el Libro de Eclesiastés 9:5 dice: *...pero los muertos nada saben...* Los muertos son incapaces de saber algo de este mundo e influir en él.

Para saber a quién debe ir dirigida nuestra oración, leamos otra vez la Biblia, el manual para la vida cristiana. Observemos en Lucas 11:1 cuando un discípulo le pidió a Jesús: *Señor, enséñanos a orar...* ¿A quién debía dirigirse toda oración? ¿Quién sería digno y daría respuestas a la oración del hombre pecador? Jesús precisó que el receptor de toda oración debía ser Dios. En el versículo 2 enseña: *Cuando oréis, decid: Padre nuestro que estás en el cielo.* Solo Dios posee la omnisciencia para escuchar todas las oraciones que los hombres le puedan hacer.

Los que creen que hay supuestos seres llamados «santos» que escuchan las oraciones, no tienen en claro qué es ser santo según las Escrituras. La Biblia nos enseña que santo no es un grupo selecto dentro del cristianismo sino todo aquel que es hijo de Dios. Todo cristiano es santo. En muchas ocasiones los apóstoles se dirigieron a las iglesias llamándolas santos. Encontramos esto en Romanos 1:7: *...amados de Dios, llamados a ser santos...;* también en Efesios 3:8, donde el apóstol se expresa de sí mismo: *A mí que soy menos que el más pequeño de todos los santos...* La santidad tiene que ver con los cambios que Dios ha obrado en nuestro carácter, en nuestra moral, no con capacidades que nos elevan al plano divino.

La oración se dirige a Dios en el nombre de Cristo. El único que está llamado en la Biblia a ser intercesor es Cristo, el Hijo de Dios, y es porque ha sido designado por Dios para esta labor. Solo Cristo cumple con el requisito de ser santo en el sentido más absoluto y rotundo; solo Cristo murió por los pecados del hombre en la cruz; solo Él se levantó de la muerte para vivir a favor de todo hombre. Las Escrituras afirman en

1 Timoteo 2:5: *Porque hay un solo Dios, y un solo mediador entre Dios y los hombres, Jesucristo hombre.* ¿Quién sería el intercesor adecuado? O, mejor aún, ¿quién es el intercesor que posee las características adecuadas para presentarnos a nosotros delante de Dios, además de haber sido ordenado por Él para esta labor, sin el cual nunca podríamos llegar a Dios y al cielo?

El intercesor debe estar aprobado y designado divinamente, no es alguien que puede autoproclamarse ni tampoco alguno que nosotros nombremos. ¿Qué califica al intercesor supremo para conectarnos con Dios? El intercesor debía ser un hombre perfecto, que necesitaba morir y luego resucitar. Si faltaba alguno de estos elementos no estaría capacitado. Cristo es el intercesor designado por Dios.

El intercesor debía ser hombre. Nosotros somos seres humanos y solo un ser humano es adecuado para ser sustituto intercesor a favor de la humanidad pecadora. Los ángeles y cualquier otra criatura no calificaban. La Biblia declara en Hebreos 2:17: *Por lo cual debía ser en todo semejante a sus hermanos, para venir a ser [...] fiel sumo sacerdote.*

El intercesor debía ser perfecto en santidad. Debía vivir la vida del hombre, pero haber triunfado sobre la tentación y el pecado. Solo la ausencia de pecado lo calificaría para poder morir por los pecados de los demás y no solo por los de él mismo. Cristo es perfecto porque no puede mejorar. Las Escrituras señalan en Hebreos 4:15: *...sino uno que fue tentado en todo según nuestra semejanza, pero sin pecado.*

El intercesor perfecto y favorecido por Dios moriría. Dice el texto inspirado en Hebreos 9:16: *...es necesario que intervenga muerte del testador.* También en Romanos 6:23 declara: *...la paga del pecado es muerte...* La única manera de ser un intercesor adecuado para presentarnos ante Dios sería que pagara nuestra deuda de pecado capacitándonos para el cielo y para una comunión adecuada con Dios.

El intercesor debía volver a la vida. Si quedaba preso de la muerte no podría actuar en el presente y por la eternidad. Las Escrituras expresan en Hebreos 7:25: *Por lo cual puede también salvar perpetuamente a los que por él se acercan a Dios, viviendo siempre para interceder por ellos.*

Dios no quiere que usemos imágenes para relacionarnos con él. Algunas personas, que usan imágenes de un supuesto Cristo para estimular su fe, no tienen ninguna instrucción bíblica. Las imágenes con objetos religiosos son una transgresión a la Palabra de Dios. El pecado humano ha provocado que el hombre sustituya al Dios espíritu por imágenes, fruto de la imaginación humana. Las imágenes son creación del hombre y son corrupción. Las Escrituras, en Deuteronomio 4:15-16, afirman: *Guardad, pues, vuestras almas [...] para que no os corrompáis y hagáis para vosotros escultura, imagen de figura alguna...*

La Biblia declara que la oración, la adoración o la reverencia a las imágenes es un pecado que se llama idolatría. Los ídolos o imágenes son sordos y mudos, no nos pueden ayudar. En Éxodo 20:5 también agrega: *No te inclinarás a ellas, ni las honrarás; porque yo, Jehová tu Dios, soy Dios celoso.* No hay duda de que es un desatino y una actitud loca dirigirse a las imágenes en algún sentido. No debemos acercarnos a Dios a través de supuestas imágenes que lo representan, sino allegarnos al Dios vivo directamente. La Biblia nos orienta diciendo: *Dios es Espíritu; y los que le adoran en Espíritu y en verdad es necesario que le adoren* (Jn. 4:24).

Quizá este criterio pueda parecer extremista. Pero la Biblia se opone rotundamente a las imágenes. Los ídolos o imágenes son un peligro demoniaco; es adorar a Satanás mismo. Un respetable apóstol de Cristo expresó: *¿Qué digo, pues? ¿Que el ídolo es algo, o que sea algo lo que sacrifican a los ídolos? Antes digo que lo que los gentiles sacrifican, a los demonios lo sacrifican, y no a Dios...* (1 Co. 10:19-20).

Este pecado es idolatría, es sustituir a Dios mismo por estampitas, cuadros o esculturas. La Biblia asevera: *Porque sabéis esto, que ningún fornicario, o inmundo, o avaro, que es idolatría, tiene herencia en el reino de Cristo y de Dios* (Ef. 5:5). El Dios que adoramos es tan hermoso y poderoso que no cabría jamás en una imagen.

En la medida en que Yiye fue comprendiendo la Palabra de Dios, avanzó y alcanzó una nueva estatura en su vida espiritual.

Milagro físico

> *Tus peores días nunca estarán lejos del alcance de la gracia de Dios, y tus mejores días nunca serán tan buenos como para no necesitar de la gracia de Dios.*
>
> Jerry Bridges (1929-2016)

A esta nueva proyección que en Yiye estaba manifestándose, se añaden visitas a campañas evangelísticas a Arecibo y a otros lugares, buscando el milagro. Vale decir que, en muchas de estas campañas, Yiye levantaba su mano testificando de Cristo y diciendo que quería al Señor en su vida, razón por la que muchos evangelistas se atribuyen su conversión.

Él participó de una campaña del evangelista Eugenio Jiménez, en el pueblo de Quebradillas, Puerto Rico. Puedo dar fe de esto porque, en una ocasión con Eugenio mientras mirábamos algunas de las fotos de las campañas, encontró una donde está Yiye levantando la mano en respuesta al llamado de conversión.

Así que terminaban las campañas, oraban por él, pero regresaba sin la esperada sanidad. Los que oraron por él en muchas ocasiones eran hombres de fe probada y de testimonios poderosos de cómo Dios los usaba. De manera que el Señor había elegido un trato más personal con Yiye. En su cuarto clamaba: *¡Señor, ten misericordia de mí, sáname! ¡Hay personas que dicen que tú sanas!* Esa fue una de las experiencias más sobresalientes en sus primeros pasos. Él testificaba que Dios le habló. Aunque lo que Dios le estaba comunicando no era lo que esperaba, le daba alguna esperanza. Dios le dijo: *Todavía no.*

Cualquier otro, al escuchar esta respuesta, se hubiera enojado con Dios. Sin embargo, Yiye sintió esperanza. Su pensamiento fue: *Todavía no, pero después habrá un sí.* Solo un hombre de fe puede no hallar tropiezo en Dios. Jesús dijo: *Bienaventurado es el que no halle tropiezo en mí* (Mt. 11:6). Aunque Dios no haga lo que usted desea, o no lo haga en el momento en que usted quiera, siga confiando.

Después de un tiempo en el que le siguió insistiendo a Dios que lo sanara, se echó al piso en oración, clamando y diciéndole que si lo sanaba él se dedicaría a su servicio y abandonaría cualquier obstáculo entre Dios y él. Si el Señor quería que renunciara al deporte, lo haría con tal de que sus dolores desesperantes desaparecieran. Dios estaba esperando ese cambio en el corazón de Yiye. Hasta este momento él estaba anhelando sanidad para volver a su vieja vida de deportista. Creía que Dios lo usaría en ese medio. Pero debía asumir una renuncia total a sus planes y abrazar los planes de Dios, aunque no supiera cuáles eran.

Al otro día Yiye levantó su mano derecha tímidamente, pensando que volvería a sentir el intenso dolor que lo aquejaba hacía tantos meses, pero en lugar de eso lo que recibió fue una completa sanidad. Yiye alabó a Dios, saltó y hasta corrió dentro de su casa.

Me recuerda a aquel cojo que estaba sentado a la puerta del templo *La Hermosa*. Una vez que este hombre recibió la sanidad, corrió y alabó a Dios (Hch. 3:1-9). No podía ser para menos. ¡Una auténtica manifestación pentecostal, espontánea y emotiva! Dios había tenido misericordia de él.

Aprendiendo a predicar

No es ninguna maravilla que al diablo no le guste la predicación al aire libre. A mí tampoco; me encanta estar en una habitación cómoda, con un cojín suave y un hermoso púlpito. Pero ¿dónde está mi celo y mi fervor si no pisoteo todo esto bajo mis pies para salvar un alma más?

JUAN WESLEY (1703-1791)

Dios había hecho su parte. Ahora restaba la parte de Yiye, la que él le había prometido en su oración. Le había dicho a Dios que le serviría. En pocas semanas entrenó y recuperó su fortaleza. De manera inmediata, empezó a testificar con la evidencia de su bienestar físico; también comenzó a hablar y a decirles a todos lo que Jesucristo había hecho en su cuerpo. Hacía un llamado a todos a que abandonaran la vida sin Dios para ponerse en las manos del Señor Jesús. De esta manera seguía orando para que Dios lo ayudara y lo dirigiera. Los que lo veían en el gimnasio estaban asombrados, porque había acontecido una señal inequívoca de la manifestación de Dios.

El milagro de sanidad física era un cuño perfecto que respaldaba las palabras de Yiye, que aunque no tenían mucho refinamiento teológico o retórico, eran poderosas. Procedían de una experiencia, de una vivencia, que no se podía negar, porque también las personas eran testigos de la enfermedad que antes era patente.

Mientras enseñaba en la escuela, se añadían experiencias espirituales y milagrosas, a la vez que sufría algún tipo de persecución. También ayunaba y oraba en horarios laborales.

Mientras toda la escuela almorzaba, Yiye se apartaba para orar y se le fueron sumando varios estudiantes que lo acompañaban en la oración. Esto causó indignación en una maestra católica, quien buscaba algo malo contra Yiye.

Dios estaba recibiendo la promesa que le había expresado de servirlo. Se dice que un día, mientras exponía la clase de biología, perdió la concentración y quedó dominado por el mensaje de la Palabra de Dios en su mente. Era como si estuviese siendo impelido a predicar. Dice que se le salieron las lágrimas de los ojos frente a los estudiantes.

En aquellos días, apenas llegaba a su casa se lanzaba de rodillas, preguntándole a Dios qué era aquello. Estos mensajes que venían a su mente eran recurrentes entonces, de manera que fue entendiendo que era un llamado a predicar la Palabra de Dios. El Señor fue confirmándole de manera milagrosa que lo quería usar.

El trabajo que el Señor le encomendaba empezó más formalmente cuando le pidieron que testificara en la iglesia a la cual asistía. Empezó contando el testimonio de lo que Dios había hecho en su vida hasta este momento. Allí estaba escuchando la persona que le extendió la próxima invitación, a la que accedió. Vez tras vez en cada lugar había alguien que le pedía que fuera a su iglesia y testificara. Esto provocó una cadena de invitaciones en donde el nombre de Dios era glorificado, y Yiye cumplía con la palabra que le había dicho a Dios.

Tres meses después de contar su testimonio en distintos lugares, apareció un pastor muy importante de Arecibo que se reunió con él. Le contó que tenía preparada una campaña de siete días y que tenía también el predicador para este encuentro, pero que Dios le había hablado, diciéndole que el predicador para esa ocasión debía ser Yiye. Y, aunque tal invitación fue halagadora, Yiye tuvo temor y temblor. Pensaba que el primer día de campaña daría su testimonio, pero ¿y luego?

Para ese entonces era un recién convertido sin ninguna experiencia como predicador. Es impresionante que, a pesar de todo, diera el primer paso y fuera a la campaña. Muchos dudarían de darlo. Frente a este desafío dio los primeros mensajes, que luego lo acompañarían en otras campañas. Cada noche de campaña él oraba y Dios lo auxiliaba, compartiendo una palabra que servía para la salvación de las almas.

Capítulo III

SU INFLUENCIA EN LA FAMILIA Y EN LOS AMIGOS

Una compañera para la vida

La mujer fue formada de una costilla, es decir, del costado de Adán; no fue hecha de su cabeza, como para tener dominio sobre él; ni de sus pies, como para ser pisoteada por él; sino de su costado, para ser igual a él, de debajo de su brazo para ser protegida, y de junto al corazón para ser amada.

MATTHEW HENRY (1662-1714)

Yiye comenzó a influenciar positivamente con el evangelio de Jesucristo a todos a su alrededor. No podía callar lo que Dios había hecho en él. Al verlo me recordaba un poco a los apóstoles, cuando dijeron: *Porque no podemos dejar de decir lo que hemos visto y oído* (Hch. 4:20). Hablaba de lo que Dios había hecho en su vida a sus amigos, conocidos y hasta a los desconocidos. Inicialmente, su principal labor espiritual estaba enfocada en su hogar. Día y noche le hablaba a su esposa de la necesidad que ella tenía de experimentar lo que él había vivido. Para que podamos entender mejor cómo influenció Yiye a su esposa y a los demás familiares, primero adentrémonos en conocer algo de ella.

La unión matrimonial de Yiye fue otro de esos eventos que Dios preparó. La Biblia deja claro que la unión matrimonial es un acto divino. En el Evangelio de Mateo dice: *...Por esto el hombre dejará padre y madre, y se unirá a su mujer, y los dos serán una sola carne. Así que no son ya más dos, sino una sola carne; por tanto, lo que Dios juntó, no lo separe el hombre* (Mt. 19:5-6). Si alguien tiene dudas del trabajo de Dios en la unión matrimonial, que lea este texto cuidadosamente. Allí declara: *lo que Dios juntó*. No quiero teologizar ahora acerca de la manera en la que Dios los une, solo quiero resaltar que, de alguna manera, allí está la mano de Dios. Así que el Señor le dio a Yiye una esposa cuando todavía la obra de Dios le era ajena, cuando aún no se había convertido.

Es interesante que los apodos de los cónyuges de dicha unión parecían una señal del cielo. Yeya era el apodo de la joven con la cual contraería matrimonio. Esta pareja estaba conformada por Yiye y Yeya, lo cual me parece un símbolo, un mensaje, pues los apodos forman un sonido armónico. La unión produjo en los años de su ministerio una armonía deleitosa. No podía ser de otra manera. Sin un buen matrimonio se hace imposible servir a Dios. Los que no tienen armonía en su relación matrimonial para servir a Dios y a los hombres en el santo ministerio fracasan. No se puede llevar el gran peso del ministerio cristiano sobre los hombros sin una compañera que sea ayuda idónea. Veo a Dios en cada detalle de la vida de Yiye. Estoy convencido del obrar divino también en esta etapa.

Carmen Delia Talavera fue la compañera que el Señor propició para Yiye. Sin embargo, lo que sucedió con el nombre de Yiye, también pasó con el de Yeya. Alguno se podría preguntar: ¿Quién es esta tal Carmen Delia? Esta mujer luego fue tan conocida como Yeya que, de igual manera que con Yiye, no muchos la conocen por su nombre. Dicho sea de paso, este apodo le vino por su abuela, quien cariñosamente le decía

Yeya, y así quedó. Solo en Hatillo, su pueblo natal, la conocen por su nombre. Por lo cual, así como haré con Yiye, me referiré a ella por su apodo siempre que la mencione.

La esposa de Yiye nació en Naranjito de Hatillo, Puerto Rico, en el año 1932. Curiosamente, no nació en el hospital como comúnmente acontece desde hace mucho. Nació en la casa de su abuela paterna, que se llamaba Ramona.

Muy joven conoció a Yiye, quien la pretendía. La mamá de Yeya colaboró mucho con este romance, porque lo invitaba frecuentemente a él a participar en los bailes. Cuenta Yeya que su mamá organizaba unas fiestas que se hicieron muy populares, y a las que asistían muchos jóvenes a bailar. Pero ¿adivinen quién era la pareja de Yeya en esos bailes? Nada menos que el mismo Yiye. La mamá de Yeya era maestra, y Yiye pertenecía al mismo cuerpo magisterial que ella, de manera que, para alguien que ama la enseñanza, un maestro era un buen candidato para su hija.

Poco a poco, Yiye y Yeya llegaron a tener una relación muy estrecha hasta que comenzaron a sentir un amor especial que derivó en el noviazgo. Un año después de haberse puesto de novios, el 23 de diciembre de 1950, se casaron. Y fueron a vivir a la casa de sus padres en Camuy.

De esta relación matrimonial, nacieron tres hijas. La primera, Carmen Ilia, que nació el 12 de octubre de 1952. Luego, Iris Noemí, el 10 de diciembre de 1953 y, por último, Doris Myrna, que nació el 24 de diciembre de 1954. El Señor les concedió este precioso regalo que alegró sus corazones.

Otro nacimiento

No te impacientes con los demás. Recuerda que Dios trató contigo con paciencia y benignidad.

Oswald Chambers (1874-1917)

El nacimiento más importante de Yeya no fue el que ya he mencionado. El más importante es el que contaremos ahora. Este nacimiento, el espiritual, es el que conecta a las personas con Dios y les da vida eterna; es el que nos hace hijos de Dios. Además, consolida el matrimonio. A través de esta experiencia a la que haré alusión, es donde podemos decir que verdaderamente Yiye recibió el complemento para su ministerio y la compañera ideal. Ahora no tendría a su lado solamente a una mujer sino a su ayuda idónea en un sentido pleno, la que lo complementaría en esta nueva etapa en Cristo.

Esta experiencia a la que hago alusión es la que convierte a una persona en hija de Dios. Es la experiencia que hace que el Espíritu Santo more en ella. Es la experiencia que hace que una persona esté bajo el gobierno de Dios. Es la que hace que sea perdonada por Dios. Es también la experiencia que la califica para ser un vaso de honra, un instrumento para la iglesia de Cristo. Jesús dijo: *De cierto, de cierto te digo, que el que no naciere de nuevo, no puede ver el reino de Dios [...]. De cierto, de cierto te digo, que el que no naciere de agua y del Espíritu, no puede entrar en el reino de Dios* (Jn. 3:3-5).

Esta experiencia de la que Jesús habló, en términos de nuevo nacimiento, permite que las personas vean las nuevas realidades espirituales, perciban la realidad de Dios y su actuar. Esta experiencia hace que podamos entrar al reino de Dios, quiere decir que hace partícipes a los que la experimentan. De manera que es imprescindible para ser hijos de Dios y para ser usados por Él en el ministerio cristiano.

Entonces, ¿cómo llegó Yeya a Cristo? El nuevo nacimiento debe ocurrirle a toda persona y es imprescindible que así sea, como he expresado, pero cada uno lo vive de un modo diferente. Cada persona tiene un testimonio con características propias. Yiye tiene el testimonio de su nuevo nacimiento con experiencias personales e íntimas, propio de lo que él necesitaba. Mientras que Yeya tuvo otras experiencias personales e íntimas también, propias de lo que ella necesitaba para llegar a la conversión, o nuevo nacimiento. Ella tiene su propio testimonio.

La manera en la que nacemos de nuevo no es una norma para la iglesia ni una norma para que otros experimenten la conversión, sino que son testimonios vívidos y pictóricos del multiforme obrar divino para hacernos sus hijos. Así que invito a los lectores que están disfrutando de las páginas de este libro, y de cómo Dios obró en la vida de Yiye y de Yeya, que no son creyentes, a que también tengan su propio testimonio de conversión. Es por eso que toda conversión merece un testimonio. Todas nos hablarán del obrar divino de acuerdo con la necesidad y las circunstancias de cada persona. Algunas veces habrá puntos de contacto en los testimonios de las diferentes conversiones y otras veces muchas diferencias, pero el ingrediente indispensable es que sea un auténtico nuevo nacimiento. Todo el mundo debe tener un nacimiento nuevo que venga de arriba.

La conversión de Yiye fue milagrosa, como hemos apreciado; fue algo conmovedor. Los días y los años que vinieron tras esta experiencia también fueron emocionantes. Su fervor lo llevó a luchar ardientemente para que su esposa conociera al Señor. La mayor influencia que tuvo Yeya para experimentar la obra de Dios en su conversión fue Yiye. Cada noche le leía la Biblia para que conociera la verdad. Esto no implicaba que ella estuviese apasionada y abierta a aquel tiempo de lectura; por el contrario, se resistía a recibir la Palabra de Dios. Ella se daba cuenta de que lo que le estaba leyendo entraba en contradicción con lo que hasta ese momento creía y practicaba. A eso se le agregaban explicaciones y comentarios que Yiye hacía. Así que ella muchas veces le argumentaba fuertemente, haciéndole ver su disconformidad y su oposición. Le decía a Yiye que ese libro estaba mal escrito, que era un libro problemático y que el sacerdote católico tenía la razón.

En su interior, mientras avanzaba en la lectura de las Sagradas Escrituras, Yeya comenzó a sentirse conflictuada, aunque no lo exteriorizaba. Pero él no desmayaba en llevar adelante aquella incipiente campaña evangelística con la que se proponía ganar a su esposa.

Yiye tuvo mucha paciencia, fe en Dios y amor a su esposa mientras duraba el proceso. Durante tres meses llevó adelante este concentrado trabajo, confiando en la obra de Dios sobre Yeya. Fue entonces cuando ella empezó a leer la Biblia por su cuenta de manera encubierta. A través de esa lectura pudo corroborar que lo que Yiye le decía en verdad era lo que las Escrituras decían. Un texto bíblico que le impactó fue Éxodo 20, los diez mandamientos. Se estaba dando cuenta de que su desconocimiento era por no haber estado en contacto con la Palabra de Dios.

Lo que le pasó a Yeya es la realidad que experimentan muchas personas, que siguen criterios de hombres y de religiones populares, pero no la verdad de Dios. Hay una gran cantidad de personas que cree que está con Dios porque algún líder religioso se lo hizo creer. Pero la realidad puede ser muy diferente y hasta podrían estar en mayor oscuridad que si siguieran cualquier religión. La Palabra de Dios es luz y guía. El salmista expresó: *Lámpara es a mis pies tu palabra, y lumbrera a mi camino* (Sal. 119:105). De manera que quien quiera conocer los propósitos de Dios deberá acudir no a los líderes religiosos, ni a las religiones populares, sino al Libro de Dios, la Biblia.

Una vez que entró en contacto con la Palabra, Yeya se comenzó a sensibilizar, y un día habló con Dios. Realizó una oración torpe y atrevida, pero al final Dios la escuchó. ¡Qué tremendo que Dios nos atienda aun cuando nos expresemos mal en su presencia! Su oración decía así:

> Mira Dios, yo esta noche te pido perdón por mis pecados y acepto a Jesucristo como mi Salvador personal, yo sé que no tengo pecados, pues ayer me confesé y tomé la comunión, pero de todas formas te pido perdón, pues Yiye me dice que el perdón solo lo da Jesucristo [...] pero otra cosa que te voy a decir es que yo quiero que tú me permitas tener una experiencia o que me hables. No me envíes argumentos con ningún pentecostal, pues tú sabes que yo no creo en ellos, tampoco me hables por sueños, pues al otro día me lo puedo olvidar, y menos me hables a través de Yiye, pues él es mi marido y no le voy a creer lo que me diga. Así es que fíjate cómo te las arreglas para que yo sepa cuál es la verdad, así es que tú sabrás lo que vas a hacer. Ah, se me había olvidado, te lo pido en el nombre de Jesús, como mi marido dice. Amén.[1]

¡Qué osadía la de Yeya!, ¿verdad? Quizá nada diferente a alguna oración o actitud que en algún momento hayamos podido tener nosotros mismos. Al otro día, cuando despertó, nada inusual había ocurrido. Para este momento ya estaba concluyendo que ella tenía razón y que Yiye estaba equivocado.

---

[1] Carmen Talavera D., *Fuimos llamados: mi vida y caminar junto a Yiye Ávila*. Camuy, P. R., p. 54.

Su orgullo estaba surgiendo en ese instante. Miró a su lado, donde su esposo dormía tranquilamente, viró su espalda y se dispuso a dormir.

Para su sorpresa, ese sería el momento del toque de Dios que le daría un giro definitivo a su vida. Hay algunas personas que necesitan un sacudón grande y milagroso, y creo que Yeya lo necesitaba. Allí, en la cama, aproximadamente a las siete de la mañana, Dios sacudió a Yeya en su alma y en su cuerpo. Ella sentía que la levantaban de la cama y comenzó a temblar. Empezó a alabar a Dios; era impelida por la obra del Espíritu Santo a expresarse en adoración delante de Dios.

¿Qué interpretación podríamos dar a aquel evento? Alguien poco acostumbrado a la dimensión sobrenatural y al obrar milagroso de Dios, que nos deja en ocasiones con muchas interrogantes, podría sentir hasta dudas. Yo prefiero no entrar en interpretaciones y especulaciones sobre cada detalle de la experiencia que llevó a Yeya a la conversión. Es suficiente para mí no encontrar nada contrario en la Biblia sobre esta experiencia. También me resulta suficiente ver los frutos espirituales que siguieron luego en su vida. Creo que esta fue una experiencia legítima y auténtica, que convirtió a esta mujer no solo en cristiana sino en una sierva útil y poderosa en las manos de Dios. Él tocó a Yeya y en unos pocos minutos el milagro de la conversión se efectuó.

Yeya misma estaba asombrada cuando tuvo esta experiencia. Y luego declaró que lo que vino a su mente era lo que había visto en los pentecostales y aquello de lo que muchas veces se había burlado, pensando que era una farsa. Ahora tenía una vivencia que le mostraba que Dios existe, que obra de muchas maneras y que muchos lo experimentan; incluso ella estaba siendo receptora de esta maravilla.

¡Cómo habrá sido el cambio que Dios obró en la vida de Yeya que, sin temor al qué dirán, recogió en una caja de zapatos todos sus adornos religiosos! Allí estaban sus amuletos, estampitas, como también las oraciones a los santos y sus joyas religiosas. Todo aquello que un día le había prometido resguardo, que le había asegurado ser un intermediario entre ella y Dios, aquello que antes le había dado seguridad, ahora era echado en una caja de zapatos. Porque en realidad todos aquellos objetos hechos por la mano del hombre, aquellos artículos religiosos que cabían en una cajita, nunca le habían dado el gozo, la estabilidad familiar y la paz con Dios como Él mismo le concedió el día que decidió rendirse a Él. Esta era otra evidencia de la auténtica conversión de esta mujer de Dios.

Así que llevó a la casa de su madre la caja de zapatos llena de objetos del pasado, como un acto más de rendición y adoración a Dios.

Años más tarde admitió que llevar aquellos objetos satánicos a la casa de su madre había sido un error. Aquellas ataduras del enemigo solo merecían ser tiradas a la basura. Pero para quien recién había despertado a la realidad del mundo espiritual, esta acción había sido la más viable. Y, aunque se enfrentó con su familia porque no entendía sus nuevas decisiones, Dios obró en su favor de tal manera que, cuando su madre quiso confrontarla, se encontró con una hija totalmente transformada y llena de una paz indescriptible, lo que le impidió reprochar sus acciones recientes.

Su cambio fue total, que hasta alcanzó su forma de vestir. Su atuendo, sus maquillajes, todo había sido tocado por Dios. Aunque Yeya no sabía mucho de Biblia, sabía que su forma de vestir y presumir no era grata a Dios. Así que comenzó a observar a las mujeres cristianas que salían de la iglesia pentecostal. Veía sus atuendos y comenzó a imitarlos. Como ella era costurera, se hacía sus nuevos trajes para agradar a Dios hasta con su forma de vestir. *Asimismo que las mujeres se atavíen de ropa decorosa, con pudor y modestia; no con peinado ostentoso, ni oro, ni perlas, ni vestidos costosos, sino con buenas obras, como corresponde a mujeres que profesan piedad* (1 Ti. 2:9-10).

Es interesante este detalle: ¿qué hubiera pasado si aquellas hermanas pentecostales, en vez de estar vestidas como dice la Biblia, con decoro y de manera casta, hubieran estado descuidadas? ¿Qué testimonio le hubieran dado a aquella mujer recién convertida, que había botado toda su ropa porque no la identificaba como mujer cristiana? ¿Habría botado sus trajes de balde?

¡Qué importante es mostrar una vida cristiana en todo momento! Debemos agradar a Dios con nuestra forma de actuar, de hablar, de vestir y en todo lo que hagamos, porque nunca sabemos quién está esperando de nosotros un ejemplo a seguir. El testimonio es evangelístico y es un acicate incluso para el crecimiento espiritual. Estos fueron los primeros vestigios que la familia vio del poderoso obrar de Dios en la vida, entorno y ministerio de Yeya.

Sigue la cadena de influencia

Nosotros oramos cuando no hay nada que podamos hacer,
pero Dios quiere que oremos antes de hacer cualquier cosa.

Oswald Chambers (1874-1917)

La mamá de Yeya, Carmen Mora, era una fervorosa católica. Su propia hija la comparaba con un cura. En las semanas especiales era ella quien decoraba la iglesia del pueblo, por lo que era normal encontrar su casa llena de imágenes y disímiles símbolos religiosos. Así que, ya de antemano, podemos intuir la situación espiritual en la que se encontraba. Era una persona sumida en la idolatría, en la religiosidad, en el analfabetismo bíblico y en el ritualismo, entre otros muchos defectos espirituales. El resumen es que estaba en oscuridad espiritual, sin Cristo y sin esperanza.

Ver que su hija había abandonado aquello en lo cual ella la había educado pudo haber herido sus sentimientos. Muchas personas se resisten a la verdad; creo que, en la mayoría de los casos, no por razones de convicción sino por soberbia o sentimentalismos.

Cuando la madre de Yeya visitó a su hija por primera vez, tras el incidente de la caja de zapatos, su hija la recibió con un: *Dios te bendiga, mamá.* Eso la espantó grandemente. Para rematar su rechazo, la paz que contempló en el rostro y en la casa de Yeya fue tan abrumadora que la espantó. No había dudas de que esta mujer estaba siendo grandemente influenciada por fuerzas malignas que la alejaban de Dios.

La conversión de Yeya creó un abismo entre ambas. Cuando ella venía de visita a Hatillo para verla, esta evadía cualquier contacto. Salía por otra puerta y se iba en su automóvil. Entonces Yeya se quedaba con su abuela. Ahora había dos realidades espirituales en ellas, que eran totalmente antagónicas. *¿Y qué concordia Cristo con Belial? ¿O qué parte el creyente con el incrédulo?* (2 Co. 6:15). Se estaba evidenciando en la práctica lo que acontece entre los hijos de Dios y los hijos del diablo. La mamá de Yeya sentía que repelía a su hija en este momento. Aunque Yeya estaba allí para su mamá, y aunque la amaba y procuraba su bien, era rechazada. Esto es lo que provoca la acción del maligno. Esta experiencia es la de muchas personas, que igualmente terminan siendo rechazadas, vejadas y mofadas por su familia. ¿Qué hacer? ¿Cómo lidiar con la reacción de los que amamos cuando nuestro único pecado ha sido entregar nuestra vida a la persona más especial y amorosa del universo? El antídoto es el que usó Yeya y nos lo recomienda con su actitud. Oró y buscó el auxilio divino. *...La oración eficaz del justo puede mucho* (Stg. 5:16). Dios sabe lidiar con todo tipo de situación y Él ama a nuestra familia más que nosotros mismos.

La guía de Dios entonces fue que, en vez de visitar a su mamá a su casa, lo debía hacer en su trabajo, en el salón de clases durante la hora del recreo, de donde no se podía mover, porque su mamá trabajaba en el magisterio, como narré antes. Allí aprovechaba y compartía con ella el evangelio. El lugar permitía que no solo su mamá sino también otras personas escucharan el mensaje. De hecho, una de las personas que oyó bastante fue la directora de la escuela, que un tiempo después llegó a conocer a Cristo.

Durante dos meses insistió con su mamá, hasta que finalmente cayó toda oposición y ella fue vencida por el evangelio. Esta conversión sumó otra fervorosa evangelista a las filas de los heraldos que anuncian el camino de la salvación a esta familia. ¡Qué lindo experimentar la manera en la que Dios va sumando la familia a la causa del evangelio! El texto bíblico declara: *Cree en el Señor Jesucristo, y serás salvo, tú y tu casa* (Hch. 16:31). Aunque este texto bíblico no está garantizando la conversión de todos y cada uno de nuestros familiares, porque en última instancia hay una responsabilidad de cada persona, sí nos anima, porque una vez que el evangelio entra a una persona, la influencia divina será más cercana para cada integrante de la familia. El principio bíblico es que, una vez que crees, hay grandes posibilidades de salvación para tu familia.

La mamá de Yeya luego buscó crecer espiritualmente, conociendo más la Palabra de Dios. Estudió en el Instituto Bíblico Mizpa y se dispuso a servir a Dios con todo su corazón y fuerzas. Toda persona que conoce al Señor necesita de una tutoría que le ayude a entender las grandes doctrinas de la Palabra de Dios, para luego poner en práctica lo aprendido. Así que hasta el final de sus días ocupó su tiempo en la evangelización, e incluso en predicar donde hubiese necesidad y fuese invitada.

Un padre terrenal, un hijo espiritual

Ningún hombre en su lecho de muerte
se ha arrepentido jamás de ser cristiano.

Hannah More (1745-1833)

Yiye tuvo otro avance espiritual que trajo beneficios a su familia, específicamente a su papá. Pablo Ávila era dueño de la agencia hípica de Camuy, una empresa dedicada al deporte equino. Sobre esta actividad también el Señor le había hablado a Yiye, que debía salir de allí y abandonarla, porque estaba entrelazada con el vicio y el pecado. Su papá rechazó tal decisión y decidió comprar la parte que su hijo estaba abandonando. Yiye, disgustado con el accionar de su padre, le advirtió, habiendo sido avisado por el Espíritu de Dios, que aquello no haría más que daño a su vida; debía abandonar ese negocio por decisión propia o saldría de allí de una manera violenta.

Y así fue. Un día, con mucha premura, le avisaron a Yiye que estaban trasladando a su padre de urgencia al hospital porque había tenido un derrame cerebral mientras trabajaba en la agencia hípica. Al llegar al hospital, el asustado hijo vio que las condiciones de su padre eran poco favorables. Su boca se había deformado de tal manera que casi llegaba a su oreja. Entristecido, pero confiando en Dios, Yiye no desaprovechó la oportunidad de empujar a su padre a los brazos del Dios sanador, y le preguntó: «¿Papi, tú crees que el Señor te puede sanar?». A lo que el padre respondió favorablemente. Juntos oraron y de inmediato su boca se enderezó. Pero no paró allí, Yiye continuó diciéndole: «Ahora ponte de pie que ya estás bien». Y así lo hizo. El médico, que estaba viendo todo aquello, no salía de su asombro, pero preocupado por la salud de aquel hombre trató de impedir que se lo llevaran a su casa. Yiye, sabiendo que Dios había obrado de manera milagrosa, le dijo al médico: «No hay necesidad de ocupar una cama más en el hospital cuando este hombre ya está sano. Reserven la cama para los enfermos».

Este evento fue el escenario perfecto para que Yiye le predicara el evangelio a su padre. Este, al ser confrontado, aceptó a Jesús como su único Señor y Salvador. De esta manera, ahora Yiye, que era el hijo biológico de Pablo, se convertía en el padre espiritual de esta nueva criatura en Cristo. Él fue el instrumento de salvación para su padre. Aquel que le había enseñado todo cuando era un niño ahora aprendía las verdades espirituales del plan de salvación de boca de su hijo.

Un año más tarde Pablo Ávila sufrió un infarto que lo llevó de regreso al hospital. En esta ocasión Dios le reveló a Yiye que se llevaría a su padre a través de esta enfermedad. Solo tuvo la oportunidad de servir a Cristo en este mundo por un año. Por eso debemos aprovechar cada oportunidad, porque no sabemos el tiempo que Dios nos dará para servirle en este mundo perdido, lo cual es un privilegio. Procuremos en el tiempo que tenemos dar fruto espiritual para el reino de Dios.

Pablo, quien primeramente había pedido a Dios un milagro más, entendió de parte de Dios también que sus días en la tierra estaban acabando, que pronto entraría en las moradas celestiales. Yiye oró para que, antes de partir su padre, fuera lleno del Espíritu Santo y así aconteció. Cuando Pablo experimentó esta llenura, expresó: «*¡Qué grande es el Espíritu Santo!*». Y, con estas palabras, se fue con el Señor.

Este evento le dio también la oportunidad a Yiye de comunicar el evangelio a los que habían presenciado ese momento.

Aquellos familiares y amigos que habían acudido a darle palabras de consuelo recibieron a su vez palabras consoladoras. El momento de la muerte es el principio de la vida en la presencia de Dios. Son muchas las personas que le temen a ese momento. El cristiano debería estar apercibido y expectante para cuando ocurra su momento. Mientras más crezca la experiencia cristiana, más será la certeza del cielo, y menos serán las incertidumbres y los miedos con relación a la muerte.

Pablo Ávila, según me cuenta Yiye, enfrentó el momento con paz. Su propio hijo dejó ir a su padre con el Señor en paz. La esperanza cristiana envuelve de paz a los que se van con Cristo y a los que se quedan extrañando a sus seres queridos.

El apóstol Pablo expresó en una ocasión: *Porque para mí el vivir es Cristo, y el morir es ganancia* (Fil. 1:21). Estas palabras fueron reales para Pablo y para cada verdadero creyente. Este texto conforta tanto a la persona que va a partir de manera inmediata como a aquella para la que es incierto el momento de su muerte. Muchos hijos de Dios no son sorprendidos por la muerte, sino que de antemano pueden avizorarla porque padecen una enfermedad terminal, dada por un diagnóstico médico o por la propia decadencia de la vejez. Para ellos el morir no es una pérdida, no es un final, es una ganancia. No hay razón para entrar en ansiedad, miedo o desesperación.

El mismo apóstol, escribiéndole a la iglesia de Tesalónica, confortó a los creyentes que habían perdido a sus seres queridos con la esperanza de la resurrección en la venida del Señor: *Tampoco queremos, hermanos, que ignoréis acerca de los que duermen, para que no os entristezcáis como los otros que no tienen esperanza* (1 Tes. 4:13). Eso no quiere decir que no vamos a tener angustia, nostalgia o añoranza de los seres queridos que parten. El texto bíblico deja en claro que sí vamos a tener tristeza, pero que será una tristeza diferente. Una tristeza con esperanza. Una tristeza que sabe que es una separación temporal, porque habrá un reencuentro sin fin.

La sanidad de Doris

Me niego a criar a mis hijos para otro que no sea Dios.

Catherine Booth (1829-1890)

Doris es la hija menor de Yiye y Yeya, que aún vive. Tristemente Ilia, la hija mayor, fue asesinada en Miami. De ella hablaré más adelante. Noemí, la segunda hija del matrimonio, era evangelista y predicadora, como su padre. También dedicaré un espacio para hablar de ella. Pero quiero concentrarme ahora en Doris y lo que Dios hizo en su vida.

Por muchos años Doris y su esposo, a quien lo llaman cariñosamente Pini, formaron parte de la imprenta Cristo Viene, que pertenecía al ministerio de Yiye Ávila. Allí trabajaron hasta que montaron su propia imprenta, sirviendo a Yiye desde esta nueva empresa. También servían a muchos ministerios, entre ellos el mío. Por años ellos fueron quienes imprimían todo el material de mis campañas en Puerto Rico. Cuando Dios me movía a diferentes lugares, llevando la exposición de su Palabra en campañas y diferentes eventos, ellos hacían las impresiones para mí.

Mientras investigaba para la realización de este libro, le pregunté a Doris personalmente lo concerniente a los milagros que ella vio en su vida personal, aquellos milagros que ella había experimentado al lado de su padre, Yiye.

Doris sufría de una condición de salud llamada *Huntington*, popularmente conocida como la enfermedad del baile de San Vito o danzamanía. Todas estas maneras de llamar a esta enfermedad hacen referencia a los síntomas que los pacientes sufren bajo sus efectos. Se trata de un trastorno neurológico degenerativo que provoca movimientos involuntarios, y afecta la parte motriz y cognitiva de la persona. Las neuronas mueren poco a poco en determinadas áreas del cerebro, empeorando cada día su condición.

En múltiples ocasiones, Yiye hizo alusión a este milagro. Contaba esta experiencia junto con su testimonio personal, por lo mucho que había impactado la vida de toda la familia lo que Dios hizo en aquella ocasión.

Es interesante notar que cuando conversaba con Doris, ella me decía: «Si hubo un testimonio de verdad en mi vida fue ese». Porque siendo niña comenzó a perder la fuerza y la sincronización. No podía caminar ni hacer los movimientos más sencillos típicos de cualquier niño de su edad. Se le dificultaba hasta eso.

Por aquel tiempo Yiye recién se había convertido. No había pasado mucho tiempo de que conocía al Señor y sus hijas aún eran pequeñas. De hecho, Doris era apenas una niñita de unos cinco o seis años cuando comenzó a sentir que perdía la coordinación motora. Su degeneración llegó al grado de que ni siquiera podía comer, porque no podía llevar la cuchara del plato a la boca con precisión. Todo se le caía. Pero esos solo fueron los primeros síntomas. Se le caían las cosas de las manos y se tropezaba con todo.

Aunque muchos al ver esta situación trataron de intervenir, no hubo manera de convencer a Yiye de que buscara ayuda en la medicina. Todos creían que la forma de enfrentar esta y cualquier otra enfermedad era acudiendo al médico. Pero Yiye se negaba. Él creía que alguien más poderoso que los médicos tenía herramientas más eficaces que la medicina. Así que intensamente se entregó a la oración. Recuerdo muy bien la emoción en el rostro de Doris mientras me contaba sobre la fe de su padre en este punto de la enfermedad.

A Yiye no le gustaba ir al médico. Pero no era simplemente que no le gustara, porque a mí tampoco me gusta ir al médico. Yiye pensaba que un cristiano no debía ir al médico. Él pensaba que la ciencia médica no tenía autoridad sobre su vida y que un cristiano no debía depender en su totalidad de las herramientas humanas, sino del poder de Dios para sanarlo. Para Yiye era una verdad indiscutible lo que Dios dijo: *Si oyeres atentamente la voz de Jehová tu Dios, e hicieres lo recto delante de sus ojos, y dieres oído a sus mandamientos, y guardares todos sus estatutos, ninguna enfermedad de las que envié a los egipcios te enviaré a ti; porque yo soy Jehová tu sanador* (Ex. 15:26). Nadie ni nada podían sustituir ese lugar del Dios sanador en su vida. Esta realidad no era solo para él sino también para sus hijas, para su esposa y para todo el que creyera en su mensaje, porque él lo recomendaba continuamente y también lo vivía.

Esto no fue un entusiasmo de los primeros pasos en el cristianismo, fue una realidad que vivió aún en los años de vida y ministerio finales, cuando ya estaba muy deteriorado físicamente por la edad. Aún allí se negaba a recibir en su casa a un médico, se negaba a ser atendido por un enfermero. De hecho, cuando algún cristiano médico llegaba a su casa, Yiye le hacía la aclaración: *Te recibo como hermano en Cristo, no como médico. Podemos conversar sobre mi condición, como hermano en Cristo, no como médico*. Durante mi entrevista con el médico que lo vio en los tiempos finales, este me expresó que Yiye le decía: *Solo te recibo si vienes como cristiano y no como doctor.*

Fue bajo esta convicción que, cuando a la niña Doris le comenzaron los síntomas, Yiye se entregó ardientemente a la oración. En ese proceso de búsqueda incesante de Dios él testificó haber recibido una palabra del Señor. Allí Dios le indicó que a la mañana siguiente sentara a la niña a la mesa y le diera una cuchara para desayunar, algo que hasta ese momento la niña apenas podía sostener sin derramar todo al suelo. Dios le estaba diciendo que le diera una cuchara para tomar el cereal, porque ya Él la había sanado.

Al día siguiente le dio las instrucciones a Yeya, su esposa, de lo que Dios le había dicho. Sentaron a la niña a la mesa, le colocaron la cuchara y Yiye pidió a la madre, que hasta ese momento sufría junto a su pequeña hija cada síntoma, que le trajera el desayuno. Yeya, un poco incrédula, un poco confundida, quizás hasta dolida con Yiye, pensaba: *¿Qué clase de broma es esta?* Y le refutaba a Yiye: «¿Cómo voy a darle el plato de cereal a Doris sabiendo la condición que le afecta? ¿Pero es que no ves que no puede comer?», a lo que Yiye más y más insistente repetía: «Sírvele el desayuno». Entonces Yeya obedeció y, al instante, Doris tomó la cuchara, pero en esta ocasión sin los molestos reflejos involuntarios de antes. La niña por primera vez en mucho tiempo llevó la cuchara directamente a su boca. Desde ese momento comenzó el proceso de sanidad, el cual fue impresionante.

Era del conocimiento del equipo de trabajo de Yiye Ávila, y de aquellos que lo acompañaban a cualquier país del mundo, que él no consideraba ni remotamente la posibilidad de tener que someterse a un tratamiento médico. Yo testifico de esta realidad en la vida de nuestro amado Yiye. No importaba cuál fuese la enfermedad que tuviera, él se iba a orar intensamente hasta que Dios le diera una instrucción o detalles. A menudo la instrucción que le daba era: *Mañana estarás bien*. En el caso de Doris, eso fue lo que sucedió. Recibió de parte de Dios: *Mañana siéntala a la mesa y denle el desayuno. Ella va a comer por sí sola.* En efecto, la niña comió por sí sola y aquel problema fue desapareciendo. Aunque fue progresivo, el cambio era visible desde el comienzo. El avance se empezó a ver instantáneamente. La niña comió, la niña desayunó, y desde ese momento pudieron testificar lo que Cristo había hecho en la vida de Doris, en la familia y en todos los que vieron la antigua condición de su enfermedad y la nueva restauración milagrosa. Alguien podría señalar como algo malo que la sanidad fue progresiva, pero está claro que esa también era una metodología divina. Jesús daba la orden y al momento los mares se aquietaban, los leprosos sanaban, los cojos andaban y hasta los muertos resucitaban. Pero también encontramos ocasiones en las que el milagro ocurría de manera progresiva. Hay un caso en el Nuevo Testamento y uno en el Antiguo Testamento:

> Vino luego a Betsaida; y le trajeron un ciego, y le rogaron que le tocase. Entonces, tomando la mano del ciego, le sacó fuera de la aldea; y escupiendo en sus ojos, le puso las manos encima, y le preguntó si veía algo. Él, mirando, dijo: Veo los hombres como árboles, pero los veo que andan. Luego le puso otra vez las manos sobre los ojos, y le hizo que mirase; y fue restablecido, y vio de lejos y claramente a todos. Y lo envió a su casa, diciendo: No entres en la aldea, ni lo digas a nadie en la aldea (Mr. 8:22-26).

> Naamán, general del ejército del rey de Siria, era varón grande delante de su señor, y lo tenía en alta estima, porque por medio de él había dado Jehová salvación a Siria. Era este hombre valeroso en extremo, pero leproso [...]. Entonces Eliseo le envió un mensajero, diciendo: Ve y lávate siete veces en el Jordán, y tu carne se te restaurará, y serás limpio [...]. Él entonces descendió, y se zambulló siete veces en el Jordán, conforme a la palabra del varón de Dios; y su carne se volvió como la carne de un niño, y quedó limpio (2 R. 5:1-14).

Aunque en la mayoría de los casos los milagros son instantáneos, Dios también los hace paulatinamente. Él es soberano, y actúa como quiere. Me llama la atención que, aunque lo que Yiye deseaba ver no ocurrió de inmediato, no se debilitó en la fe. La gente que espera milagros completos de Dios en sus vidas debería sostenerse y alimentarse en la fe, apreciando los pequeños movimientos divinos. Lo que Dios empieza lo termina: *...estando persuadido de esto, que el que comenzó en vosotros la buena obra, la perfeccionará hasta el día de Jesucristo* (Fil. 1:6). Cuando Dios empieza una obra es fiel en llevarla a feliz término; solo debemos asegurarnos de que es su voluntad y lo estamos interpretando bien.

Al principio Doris comenzó a caminar con cierta inseguridad, pero en poco tiempo, en pocos días, la niña caminaba perfectamente. Por eso Doris me decía: «Si yo sé de un milagro que ocurrió genuinamente fue ese». Obviamente dijo esto porque le ocurrió a ella en lo personal. *Porque no podemos dejar de decir lo que hemos visto y oído* (Hch. 4:20). Desde el momento en que fue sana, Doris quedó presa de aquella verdad que no podía ni tampoco quería callar. Dios era real en su vida y se estaba moviendo con poder en aquella que se puso en sus manos, y descansó en su cuidado y protección. Aunque el milagro fue progresivo, no había dudas de que Dios había intervenido.

Siento la necesidad de resaltar el hecho de que pude constatar personalmente la opinión que Yiye tenía en cuanto a la medicina y a los médicos. Él dependía totalmente del Señor. No era algo que exhortara en sus campañas para luego tener que ver correr a los paramédicos asustados ante una situación de enfermedad. Él creía firmemente que Jesús no corría a los médicos buscando ayuda, ni opinión, ni consejo, ni tratamientos médicos. Simplemente tenía el poder de sanar con solo decir una palabra o un toque, bien fuera de su mano o hasta con su manto. Entonces, si Dios era su Padre celestial, ¿por qué tendría que acudir a médicos en busca de sanidad, cuando su padre era todopoderoso para sanarlo y restaurarlo completamente? Esta realidad la hizo extensiva a su familia y a todos los que se acercaban a él.

Su fe era auténtica. Si tuviera que resumir todo lo que sé de Yiye Ávila en una sola frase sería que creía genuinamente lo que enseñaba, y lo que predicaba lo ponía en práctica. Él creía en la dependencia de la oración. Él oraba. Él creía que el ayuno era parte de nuestra devoción a Dios. Él creía que Jesucristo era su sanador.

Milagro y médicos

El hombre que tiene a Dios como su posesión posee todo lo que se necesita tener.

A.W. Tozer (1897-1963)

Este no fue el único milagro que Doris vivió en carne propia. Algún tiempo después de haber recibido la sanidad de aquel padecimiento que le impedía vivir como cualquier otro niño que corre, juega, hace travesuras y todo lo habitual para otros infantes, ocurrió un accidente en su casa. Mientras Doris jugaba arriba de una silla se cayó, y esta se rompió. Este accidente provocó que una astilla del asiento quedara enterrada en uno de sus muslos. No era algo pequeño, obviamente aquella herida necesitaba atención urgente. Cuando, tanto los padres como un pastor que se encontraba en la casa de visita, fueron a asistir a la niña y constataron la gravedad de la herida, se alarmaron al ver el panorama. El pastor, con la mejor de las intenciones, se preparó para llevar a la niña al hospital más cercano. Pero, una vez más, Yiye se opuso a que los médicos asistieran a su familia cuando podían contar con el auxilio divino. No escuchando razones, puso su mano sobre la herida abierta del muslo de Doris y comenzó a orar con fe. Él sabía quién era Dios, sabía lo que Dios había hecho en el pasado y sabía lo que Dios podía hacer si era su voluntad intervenir en este asunto.

Y repetía una y otra vez: «Mi Dios sana. El Dios al que estamos sirviendo sana». Así que mantuvo la imposición de manos sobre la herida hasta que paró de sangrar. Con dificultad, la niña comenzó a mover la pierna. Pero su padre la tomó de la mano, la levantó y la hizo caminar. La niña no parecía estar muy contenta con eso. Tal vez ella prefería ir en camilla al hospital, en vez de ponerse de pie con una pierna adolorida. Yiye era un padre amoroso que entendía la responsabilidad que pesaba sobre sus hombros de cuidar de su familia y proveerles protección. Pero también era un siervo fiel a Dios que sabía que no hay mejor protección que un padre pueda darles a los suyos que contar con el auxilio del cielo. Dios es el mejor padre y Yiye entendía esta verdad. A pesar del disgusto de Doris de ponerse de pie con todo el dolor que estaba atravesando, aun con los comentarios de los que los rodeaban e insistían en que la llevara a un médico, Dios oyó la oración de Yiye Ávila y la herida cicatrizó, sanó. Eventualmente comenzó a cerrar sin necesidad de ir al médico. Nunca se le hizo un punto de sutura, aunque era enorme la herida.

¿Cómo alguien puede juzgar el comportamiento de Yiye ante esta situación? Estoy seguro de que pueden juzgarlo de distintas formas. Sin embargo, para mí, fue un hombre absolutamente sincero y comprometido con lo que creía. Esto lo expreso sin ánimo de parecer místico.

Sin embargo, reconociendo los milagros y dando gloria a Dios por aquello que es más que evidente, en este punto haré algunas acotaciones a modo de orientación tomadas de las Sagradas Escrituras.

La enfermedad es una realidad en nuestra vida cristiana. Con solo echar un leve vistazo a nuestras iglesias descubrimos que los cristianos se enferman. Las enfermedades están en todos lados. Es probable que a alguien no le guste que haga alusión a la experiencia de todos los días, afirmando que ese no es el plan perfecto de Dios. Bueno, entonces leamos la Biblia y también nos percataremos de que fieles cristianos se accidentaron y se enfermaron. Algunos se sanaron y otros no.

Encontramos que el fiel siervo de Dios y compañero de Pablo, Epafrodito, se enfermó a tal punto que el apóstol pensó que moriría. *Pues en verdad estuvo enfermo, a punto de morir; pero Dios tuvo misericordia de él, y no solamente de él, sino también de mí, para que yo no tuviese tristeza sobre tristeza* (Fil. 2:27). De este pasaje se observa que Pablo no pensaba que hubiese garantía de sanidad. La enfermedad podía ser el medio que lo llevara a las mansiones celestes.

El mismo Pablo se enfermó y Dios usó esa ocasión para que llevara el evangelio a los cristianos de Galacia. *Pues vosotros sabéis que a causa de una enfermedad del cuerpo os anuncié el evangelio al principio* (Gál. 4:13). Nuestro Dios es tan grande que aun la enfermedad puede ser un instrumento evangelístico en sus manos.

Tenemos muchos ejemplos y mandamientos de cómo Dios sana milagrosamente a los enfermos. La Escritura dice: *Y la oración de fe salvará al enfermo, y el Señor lo levantará...* (Santiago 5:15).

Sin embargo, también Dios usa los medios naturales. A veces la voluntad de Dios será que nos auxiliemos de los recursos que Él mismo ha puesto en este mundo. Pablo en una ocasión recomendó a Timoteo que usara los medios naturales: *Ya no bebas agua, sino usa de un poco de vino por causa de tu estómago y de tus frecuentes enfermedades* (1 Tim. 5:23).

Por último, cabe señalar que Dios ama la profesión de médico. El evangelista Lucas era médico y por eso su Evangelio tiene la tipicidad de ser un Libro en donde se mencionan muchas de las enfermedades a las que alude. El apóstol se expresa en referencia a Lucas: *Os saluda Lucas el médico amado…* (Col. 4:14).

El magno sacrificio de Cristo en la cruz también se llevó las enfermedades y, aún más que esto, se llevó el deterioro que provoca que muramos. Pero el paquete de la salvación en Cristo tiene bendiciones que todavía no disfrutamos y que nos aguardan para el futuro. La salvación no solo es del alma sino también del cuerpo, pero la glorificación será en el futuro. De ahí que la Biblia diga: *…también nosotros mismos, que tenemos las primicias del Espíritu, nosotros también gemimos dentro de nosotros mismos, esperando la adopción, la redención de nuestro cuerpo* (Ro. 8:23).

Ver la enfermedad desde la perspectiva bíblica alumbrará nuestros ojos y también nos animará, porque Dios siempre está en el control y tiene propósitos a favor de su obra y a favor de nosotros mismos aun cuando no lo entendamos.

Capítulo IV

VIDA Y SERVICIO

Llamado a servir más

No tienes nada que hacer sino salvar almas. Por lo tanto, ve y gasta tu vida en este trabajo. Y ve no solo a los que te necesitan sino a aquellos que más te necesitan. El asunto no es predicar tanta cantidad de veces o cuidar de la sociedad de esto o de aquello, sino de salvar tantas almas como te sea posible, y de traer a muchos pecadores como puedas al arrepentimiento.

Juan Wesley (1703-1791)

El fervor de Yiye por predicar era tan grande que colocó parlantes en el techo de su casa para que todos escucharan la Palabra de Dios. Cada día, de seis a siete de la tarde, predicaba después de volver del trabajo, a veces por más de ocho horas.

Una vez que Dios obró en las vidas de Yiye y Yeya, se convirtieron en apasionados hospedadores de diferentes evangelistas que venían a su pueblo a hacer campañas. Uno de estos evangelistas impactó de una manera especial en Yeya. Cada vez que el evangelista Eugenio Jiménez tenía la oportunidad, le declaraba a Yiye que tenía un llamado de Dios a predicar el evangelio. Ahora sabemos que aquellas palabras del siervo de Dios no eran de iniciativa humana. El mensaje de Jiménez y su insistencia en realidad eran una confirmación del llamado y la insistencia del mismo Dios.

Hay personas que quieren servir al Señor, pero no están seguras de a qué han sido llamadas. Es importante que, frente a la inquietud de servir a Dios, podamos buscar su guía y hacer un autoexamen en donde podamos verificar la vocación o los dones con los que el Señor nos ha capacitado. Creo que esto es algo fundamental para ser efectivos en el ministerio y para ser librados de muchas frustraciones.

Los que han asumido ministerios a los que no fueron llamados se han hecho mucho mal a ellos mismos. Además, causan grandes males espirituales a las almas y a las iglesias. No todos somos llamados a la misma labor o ministerio. La Biblia habla en varios lugares acerca del llamado al ministerio. Hay algunos textos importantes que vale la pena mencionar en este punto.

En primer lugar, puedo mencionar la Epístola a los Efesios, en donde se menciona el ministerio de evangelista: *Y él mismo constituyó a unos, apóstoles; a otros, profetas; a otros, evangelistas; a otros, pastores y maestros, a fin de perfeccionar a los santos para la obra del ministerio, para la edificación del cuerpo de Cristo* (Ef. 4:11-12). Aludo a este texto especialmente porque menciona el ministerio de evangelista, que de manera especial creo que era la vocación de Yiye y que él mismo admitía.

Este otro texto al que hago alusión a continuación es muestra de cómo Dios llamó a Pablo. Era el propósito de Dios aun antes de que este naciera. Tal es el caso de todo siervo de Dios: *Pero cuando agradó a Dios, que me apartó desde el vientre de mi madre, y me llamó por su gracia, revelar a su Hijo en mí, para que yo le predicase entre los gentiles, no consulté en seguida con carne y sangre* (Gá. 1:15-16). Este pasaje confirma lo que he intentado señalar desde el principio de este libro. El propósito de Dios al levantar a Yiye no comenzó cuando este se convirtió, sino mucho antes. La vocación de Yiye no era algo que estaba solo sujeto a su libre albedrío, sino que formaba parte de las determinaciones divinas. No podemos escoger a nuestro antojo dónde vamos a servir, sino que debemos pensar dónde Dios quiere que sirvamos. Hay personas que quisieran pertenecer al ministerio de la música, pero no tienen el don de la música. Así sucede con todos los dones.

También en la carta que Pablo escribió a la iglesia de Corinto expresó: *Ahora bien, hay diversidad de dones, pero el Espíritu es el mismo. Y hay diversidad de ministerios, pero el Señor es el mismo* (1 Cor. 12:4-5). He visto en determinados momentos de mi vida flujos de ministerios. Es como si se pusiera de moda algún don por tener mejor solvencia económica, por tener más relevancia o reputación. Tal vez alguna persona que quiera servir a Dios en estos momentos pueda sentirse tentada a servir en el lugar equivocado, presumiendo de un ministerio o don que no es el suyo. El ministerio de evangelista al que Yiye suscribe es muy sacrificado. Es un ministerio itinerante, no se limita a la iglesia local. Muchas veces el sustento del que dependen el evangelista y su familia es incierto, a no ser que alguna iglesia local lo asuma, evento que no siempre sucede. Alabo a Dios por hombres de fe como Yiye, que se sometieron a tal presión y sacrificio.

Me parece que Yiye desde el principio lo tuvo claro. No era un pastor ni un teólogo en el sentido más estricto. No era un consejero. No era un maestro de niños. Tampoco era un líder de alabanza y adoración. No se diluía en otras prácticas, sino que enfocaba todo su empeño y esfuerzo en evangelizar, en que las almas pudieran salvarse predicando a Cristo. Él debía ser un predicador, un evangelista, y su labor de portavoz estaría acompañada por dones de sanidad y milagros, que fluyeron de manera espontánea en sus campañas. Dicho sea de paso, una anécdota jocosa, que avala los dones milagrosos que acompañaban a Yiye —que fueron reconocidos no solo por los creyentes sino hasta por el mundo impío— es aquella que aconteció en pleno programa televisivo. Un artista puertorriqueño sustituía a otro en su programa de televisión. En la introducción explicaba que su amigo estaba en una condición grave por un accidente que había tenido. Entonces comentó: «Fulano está tan mal que no lo sana ni Yiye». Aquella famosa frase coloquial, tan usada cuando alguien estaba muy enfermo, que decía «No lo salva ni el médico chino», ahora se había trasladado a Yiye. Estaba remplazando en popularidad al legendario «médico chino». ¡Qué bueno cuando los dones que tenemos son reconocidos por todas las personas! No hay necesidad de convencer a nadie de que tenemos tales dones; tampoco necesitamos presumir de ellos. El Señor es el que da testimonio a través de nosotros de que Él nos ha respaldado con ciertas capacidades que hablan por sí solas.

Yiye no tuvo que montar un *show* artificial donde se aparentara la dimensión milagrosa, sino que las personas que lo rodeaban testificaron del impacto y los milagros. Él podía unirse a las palabras de Pablo, cuando expresaba certeramente: *...y ni mi palabra ni mi predicación fue con palabras persuasivas de humana sabiduría, sino con demostración del Espíritu y de poder, para que vuestra fe no esté fundada en la sabiduría de los hombres, sino en el poder de Dios* (1 Cor. 2:4-5). Contrariamente a algunas prácticas del mundo carismático en el que nos movemos, que buscan crear un ambiente donde se aparenta el mover de Dios, los milagros, las conversiones y distintas manifestaciones sobrenaturales, me parece que Yiye no trataba de crear ambientes falsificados. Él era un exponente de lo genuino.

Las primeras experiencias de Yiye siendo usado por Dios fueron compartiendo su testimonio de iglesia en iglesia. El mensaje que él tenía para este entonces era su propia vida transformada y su milagro de sanidad física.

La primera experiencia en una campaña donde predicó fue durante aquellos siete días, cuando su vida espiritual todavía era muy incipiente. A pesar de esto, en una actitud de fe y entrega, correspondió a aquel pastor que lo invitó. Este ministro había entendido de parte de Dios que debía invitar a Yiye como predicador a su congregación. De igual manera, su primer mensaje fue acerca de su testimonio hasta ese momento.

Durante el tiempo en el que cumplía con las invitaciones para dar testimonio, aun siendo maestro en la escuela, tuvo una experiencia espiritual en la que Dios lo motivaba para que fuera a predicar a República Dominicana. En un verano en el que Yiye tenía dos meses de vacaciones, el Señor le manifestó que debía ir a predicar a ese país. Mientras leía la Biblia, se sintió como en un éxtasis en el que Dios le decía: *Santo Domingo*. Para este entonces tenía apenas un año de convertido, y se sintió impresionado por este llamado de Dios de ir a otro país a llevar su Palabra.

Primer viaje misionero

Dependa de la dirección de Dios, aunque parezca que no tiene ningún sentido.

William Tyndale (1495-1536)

Dios había preparado el terreno, porque incluso la esposa de Yiye ya era cristiana y podía ser la ayuda adecuada que él necesitaba para emprender un viaje ministerial, del cual no habría retorno. Yiye no se movió ni preparó ningún viaje, sino que pensó que si eso que sentía era de Dios debía esperar la confirmación. De manera que siguió con su rutina, testificando por las iglesias y dando clases en la escuela. Hasta que un día el pastor Astacio lo invitó a predicar en una campaña de tres días en su iglesia.

Después de terminada dicha campaña, le expresó a Yiye que Dios le había hablado. Decía que debía llevarlo a República Dominicana, específicamente a Santo Domingo, a llevar la Palabra de Dios a una iglesia junto al pastor Pérez, quien estaba al frente de la iglesia Cruzada Cristiana y Misionera. Enseguida vino a su mente la experiencia espiritual en la que Dios le había dicho que debía ir allí a predicar.

A pesar de esta confirmación, Yiye quiso que Dios ratificara su deseo de llevarlo a República Dominicana, así que decidió esperar aún más la respuesta divina. Quiso apartarse para orar y pedir que Dios le hablara. También habló con su esposa y le pidió que considerara acompañarlo. El Señor les habló a ambos. Una mañana Yeya despertó sobrecogida, con una fuerte convicción de que Dios quería realmente llevar a Yiye fuera de Puerto Rico, y no solo a él, sino que ella debía acompañarlo. Así que ambos, habiendo recibido confirmación, seguridad y paz con respecto a este viaje, decidieron emprender rumbo a República Dominicana. Enseguida Yiye se comunicó con el pastor Astacio para puntualizar los detalles.

Ministrando estos al Señor, y ayunando, dijo el Espíritu Santo: Apartadme a Bernabé y a Saulo para la obra a que los he llamado. Entonces, habiendo ayunado y orado, les impusieron las manos y los despidieron (Hch. 13:2-3). ¡Cuán importante es la guía de Dios en los proyectos misioneros! El Señor conoce cada campo misionero, conoce las condiciones espirituales para la recepción del evangelio y además es el jefe de estos proyectos. Es importante observar el ejemplo de Yiye, quien no tomaba decisiones pasionales, al contrario de lo que podría pensarse. Él se tomaba tiempo para buscar a Dios y valorar la dirección en la que debía moverse.

Durante ese verano, cuando estaba descansando de su trabajo, fue a dicha aventura espiritual. El 21 de junio de 1962 comenzaría una experiencia misionera tan impactante que llegaría hasta los medios seculares de comunicación. El pastor le dijo que comenzaría por una de sus iglesias y que luego Dios lo guiaría a lo que debía hacer.

¡Qué maravilla que Dios planifique nuestra ruta ministerial y los lugares específicos adonde debemos ir! Cuando pienso en Yiye, no puedo evitar que pasen por mi mente los textos de la Biblia sobre Jesús y sus apóstoles. Pienso en él como un hombre que ilustra con su vida y ministerio las Sagradas Escrituras. Esta misma experiencia en la que Dios lo guio en su primer viaje me cautiva. En el libro de Hechos hay una narración hermosa de la intervención sobrenatural de Dios guiando a Pablo a una ciudad necesitada del evangelio, algo parecido a lo acontecido aquí. *Y se le mostró a Pablo una visión de noche: un varón macedonio estaba en pie, rogándole y diciendo: Pasa a Macedonia y ayúdanos. Cuando vio la visión, en seguida procuramos partir para Macedonia, dando por cierto que Dios nos llamaba para que les anunciásemos el evangelio* (Hch. 16:9-10). La Macedonia de Yiye ahora era República Dominicana.

En el campo misionero

A pesar de que la persecución atacaba con furia maléfica, el evangelio resplandecía con un brillo extraordinario y avanzaba firme como una roca inexpugnable, resistiendo los ataques de sus enemigos y convirtiéndolos en victoria para su expansión.

John Foxe (1516-1587)

Fue un viaje sin mucha planificación por parte de Yiye, pero orquestado a la perfección por Dios. Sin un plan humano, resultó en 45 días llenos de conversiones, sanidades, fraternidad cristiana y crecimiento espiritual.

Cuando Dios es el que prepara el viaje, los más ínfimos detalles quedan satisfechos. Dios le preparó a Yiye y a su esposa hasta el hospedaje que, dicho sea de paso, fue en la casa de alguien que llegó a ser una hermana muy querida por ellos. Su nombre era Mercedes, una anciana que vivía sola y tenía un corazón hospitalario. Las Sagradas Escrituras dan un inmenso valor al servicio cristiano de la acogida. *No os olvidéis de la hospitalidad, porque por ella algunos, sin saberlo, hospedaron ángeles* (Heb. 13:2). Ha sido siempre una provisión de Dios que los misioneros, los evangelistas y todo siervo que trabaja viajando, tenga como hotel la casa de un hermano en la fe, siempre que fuera necesario. La casa de Mercedes se convirtió en el puesto de mando a donde venían los pastores y líderes de diferentes iglesias invitados a predicar en las congregaciones. Así seguía tomando forma al propósito de Dios en este viaje.

Como les había dicho el pastor Astacio, comenzaron por la iglesia del pastor Pérez, pero Dios los fue moviendo por diferentes pueblos. Algunos lugares en los que predicaron fueron Santiago, Moca y Haina. Hubo ocasiones en las que Yiye tenía que predicar en una iglesia, mientras que Yeya se trasladaba a otro lugar para compartir la palabra de Dios. Ambos fueron usados extraordinariamente.

Hubo momentos en los que el diablo, no contento con el mensaje de la Palabra, levantó oponentes que le lanzaron no solo palabras obscenas sino hasta piedras. Específicamente en Moca, en un humilde templo con techo de zinc, recibieron un sinfín de piedras que estorbaron la predicación: *...persuadieron a la multitud, y habiendo apedreado a Pablo, le arrastraron fuera de la ciudad...* (Hch. 14:19). Parece común que los ministerios ungidos y usados por Dios sean víctimas de las piedras en alguna etapa de su trabajo.

Milagrosamente, cuando Yiye convocó a los enfermos que estaban escuchando para que se acercaran a clamar a Dios por sanidad para sus cuerpos, las molestas piedras dejaron de caer. La razón de que hayan cesado las impertinencias fue que los inquisidores ahora estaban trayendo a un amigo que se arrastraba con sus manos sobre un sucio trozo de cartón, totalmente incapacitado de sus piernas, para que oraran por él. Aquella noche aquel hombre caminó ante la vista de todo el pueblo, que bien conocía su incapacidad.

Mientras él [Jesús] *aún hablaba, se presentó una turba [...]. Y uno de ellos hirió a un siervo del sumo sacerdote, y le cortó la oreja derecha. Entonces respondiendo Jesús, dijo: Basta ya; dejad. Y tocando su oreja, le sanó* (Lc. 2:47-51). Esa noche aquel joven de la Biblia había venido con palos y piedras a apresar a Jesús y terminó recibiendo de su mano sanidad para su cuerpo. Así también, aquellos jóvenes impertinentes de Moca recibieron sanidad para su amigo, y contemplaron no solo el poder de Dios sino también su amor inmerecido.

En Haina alrededor de seiscientas personas aceptaron a Cristo por las predicaciones. Aquí Yiye predicó por primera vez con parlantes. El Señor propiciaba numerosas conversiones que alegraban el corazón del evangelista.

En Santiago predicaron en las cárceles. Las condiciones de aquellos presos eran deplorables. Pero aquellos que antes estaban presos por partida doble, porque no solo estaban cautivos físicamente, sino que sus almas estaban atadas con cadenas espirituales de maldad, ahora eran liberados de sus ataduras espirituales. Aquella pareja misionera testificaba que, aunque los presos continuaron tras las rejas de hierro, su condición había cambiado. Muchos de ellos ahora disfrutaban de la verdadera libertad que solo Cristo puede dar: *...y conoceréis la verdad, y la verdad os hará libres* (Jn. 8:32). Esta es una libertad que solo conocen los creyentes. Aun cuando aquellos presos permanecieron geográficamente limitados a la cárcel física, disfrutaban de la libertad espiritual, liberación del poder del pecado, liberación del poder demoniaco, acceso libre al lugar santísimo de la presencia de Dios y a los muchos beneficios espirituales que Dios derrama sobre las almas.

Era una lucha espiritual en muchos frentes. Tenían que lidiar con la tentación de regresar a Puerto Rico para estar con sus hijas que habían dejado con los abuelos, y continuamente les escribían pidiéndoles que regresaran ya, que les hacían falta. A veces Yiye y Yeya lloraban porque extrañaban a sus niñas. Pero, en una actitud desafiante y de confianza en Dios, Yiye decía que no volverían a Puerto Rico hasta que este los guiara. Estaba convencido de que Dios cuidaría de sus hijas mejor de lo que él podía cuidarlas. Tanto fue así que cuando llegaron las encontraron saludables y robustas, más que cuando estaban con ellos. ¡Qué bendición saber que Dios cuida de nuestros hijos y de nuestros bienes mejor de lo que nosotros podemos hacerlo!

Cuando Dios se los indicó, después de 45 días, 10 campañas y 51 predicaciones en diferentes denominaciones, volvieron a Puerto Rico. Aquellos días quedaron impregnados en las mentes de los dominicanos. Hasta los periódicos inmortalizaron aquellas campañas, haciéndose eco de lo que había acontecido.

Hacia los Estados Unidos

Cuando Dios se prepara para sacudir a los Estados Unidos es posible que no elija a un doctor en teología. Dios puede elegir a un chico del campo [...] ¡y oro para que así sea!

Billy Graham (1918-2018)

Las experiencias espirituales seguían, y Dios continuaba hablándole a Yiye sobre el próximo paso. Otra vez sentía de parte de Dios la guía para un viaje misionero. En esta ocasión iría a los Estados Unidos, pero no quería tomar ninguna decisión hasta que Dios no le confirmara el lugar y el momento. Llegado el verano recibió una llamada de aquel país. Lo llamaba un pastor menonita con el que Dios estaba tratando para que trajera a Yiye a su pequeña iglesia, como de cuarenta personas. Entendió entonces que era allí donde el Señor lo estaría usando en esta oportunidad. Resulta interesante que desde sus comienzos el ministerio de Yiye no escatimó esfuerzos para ir adonde Dios lo guiara, sin importar la relevancia o la cantidad de personas a las que ministraría. Yiye sabía que una iglesia de cuarenta personas era tan iglesia como la que tenía miles. El Señor Jesús nos enseñó el valor de un alma cuando expresó:

> ¿Qué hombre de vosotros, teniendo cien ovejas, si pierde una de ellas, no deja las noventa y nueve en el desierto, y va tras la que se perdió, hasta encontrarla? Y cuando la encuentra, la pone sobre sus hombros, gozoso; y al llegar a casa, reúne a sus amigos y vecinos, diciéndoles: Gozaos conmigo, porque he encontrado mi oveja que se había perdido. Os digo que así habrá más gozo en el cielo por un pecador

que se arrepiente, que por noventa y nueve justos que no necesitan de arrepentimiento (Lc. 15:4-7).

Las experiencias sobrenaturales en esta iglesia no se hicieron esperar. Dios derramó su poder sobre cada hermano, que atónito contemplaba las maravillas del poder del Espíritu Santo. Danzaban de gozo y testificaban con denuedo, como nunca lo habían hecho. Esta iglesia no tenía como práctica bautizar por inmersión, o sea, sumergiendo todo el cuerpo en agua, como creemos que la Biblia enseña, pero Yiye, sin detenerse ante esta costumbre, habló y enseñó las verdades bíblicas sobre el bautismo en agua por inmersión. ¡Cuál no fue el asombro de Yiye al escuchar la petición de aquel pastor menonita quien, inquieto ante estas enseñanzas, rogó a su invitado que lo bautizara de inmediato, no solo a él sino también a su esposa! Aquel pastor había abrazado la ordenanza del bautismo y quería obedecerlo cuanto antes.

No hace falta presionar a la gente para que capte la visión teológica y obedezca; basta con estar bajo la guía de Dios, como Yiye, para ver encauzarse el plan divino. Yiye no dilató el proceso, y rápidamente fueron todos a un lago cercano para ser bautizados cuanto antes. Era septiembre y, como de costumbre, en esa región la temperatura del agua estaba comenzando a descender. Con temor de contraer alguna enfermedad que pudiera complicar su salud y paralizar la obra que Dios estaba haciendo a través de él en aquella pequeña iglesia, Yiye clamó a Dios para que, de manera milagrosa, lo protegiera de cualquier resfriado. Para sorpresa, no solo de Yiye sino de cada hermano allí presente, el agua se calentó sobrenaturalmente, como la de una playa en pleno verano. Podría parecer poca cosa pedir por un milagro de este estilo, pero los que esperan en Jehová son bendecidos en los pequeños detalles con grandes milagros que Dios hace para cuidarnos, para que continuemos haciendo su voluntad y para que testifiquemos a otros de la grandeza de Dios y de su amor quien, siendo tan grande, se inclina a oírnos y asistirnos. *Pues aun vuestros cabellos están todos contados* (Mt. 10:30). Si Dios se ocupa del número de cabellos que tenemos, ¿por qué no se ha de ocupar de evitarnos una gripe?

Esto no terminó solo aquí, con aquel pastor y su esposa, sino que a los pocos días otro pastor menonita, que había sido instruido por su amigo pastor recientemente bautizado, se acercó con grandes deseos de obedecer la Palabra de Dios, que dice: *el que creyere y fuere bautizado, será salvo…* (Mc. 16:16). Así que, repitiendo los pasos anteriores, volvieron al casi helado lago y el milagro volvió a ocurrir. Esto me recuerda mucho lo acontecido con Elías y Eliseo, cuando ambos cruzaron el río Jordán de manera milagrosa. Dios no hace milagros para cumplir caprichos, Él atiende nuestras necesidades y exalta su nombre al librar a sus hijos de adversidades (2 R. 1, 2).

A Yiye nunca lo detuvieron las diferencias denominacionales para llevar la palabra de Dios a donde lo invitaran. Él fielmente creía que todo el que se arrepiente de sus pecados, todo el que verdaderamente ha abrazado la fe en el único y verdadero Salvador, Jesucristo, es sin duda un hijo de Dios y, por lo tanto, un hermano en la fe. Mientras avanzaba la campaña evangelística en aquella iglesia menonita, comenzaron a llegar pentecostales y miembros de otras denominaciones. Juntos, sin importar las diferencias que hubiese, comenzaron a adorar al mismo Jesucristo. Antes de regresar a Puerto Rico, Yiye pudo ser testigo de la conversión de al menos ochenta personas que, mediante la exposición de la Palabra, el testimonio de los milagros ocurridos y la unidad del pueblo de Dios, pudieron alcanzar salvación y vida eterna.

Más ministerio

No es tonto aquel que da lo que no puede retener para ganar lo que no puede perder.

Jim Elliot (1927-1956)

Durante siete años Yiye estuvo trabajando en la escuela y predicando donde Dios lo llevara. Sin embargo, aquella experiencia vivida en los Estados Unidos confirmó la voluntad de Dios para su vida: dejar la enseñanza secular para dedicarse únicamente a la exposición de la Palabra. La decisión no fue nada fácil. Luego de veintiún años de trabajo ininterrumpido, solo debía esperar unos pocos años más antes de retirarse y recibir un cheque de por vida. Esto le daría estabilidad económica y la tranquilidad de trabajar sosegadamente en el ministerio de la evangelización. Sin embargo, movido por esta inquietud cada vez más latente, pidió a Dios confirmación. Una vez más, ese Dios que no defrauda, que no llega tarde, que no falta en contestar a sus hijos que le buscan de corazón, Yiye recibió confirmación de que debía dejar la escuela cuanto antes.

Muchos lo tildaron de loco. Los que lo amaban se preocupaban, tal vez con razón, por la nueva situación económica de la familia. Pero Yiye decía: «Si el gobierno de Puerto Rico ha sido fiel en mandarme el cheque mes a mes sin falta, ¿cómo voy a creer que el gobierno de mi Padre celestial va a demorar en proveer mes a mes lo que mi familia y yo necesitamos?». Aquella convicción no era más que el resultado de haber visto la mano de Dios proveerle en cada situación de su vida. Así como lo creyó por fe, sucedió. Lo mismo que semanalmente la escuela le proveía antes, ahora por diferentes caminos Dios le mandaba hasta completar y muchas veces superar lo que la escuela antes le daba. Acostumbraba a encontrarse por la calle a personas que eran movidas por Dios a darle ofrendas que suplían sus necesidades. Nunca eran las mismas personas, pero jamás escaseó la provisión. No había dudas de que la decisión tomada era la correcta. Dios les proveería para el resto de su vida.

Predicaba en las iglesias donde lo invitaban y predicaba también en los hospitales. Clamaba a Dios por los enfermos de cama en cama, y muchos testificaban las sanidades ocurridas en sus cuerpos. Es interesante saber que Yiye recogía el nombre de las profesiones de fe y las enviaba a los pastores que vivían cerca de la nueva alma salvada, para que ahora estos pastores cuidaran de su crecimiento. Esta es la obra de un evangelista genuino. No solo se ocupaba de que recibieran la salvación de sus pecados sino también de que fueran atendidos y pastoreados para que crecieran espiritualmente. Yiye no estaba interesado en que su ministerio engordara sino en la salvación genuina de las almas porque, aunque el trabajo evangelístico había sido efectuado por él, no se adueñaba de los fieles, sino que los enviaba a diferentes pastores e iglesias que le pudieran dar continuidad al trabajo espiritual sobre ellos. Una verdadera visión del Reino es aquella que no está centrada en sí misma, que sabe que las iglesias locales son de Dios y que todas ellas forman parte del plan divino. Yiye no era un hombre con complejo mesiánico, él sabía que formaba parte de un engranaje ministerial, donde uno siembra y el otro riega. Como declaró el mismo apóstol Pablo en 1 Corintios 3:6: *Yo planté, Apolos regó; pero el crecimiento lo ha dado Dios.*

La búsqueda de Dios llegó a ser algo cotidiano. Se apartaba para orar y ayunar por varios días, y salía con sus fuerzas renovadas. Madrugaba para encomendar su día a Dios antes de ingerir alimento alguno. Antes de siquiera hablar con alguien, hablaba primero con Dios.

Capítulo V

MINISTERIO

La búsqueda de Dios trae avances

Dame cien predicadores que no le teman a nada excepto al pecado, y que no deseen nada excepto a Dios [...]. Ellos sacudirán las puertas del infierno y establecerán el reino de Dios en la tierra.

Juan Wesley (1703-1791)

Yiye dependía de Dios. Lo hemos apreciado ya en muchas ocasiones en las que este siervo buscaba la dirección divina para diferentes decisiones. Muchos habrán escuchado de los ayunos intensos y reiterados, donde Yiye se entregaba por días y días a la comunión con Dios. Una de estas búsquedas fue precisamente lo que desembocó en una nueva etapa de su ministerio. Fue a partir del famoso tiempo de ayuno de 41 días que Dios abrió un nuevo período en el que *ensancharía el sitio de la tienda* ministerial (Is. 54:2-5). Dios quiere el crecimiento del ministerio y lo hace en respuesta a nuestra búsqueda de Él. Referente a este ayuno Yiye se expresó así:

> El día primero de noviembre de 1972 entré en un ayuno que nunca soñé que ocurriría. No entré en el ayuno con la

> intención de establecer un récord. Mucho menos de ayunar más que mi Señor, a quién amo más que a mi vida. Tampoco pensé en alcanzar gracia con las personas o impresionarlas. Sencillamente tenía problemas que me estaban atribulando de tal forma que sentí que debía entrar en ayuno y, al empezar, le dije al Señor: «No entrego aunque me muera, hasta que tú no me des la victoria…».[2]

El ayuno y la oración son ejercicios espirituales; son una poderosa herramienta que Dios ha puesto en las manos de la iglesia. La vida devocional y espiritual de Yiye es un testimonio vívido de los resultados de estas prácticas.

Podemos apreciar específicamente el tema del ayuno desde la perspectiva teológica, entendiendo su naturaleza cuando las Escrituras nos hablan de los que ayunaron y los mandamientos sobre cómo llevar adelante esta práctica de una manera adecuada. Pero creo que si alguien quiere apreciar los resultados prácticos puede encontrar en Yiye una buena referencia. Son una evidencia testimonial los resultados que obtuvo cada vez que él se entregó a la búsqueda de Dios. Así que más adelante trataré el tema del ayuno detenidamente, según Yiye lo comprendió y lo practicó.

Me parece oportuno citar aquí a Arthur Wallis, cuando se expresa acerca de este tema:

> El ayuno es importante. Quizá más de lo que la mayoría de nosotros creíamos en un tiempo […]. No obstante, no se trata de una doctrina bíblica fundamental, una piedra basal de la fe o de una panacea para cada mal espiritual. Sin embargo, cuando se lo ejercita con un corazón puro y animado

---

[2] Yiye Ávila, *El ayuno del Señor, ayuno de victoria*. Miami: Editorial Unilit. 1994, p. 83.

> por motivos sanos, el ayuno puede proporcionarnos una llave para abrir puertas en aquellos lugares donde otras llaves han fracasado; es una ventana que abre nuevos horizontes en el mundo invisible; un arma espiritual provista por Dios y poderosa para derribar fortalezas...[3]

Cuando Yiye entró en este ayuno no lo hizo con un plan definido; tenía la necesidad y buscaría la ayuda de Dios, pero no sabía por cuánto tiempo sería. Sencillamente entró para buscar a Dios, esperando que Él mismo lo dirigiera en la búsqueda espiritual. Yeya, su esposa, trabajaba en el ministerio en el sótano de la casa, respondiendo cartas y empacando tratados, entre otras labores. Al pasar los días ella pensaba que en cualquier momento Yiye saldría del cuarto para finalizar el ayuno. Pero los días se extendían y él no salía. Yiye estaba en una lucha espiritual, batallando contra fuerzas espirituales de maldad y solicitando al cielo su guía y bendición. Finalmente llegó el día y Yiye salió. Estaba demacrado y tan delgado que la ropa no le servía, le bailaba en el cuerpo.

Buscar a Dios es pagar un alto precio. El que no está dispuesto a pagar ese precio no podrá disfrutar de un poderoso ministerio. Aquellos que disfrutaron de las sanidades y las grandes campañas de Yiye deben saber que, de esos tiempos de soledad, de esfuerzo y de dolor es que obtuvieron esa gran bendición.

---

[3] Arthur Wallis, *El ayuno escogido por Dios: Una guía práctica y espiritual para el ayuno.* Nashville: Grupo Nelson 27ª. 2011, p. 9, 10.

Más siervos para el ministerio

No hay tal cosa como ir al cielo a solas;
uno tiene que encontrar amigos, o hacérselos.

JUAN WESLEY (1703-1791)

Después de los 41 días de ayuno, Yiye fue fortalecido por Dios en relación con el problema por el que entró en ese tiempo. Pero se añadió bendición, porque además empezaron a llegar hermanos de diferentes lugares con diferentes dones y profesiones, brindándose, diciendo que querían orar con él y pretendían unirse al ministerio. Decían que Dios los estaba llamando a trabajar con Yiye. De allí surgió lo que muchos conocieron como el *Escuadrón Relámpago.* Los que Dios separó para ese ministerio formaron un equipo multidisciplinario que atendía diferentes áreas de servicio. Antes de entrar en ese tiempo de ayuno especial, había seis hermanos que trabajaban en el ministerio, pero cuando terminó ese tiempo de búsqueda eran más de veinte, que Dios trajo para unirse al trabajo para Él junto a Yiye.[4]

A todos los que querían unirse al ministerio de Yiye, él les demandaba que pasaran un tiempo de ayuno y oración de 21 días. Había una casa campestre dedicada a esta labor. Debían retirarse y prepararse espiritualmente para el ministerio.

En una visita a Chicago se convirtieron jóvenes a quienes Yiye sumó a su ministerio. Los trajo a Camuy, junto a un hermano llamado Tito Atiles, para que lo ayudaran en el área de la coordinación. Ellos fueron a vivir inicialmente al sótano de la casa de él. Durante el día subían a orar y a trabajar a la

[4] Ávila, *El ayuno del Señor, ayuno de victoria*, p. 83.

casa de Yiye. Enseguida el hermano Tito se involucró empezando a coordinar viajes fuera de Puerto Rico. Tito tenía dotes especiales que lo constituían en un buen ayudante de Yiye. Tenía una visión empresarial. Él gestionaba todo lo concerniente al ministerio en cuanto a compra y venta de lo necesario porque se le daban con facilidad estas cuestiones. También era un visionario que podía descubrir potenciales y podía ver logros a largo plazo.

Cuando se solidificó y organizó más el ministerio, Yiye empezó a salir a las campañas con un grupo de hermanos que él mismo señaló, porque entendía que eran los que Dios designaba para ser su compañía en cada ocasión. Estos hermanos eran usados por Dios no solo para acompañar, sino para servir, lo que creaba las condiciones para que se pudiera predicar la Palabra de la manera más eficaz.

El ministerio, según Dios, debe hacerse de manera colegiada. La Palabra testifica que es mejor servir en compañía que en soledad. Somos más fuertes y efectivos cuando servimos como cuerpo de Cristo. *Después de estas cosas, designó el Señor también a otros setenta, a quienes envió de dos en dos delante de él a toda ciudad y lugar adonde él había de ir* (Lc. 10:1). ¡Cuántos siervos de Dios hay que están llevando una labor solitaria, quizá por motivos de reconocimiento u orgullo! Con acciones como estas se producen luego desastres espirituales, que hacen que se pierda dicho ministerio por motivos como pecado, cansancio, desánimo o cualquier otro. El acompañamiento ministerial no es un lujo, es una necesidad y un mandato divino. La Biblia lo expresa en esta misma dirección:

> Mejores son dos que uno; porque tienen mejor paga de su trabajo. Porque si cayeren, el uno levantará a su compañero; pero ¡ay del solo! que cuando cayere, no habrá segundo que lo levante. También si dos durmieren juntos, se calentarán

> mutuamente; mas ¿cómo se calentará uno solo? Y si alguno prevaleciere contra uno, dos le resistirán; y cordón de tres dobleces no se rompe pronto (Ec. 4:9-12).

Debemos desarrollar un ministerio mancomunado de manera intencional. El texto bíblico habla de acompañamiento en el trabajo, en el descanso y en la guerra. La soledad no es buena consejera. Cualquiera sea la etapa que estemos atravesando, la compañía es recomendable porque es de bendición. El ministerio cristiano implica un trabajo, un descanso espiritual y una guerra espiritual.

Un servicio asociado a otros siervos cuenta con más dones, porque los dones están diversificados en el cuerpo de Cristo; esto provoca que más áreas de trabajo queden satisfechas y, a la vez, cuenta con más apoyo y sostén contra el debilitamiento espiritual y las flaquezas humanas.

Cuando las campañas eran dentro de la isla de Puerto Rico, tenían que llevarse todo el mobiliario que se iba a usar. Esto era un trabajo muy difícil. Implicaba un gran esfuerzo físico y mental, sobre todo físico, y por supuesto, aunque muchas veces no se es consciente, había lucha espiritual. Cuando todo se instalaba en el lugar de la campaña debían dejar personal en el sitio para que cuidara de aquello adquirido con inmenso esfuerzo, de manera que después de la campaña, tarde en la noche, se quedaba un grupo de jóvenes del ministerio durmiendo en el lugar. Cuando las campañas eran fuera de Puerto Rico, el coordinador debía viajar dos semanas antes para crear las condiciones con los pastores que estaban a cargo en los diferentes lugares. Yiye llegaba poco antes para hospedarse en la casa de un hermano o en un lugar alquilado.

Un lugar para el ministerio

El trabajo de Dios hecho a la manera de la voluntad de Dios nunca carece de las provisiones de Dios.

HUDSON TAYLOR (1832-1905)

El Ministerio Cristo Viene tuvo sus comienzos en el año 1961. La primera oficina fue una de las habitaciones de Yiye y Yeya. Desde allí predicaba el evangelio diariamente a las cinco de la tarde. El mensaje de salvación salía por cuatro altoparlantes instalados en el techo de la casa. Los vecinos se quejaban muchísimo. Pero el mensaje siguió por un año entero. Después de ese tiempo los vecinos se habituaron a oírlo y no se quejaron más.

Un día lo visitó un hermano que tenía un programa radial en la emisora WNIK, de Arecibo. Este no pudo continuar con su programa y se lo ofreció a Yiye. La única condición que le ponía para dárselo era que no le cambiara el nombre de Cristo Viene. Este es el origen del nombre que luego fue conocido como Ministerio Cristo Viene. Es curioso que el origen del nombre no fuera iniciativa de Yiye, ya que una característica de sus predicaciones era precisamente anunciar que Cristo viene pronto.[5]

Mientras tanto, el ministerio continuaba creciendo y el lugar de trabajo quedaba pequeño. Se necesitaba un lugar más amplio. Se sumaban trabajos y personas. Por lo tanto, ya no cabían en el sótano de la casa de Yiye, desde donde hasta este momento habían trabajado. El sótano era el centro de operaciones.

---

[5] Yiye Ávila. (1990). Una reseña muy personal. Por: Hna. Yeya Ávila (esposa del Hno. Yiye Ávila). *La fe en marcha,* 1990-8, p. 12-13.

Otra vez Yiye estaba batallando en oración, pidiendo a Dios su guía para cubrir la necesidad del ministerio. El Señor del ministerio es quien abre puertas y trae provisión para que hagamos su obra. A Él debemos remitirnos.

La respuesta fue un hombre llamado Lugo, propietario de unos terrenos en un lugar llamado Membrillo. Este quería donarle a Yiye un terreno. ¡Qué maravilla! ¡Dios estaba proveyendo para que el ministerio continuara adelante! Así fue cómo comenzó la construcción del edificio que se utilizaría para la obra que hoy conocemos con el nombre de Ministerio Cristo Viene. La construcción concluyó el sábado 22 de septiembre de 1979. Enseguida comenzaron a mudar todo el mobiliario desde el sótano de la casa de Yiye hasta la nueva construcción. En la misma semana se reanudó el trabajo del ministerio desde las nuevas facilidades. En la inauguración, el predicador fue el pastor Luis M. Ortiz, fundador del Movimiento Misionera Mundial donde tuve el privilegio de estar. Este edificio permanece hasta el día de hoy; por supuesto, ha habido que realizarle reparaciones. Además, se lo ha ampliado y en algunos casos remodelado.

El propósito del ministerio era la evangelización como labor prioritaria. Tenía diferentes departamentos que pudieron funcionar en el nuevo local. Estos eran: Intercesión, Editorial, Computación, Imprenta, Librería, Correspondencia, Televisión, Grabaciones para la Televisión, Grabaciones para la Radio y Audio, Contabilidad y Personal.

Mientras más pasaba el tiempo, más se extendía el Ministerio Cristo Viene, alcanzando reputación e influencia internacional.

Ataque a la salud

Toda carga pesada que Dios te pida que levantes esconde en sí misma algún secreto extraño de fortaleza.

J. R. Miller (1840-1912)

En medio de avances y logros de la obra de Dios, Yeya se comenzó a enfermar. De hecho, durante años tuvo malestares a los que no había prestado atención, pero para el presente la situación era más aguda. Ella misma cuenta que, estando Yiye en uno de sus viajes, decidió visitar al médico. Aprovechó la oportunidad de que Yiye no estaba presente porque, como ya he expresado, a él no le gustaba ir al médico. Prefería siempre ir a Dios, buscando el milagro. Entonces, a escondidas y en varias ocasiones, Yeya fue al médico, no porque le faltara fe sino porque creía que no era contrario a Dios buscar el apoyo de la ciencia.

Cuando la obra de Dios avanza es común enfrentar luchas. El mismo apóstol Pablo da cuenta de grandes adversidades mientras hacía la obra misionera. Cito solo en parte las declaraciones de Pablo: *...en trabajo y fatiga, en muchos desvelos, en hambre y sed, en muchos ayunos, en frío y en desnudez; y además de otras cosas, lo que sobre mí se agolpa cada día, la preocupación por todas las iglesias. ¿Quién enferma, y yo no enfermo? ¿A quién se le hace tropezar, y yo no me indigno? Si es necesario gloriarse, me gloriaré en lo que es de mi debilidad* (2 Cor. 11:27-30). Dentro de las aflicciones que Pablo menciona es de destacar la enfermedad. Siempre se pueden levantar personas que cuestionan por qué Dios permite que siervos entregados tengan que vivir experiencias de dificultad tan severas como las que Yiye y Yeya vivieron. A ellos debemos contestarles que en las dificultades muchas veces Dios vindica y acredita su obra.

En las dificultades también Dios pule el carácter de los suyos, además de otras razones ocultas que Él pudiera tener. Ser fieles a Dios en la enfermedad es un testimonio.

La enfermedad les recuerda a las personas lo vulnerables que son y que pueden morir en cualquier momento; les saca la mente de lo terrenal y temporal, para ponerla en lo eterno y vitalicio. La enfermedad también sensibiliza los corazones y nos concede humildad frente a la obra de Dios. Contrario a lo que muchos puedan pensar, la enfermedad puede ser usada por Dios y ser hasta una bendición. No olvidemos que Dios usa hasta a Satanás para cumplir sus planes.

¿Qué propósito tuvo Dios con la enfermedad de Yeya? No puedo contestar esta pregunta, pero lo que sí puedo afirmar es que algún buen propósito tenía el Señor. Yeya es su sierva y contaba con la protección y bendición de Dios. De manera que todo cuanto acontecía estaba bajo la guía de Él.

Yeya preparó un viaje a Brooklyn para pasear con su madre. En las noches iba a orar con hermanas hasta el amanecer. Estando en unos de estos tiempos de vigilia, la hermana María le manifestó algo que Dios le reveló. La veía en un quirófano. Al mismo tiempo le decía que no debía temer porque el Señor la acompañaría. Yeya tomó muy en serio esto, porque algo ya le había dicho el ginecólogo. Cuando regresó fue de inmediato a una cita con el médico. La hospitalizaron el 7 de febrero de 1978 en la clínica el Buen Pastor, de Arecibo. El doctor que la operó fue Rodríguez, que terminó extirpándole un bulto que tenía en el seno derecho. Las pruebas relacionadas dieron positivo de cáncer y, como Yiye no estaba presente y debía volver a ser intervenida quirúrgicamente, Yeya misma terminó firmando los papeles para la operación y fue sometida otra vez. En esta ocasión ocho ganglios fueron extirpados, entre otras partes que fueron llevadas a anatomía patológica, para finalmente disfrutar de la buena noticia de que estaba bien. Dios había obrado y estaba dándole una nueva oportunidad. El patólogo había dicho que el cáncer se había ramificado por todo el cuerpo y que solo le quedaban tres meses de vida, pero los resultados dijeron otra cosa: Dios tiene la última palabra. Dios removió la enfermedad. Por algún tiempo Yeya se atendió con el médico, hasta que estuvo recuperada completamente.

Radio y televisión

Un hombre con Dios siempre es mayoría.

Juan Knox (1514-1572)

En Arecibo, Yiye comenzó el trabajo de la radio predicando la Palabra de Dios. La radio creció llegando a producir trescientos programas semanales para muchísimos países de Latinoamérica.

Es interesante que Yiye había predicado amplia e insistentemente en contra de la televisión. Su mensaje agresivo y antagónico era sincero y fundamentado en que la televisión era promotora de los antivalores. Era un instrumento del diablo y, por tanto, la llamaba *la caja del diablo.* Sin embargo, hubo un momento en el que este mensaje cambió, porque entendió que Dios le hablaba y guiaba a conquistar espacios en la televisión para Cristo. No dejó de señalar a los programas televisivos del mundo como bajo el control de Satán, pero afirmó que también esta podía ser un instrumento de Dios si se ponía bajo su control. Yiye testificó que se vio en un diálogo con Dios, recriminándole al Señor, y diciéndole: *¿Cómo voy a aparecer en la televisión después de tanto tiempo denunciándola como obra del diablo?* Él decía que muchos habían roto y botado sus televisores después de escuchar el mensaje que predicaba. *¿Cómo iba ahora a aparecer predicando en la televisión?*

Adquirió su primer canal de televisión en 1987, ubicado en la ciudad de Aguada. Para este momento su alcance era muy limitado, pues cubría solo algunos lugares de Puerto Rico. En 1988 empezó una cadena de televisión que nombró *La cadena del milagro.* El crecimiento de esta fue tal que llegó a transmitirse en 128 países. Cubrir los costos de *la cadena del milagro* era parte del prodigio, porque ascendían a más de 200 000 dólares al mes durante algún tiempo. Después creció hasta llegar al mundo entero, y por supuesto los costos aumentaron. Esto sin contar los costos de los más de cien trabajadores a los que se les pagaba justamente en el Ministerio Cristo Viene.

El ministerio de Yiye en televisión hizo historia, al punto de ser la primera en trasmitir un culto vía satélite. *De cierto, de cierto os digo: El que en mí cree, las obras que yo hago, él las hará también; y aún mayores hará, porque yo voy al Padre* (Jn. 14:12).

El alcance de la obra de Yiye es un cumplimiento de las palabras del Señor Jesús. Su trabajo cruzó fronteras, valiéndose de los medios de difusión masiva y preparando el camino para que tiempo después pudiera estar en persona en los diferentes lugares.

Muchos criticaron y aun podrían criticar el cambio tan drástico de Yiye, de hablar de la televisión como instrumento de Satanás a hablar de ella como instrumento de Dios… *De la caja del diablo a la cadena del milagro*. Sin embargo, esto es una señal de madurez cristiana, y sin duda fue algo que Dios respaldó. Yiye llegó a entender que no es malo el televisor en sí mismo sino el uso que se le dé. Comprendió que la invención de la televisión procedía de la sabiduría divina, no del diablo.

La vida cristiana es cambio, es transformación, y esta se evidencia también en el servicio que le ofrecemos a Dios. Cuando Él nos muestra que algo no ha funcionado bien o que estábamos equivocados, debemos cambiar de manera radical y con premura. Quizá muchos equivocados no dan su brazo a torcer cuando se percatan de su equivocación, pero esto no era un problema para Yiye. Con la mayor sencillez, confesó que Dios le había hablado, y dio un giro en torno a lo que Él le había indicado.

Yiye llegó a ser un hombre mediático. Su influencia fue poderosa. Llegó a cristianos y no cristianos. Son incontables las personas a las que bendijo con su mensaje. Tuvo contacto con pastores y misioneros, gobernantes y presidentes.

Razones sobre la televisión

Estamos ampliando en cada área del ministerio en In Touch. Estamos en la radio y en la televisión. Estamos en más de 110 millones de hogares de los Estados Unidos, además de radio y satélites. Acabamos de adquirir la cadena de televisión JMN FamilyNet, y con ellos las posibilidades de expansión del evangelio.

Charles Stanley (1932-2023)

Como ya expresé, aunque Yiye en su pasión por la santidad, por la Biblia y por el evangelio en un momento de su ministerio se radicalizó contra la televisión, llamándola el *cajón del diablo,* luego Dios lo guio y encontró el equilibrio de tal manera que llegó a sumarse al uso de la televisión, obviamente no en lo que todavía seguía viendo mal, sino en aquello que podía ser usado para la extensión del evangelio y para la honra de Dios.

Aunque Yiye fue desafiado por las luchas de su tiempo, incluyendo lo que implica la televisión, la realidad actual es mucho más amplia porque la pantalla ahora es múltiple y mucho más accesible. Ahora se ha sumado internet con todas sus redes sociales: Facebook, Instagram, TikTok, X (antiguo Twitter), Snapchat, YouTube, WhatsApp, Telegram y Threads, más todas las que puedan surgir. De manera que aquel peligro que en su momento denunció Yiye, como un gigante que afecta la vida espiritual de la iglesia y de la sociedad toda, actualmente se ha sobredimensionado. Hoy los voceros de Dios deben también alertar de la misma manera que sus portavoces del pasado. Lo que diré de la televisión es verdad también en muchos sentidos sobre internet. Los que consumen tiempo de pantalla en cualquiera de sus modalidades es como si consumieran drogas o alcohol: cada consumo les exige más y los apresa más, haciéndolos esclavos de la embriaguez y conduciéndolos a la adicción.

Por supuesto que estas alertas y llamados de atención deben ser mesurados, porque se deben reconocer los elementos útiles para la causa del evangelio. El mal no está en la tecnología, ni propiamente en las redes sociales, sino que el diagnóstico sigue siendo el de antaño; el problema es el pecado. El pecado de los que generan el producto y lo suben a internet y el de aquellos que lo consumen.

Mencionaré algo de lo negativo que hay en las pantallas. De manera especial voy a focalizar mi atención en la televisión, pero mucho de lo que mencionaré es aplicable a la pantalla en general.

La televisión puede ser adictiva, puede provocar una dependencia insana. Es una red donde caen presos muchos de los que se exponen a su contenido. Aquellos que se exponen habitualmente a la televisión sin los debidos controles luego no pueden escapar de ella. La necesitan como si fuera semejante al aire y al alimento. Cuando esto acontece, la persona ha caído en la idolatría y en la adicción: *Todas las cosas me son lícitas, mas no todas convienen; todas las cosas me son lícitas, mas yo no me dejaré dominar de ninguna* (1 Co. 6:12). Cuando la televisión ha provocado un apego, que es una dependencia, la persona está bajo su dominio, es esclava, y esto desagrada a Dios.

La adicción a la televisión específicamente está fuertemente ligada a las demás adicciones, como las drogas, el alcohol y cualquier otra de la que la persona haya creado una dependencia:

> Que la televisión crea una adicción de la misma especie que la de cualquier tóxico o droga es una evidencia y está claramente tipificada científicamente. Cualquier actividad que se convierte en una necesidad compulsiva, con dosis cada vez mayores, y que provoca síndrome de abstinencia, la cual de no remediarse produce ansiedad y una cierta angustia, y que al retornar ya no da placer ni gratificación, sino que se convierte en un medio para evitar la ansiedad y angustia adicional generada por la ausencia de la necesidad creada, crea una auténtica dependencia del mismo estilo que la de la droga. Con esto estamos queriendo decir que hay una forma de trabajar con respecto a la televisión que requiere un tratamiento de deshabituación. Y, como en cualquier desintoxicación, es preciso admitir la imposibilidad de poder volver a ingerir la sustancia que ha producido su drogadicción, además de tener que incluir todo un programa de cura que cree fijaciones positivas, y que llene el vacío con actividades que lo gratifiquen y que lo desarrollen con su designio y diseño natural.[6]

La televisión puede ser una influencia mundana. Es recurrente encontrar en la televisión la promoción al sexo ilícito, al exhibicionismo, palabras obscenas, ideologías y criterios que son radicalmente opuestos a los de la Palabra de Dios. La televisión con su típica influencia nociva es guía, maestra y líder de muchos niños, jóvenes, padres y madres. La televisión

---

[6] Antolín Diestre, *El estrés, su diagnóstico, causas y tratamiento*. Terrassa: CLIE. 2001, p. 88.

ha llegado a poner las pautas de lo que se debe hacer o decir. De aquí que tengamos una sociedad enferma y confundida. Es triste que muchos creyentes lleguen a quedar atrapados y pierdan la brújula de la Palabra de Dios: *No améis al mundo, ni las cosas que están en el mundo. Si alguno ama al mundo, el amor del Padre no está en él* (1 Jn. 2:15). El profesor Héctor Detrés Collazo, en su libro *Televisión, sus efectos en niños y adolescentes*, nos cuenta el impacto que la televisión tiene sobre la familia y la sociedad:

> Parte de esta violencia rampante en esta nación, y en todo el planeta Tierra, se debe a la cultura de la violencia televisiva. Las corporaciones cinematográficas y musicales sacan a diario películas, libros y discos cuyos mensajes son denigrantes y cada vez más depravados. La violencia y el sexo se presentan cada vez más explícitos, donde la audiencia espera ansiosamente nuevas técnicas de cómo asesinar, violar y hacer el amor.[7]

La televisión puede ser de influencia demoniaca. Al escuchar que la televisión es influencia del maligno podría ser que aparezcan aquellos ingenuos que quieran replicar expresando que esto nada tiene que ver con el mundo espiritual. Pero está clarísimo que el maligno lleva a cabo sus planes y acciones a través de los instrumentos humanos. De manera que considerar el atractivo que tienen la televisión y las redes sociales en el mundo de hoy es de considerar el valor que estas tienen para el mundo demoniaco. Por lo tanto, no solo podemos apreciar las obras malignas a través de los médiums, espiritistas, adivinadores, sortílegos, horóscopos y demás. La influencia mundana a

---

[7] Hector Detrés Collazo, *Televisión, sus efectos en niños y adolescentes.* Terrassa: CLIE. 1995, p. 60.

la que ya he hecho referencia es un buen caldo de cultivo para que se canalice la acción espiritual entrando en los hogares de disímiles maneras: *Porque todo lo que hay en el mundo, los deseos de la carne, los deseos de los ojos, y la vanagloria de la vida, no proviene del Padre, sino del mundo* (1 Jn. 2:16). La Biblia es clara en vincular la mundanalidad con la operación satánica. De hecho, otro texto que deja claro que el mundo y Satanás están en sintonía es 1 Juan 5:19: *Sabemos que somos de Dios, y el mundo entero está bajo el maligno.* Cuando alguien está bajo el control de la televisión está siendo también controlado por Satanás. La siguiente cita atestigua lo nociva que puede llegar a ser para la vida espiritual de la iglesia esta influencia:

> La persona se vuelve insensible al Espíritu Santo, contemplando todo aquello que nos horrorizaba en ese primer amor y genuinidad espiritual. Estamos desprotegidos, a merced de la mundanidad más absurda. La confusión comienza a hacer mella: el mal ya no lo vemos tan mal, puesto que el que adultera se nos presenta como un héroe, ayudando a las necesidades de los ciudadanos. Nuestra moral se adapta, arrastrándose a una ética situacional creada por nosotros mismos, sin reglas ni límites de ninguna clase, tal cual ordena el editor que se emite desde la «caja tonta». Esta nueva situación creada en nuestra relación con el mundo no es identificada como fruto de nuestra absorción. La ciudadanía celestial se ha cambiado por un «plato de lentejas» terrenal. Y se sigue en crisis. De mal en peor [...]. Se habla entonces de relación y compañerismo con Dios, pero sin dejar la televisión.[8]

La televisión puede causar daños físicos y psicológicos. Los que pasan gran número de horas expuestos a las pantallas

---

[8] Diestre, *El estrés, su diagnóstico, causas y tratamiento*, p. 94, 95.

son dañados en sus ojos y en su cerebro. Además, se asumen posturas físicas que terminan causando dolores en la columna o en diferentes lugares del cuerpo: *No reine, pues, el pecado en vuestro cuerpo mortal, de modo que lo obedezcáis en sus concupiscencias; ni tampoco presentéis vuestros miembros al pecado como instrumentos de iniquidad, sino presentaos vosotros mismos a Dios como vivos de entre los muertos, y vuestros miembros a Dios como instrumentos de justicia. Porque el pecado no se enseñoreará de vosotros; pues no estáis bajo la ley, sino bajo la gracia* (Rom. 6:12-14). En un estudio realizado en los Estados Unidos sobre los efectos causados a largo plazo por la televisión en los niños se llegó a conclusiones impresionantes:

> Tan importantes fueron estos hallazgos que el cirujano general de los Estados Unidos los utilizó para determinar la relación existente entre ver programas violentos de televisión y una conducta agresiva. Estos estudios indican que los hábitos televisivos establecidos a los 8 y 9 años de edad influyen en la conducta agresiva de los niños en ese tiempo y, luego, durante su adolescencia. Cuanto más violentos son los programas preferidos por los niños de tercer grado más agresivas son sus conductas, tanto a los 8 años como a los 19 años de edad. Los efectos son acumulativos, dado que las preferencias por los programas de violencia en la televisión se establecen y arraigan con una fuerza increíble en la niñez, así como las raíces del árbol se profundizan según van creciendo y es difícil poder arrancarlas posteriormente. Ver violencia en la televisión de forma regular desde los 8 años de edad conduce y lleva a conductas más agresivas por parte del espectador. Esto es cierto a través de su desarrollo. El televidente, tanto adulto como niño, al observar que los modelos son recompensados al utilizar la violencia, refuerza la creencia de que los problemas se resuelven utilizando la

> agresión hacia otros. La continua exposición a estos modelos fortalece la convicción de que la violencia es permisible y que para alcanzar las metas de nuestra vida la violencia jugará un papel muy importante.[9]

Por último, la televisión también puede ser usada para la gloria de Dios. Si bien es cierto que la mayor influencia de la televisión es negativa porque, dicho sea de paso, su mayor programación y control está en las manos de los mundanos, esta puede ser usada para la gloria de Dios: *Y yo os digo: Ganad amigos por medio de las riquezas injustas, para que cuando estas falten, os reciban en las moradas eternas* (Lc. 16:9).

Como adelanté al principio de este acápite ya no es solo la televisión, ahora es todo un universo tecnológico de redes sociales que causan mucho más mal que el que causaba la televisión antiguamente. Ahora la adicción se ha intensificado, las redes provocan la necesidad de aprobación de los demás, provocan analfabetismo. Las personas cada vez saben menos, quedan solas y pierden la capacidad de relacionarse. Provocan un aclimatamiento por los vicios secretos. Se pierde el propósito de la vida. Las personas se vuelven ásperas.

Del cajón a la telaraña del diablo

La tecnología es un siervo útil, pero un amo peligroso.

Christian Lous Lange (1869-1938)

Añadiré entonces algo de lo que hubiese podido decir Yiye sobre el problema actual que ha llegado a ser mucho más agresivo. Antes había que llegar y sentarse frente a un televisor,

9 Collazo, *Televisión, sus efectos en niños y adolescentes*, p. 265, 266.

ahora con la tecnología el teléfono inteligente acompaña a las personas continuamente. Sin duda alguna, creo que la denuncia de Yiye sigue siendo verdad respecto a la situación actual. Apuntemos algo sobre internet, la tecnología y las diferentes redes sociales. Aunque pueden ser de mucha ayuda para expandir la Palabra de Dios y llegar a lugares que no imaginábamos, también pueden llegar a ser altamente dañinos para el pueblo de Dios. La adicción a la tecnología y a las redes sociales es una afección de la que poco se habla y poco se presta atención. Para que tengamos una idea de lo adictiva que puede llegar a ser la tecnología, Tony Reinke nos da datos y estadísticas que pueden llegar a alarmarnos:

> Revisamos nuestro teléfono inteligente cerca de 81 500 veces al año, o una vez cada 4,3 minutos de nuestra vida consciente [...]. Entrevisté a 8000 cristianos acerca de sus rutinas y sus redes sociales. Más de la mitad de los entrevistados (el 54 %) admitió revisar su teléfono inteligente minutos después de haber despertado.[10]

Un 73 % de estos encuestados confesó que revisaba Facebook antes de realizar su devocional, antes de tener comunión con Dios y de leer la Biblia. La dosis de influencia mundana y satánica es inmensa cuando, lejos de buscar a Dios, sus ojos y oídos están prestos a las influencias malignas. Estas estadísticas van *in crescendo*. En 2013 un 63 % de los usuarios de Facebook ingresaba diariamente. Un año después, en 2014, el porcentaje se incrementó a un 70 %.[11] Actualmente ya son más de 3000 millones de usuarios que tienen cuentas en Facebook.

---

[10] Tony Reinke, *Hechizo digital. 12 maneras en las que tu dispositivo te está cambiando*. Faro de gracia, 2017, p. 51, 52.

[11] Ibid., p. 51.

Esto solo como ejemplo, sin contar las diferentes plataformas con formatos similares a Facebook.

El enajenamiento llega a ser algo típico de los que se sumergen en el entramado digital llegando a diluirse ellos mismos. Se enajenan del trabajo, como si este fuera contrario a la voluntad de Dios. Se enajenan de las relaciones interpersonales, como si pudieran prescindir de la comunión con otros seres personales. Y, más grave aún, se enajenan de Dios y de sus propósitos eternos determinando así su futuro hacia la perdición y el infierno. Cualquier enajenamiento de la vida y responsabilidades a las que Dios sometió a todo ser humano es un acto de suicidio, un acto destructivo.[12]

> Ofir Turel, un psicólogo de la California State University-Fullerton, advierte que los adictos a Facebook, a diferencia de los consumidores compulsivos de narcóticos, tienen la habilidad de controlar su comportamiento, pero no tienen la motivación para controlarlo porque no creen que las consecuencias sean tan severas [...]. Entre más adicto te haces a tu teléfono, más propenso te haces a la depresión y a la ansiedad, y menos capaz eres de concentrarte en el trabajo y de dormir en la noche. Las distracciones digitales no son un juego. Debido a que estamos tan interconectados, cientos de personas (amigos, familiares y extraños) pueden interrumpirnos a cada momento. Y cuando estamos aburridos, con el disfraz del pulgar podemos ojear una lista infinita de entretenimientos y rarezas en línea.[13]

Los peligros que Yiye vio sobre la televisión son también verdad sobre las redes y más severos todavía. Sin embargo, las

---

[12] Ibid., p. 51.

[13] Ibid., p. 51, 52.

personas no son capaces de darse cuenta, por lo que es necesario ser instrumento de Dios en ese sentido. Él quiere que nosotros tengamos una vida en comunidad. Nunca el propósito divino fue que nos aisláramos de la sociedad. Es por eso que el aislamiento, aun cuando sea voluntario, produce depresión y ansiedad. Tenemos intrínsecamente un carácter gregario. Es idea de Dios que compartamos unos con otros pensamientos, sentimientos, emociones, oficios, alegrías y tristezas. Si hay algo que se interponga entre lo que Dios quiere para la comunidad entonces hay que desecharlo. Cada día los jóvenes están perdiendo la capacidad de comunicación verbal y extraverbal. El índice de personas con déficit de atención, hiperactividad y ansiedad está en aumento y eso no es casual. Se ha demostrado que las personas que se aíslan detrás de sus teléfonos comienzan a perder la habilidad de compañerismo.

Otra razón por la cual nos refugiamos en la tecnología y en las redes sociales es porque allí podemos ocultar nuestros gustos pecaminosos y nadie puede enterarse. En Canadá se ha puesto muy de moda una aplicación llamada Ashley Madison que permite al usuario pecar deliberadamente, traicionar a su familia, corromper la pureza matrimonial y aun así poder guardar las apariencias.

> Ashley Madison es un servicio por suscripción en línea canadiense dirigido a hombres y mujeres casados que buscan iniciar conexiones anónimas con otros adultos aspirantes. El slogan del sitio no podría ser más simple (o insípido): «La vida es muy corta. Ten una aventura». El sitio hizo con el sexo y las relaciones lo que la tecnología digital trata de hacer con todas las áreas de la vida: los convirtió en mercancías consumibles. Convirtió al adulterio en una mercancía que, por una cuota, los usuarios pueden adquirir al ingresar discretamente sus cuentas de correo electrónico dentro de

> una base de datos y convertirse en miembros que pueden mandar mensajes a otros miembros y coordinar encuentros secretos para adulterar. Con los años, millones de personas han registrado sus nombres, tarjetas de crédito, dirección de correo electrónico, direcciones postales e incluso sus fantasías sexuales.[14]

Lo triste de este caso en particular es que hubo personas que se arrepintieron de haber usado esta aplicación de citas y borraron aparentemente su información de la base de datos. Sin embargo, en el verano del 2015 unos *hackers* descubrieron que la información nunca fue borrada y permanecía prácticamente intacto el contacto, el correo electrónico, el teléfono, las direcciones y las descripciones sexuales. Estos *hackers* robaron la información y la divulgaron, creando un revuelo en las noticias de aquella época. Esta falla afectó grandemente a muchas familias. Muchos matrimonios se disolvieron tras la noticia. Algunos que no encontraron los nombres de sus parejas en las listas que se filtraron, por la zozobra, comenzaron a buscar en las bases de datos en línea por temor a que sus parejas sí hubieran formado parte de esta aplicación, pero sus nombres no habían sido develados. Esta es la consecuencia de la adicción a las redes sociales.[15] Este es el resultado de creer que es seguro pecar deliberadamente. La Palabra del Señor dice: *Porque no hay nada oculto que no haya de ser manifestado; ni escondido, que no haya de salir a luz* (Mc. 4:22). El pecado los alcanzó.

Otras estadísticas nos develan los peligros de la tecnología tales como el uso de la pornografía. Tristemente los datos fueron extraídos de un grupo de cristianos entrevistados.

---

[14] Ibid., p. 170.

[15] Ibid., p. 170.

Los teléfonos inteligentes hacen al pecado sexual más discreto, dándole espacio para que se esparza detrás del velo de la privacidad [...] los teléfonos inteligentes hacen que la pornografía gratuita sea más fácil de encontrar que el pronóstico del tiempo. La pornografía siempre ha sido el conductor principal de la comunicación visual y digital, y es un problema persistente. En mi encuesta de 800 cristianos, encontré que el uso continuo de la pornografía es un grave problema que enfrentan los creyentes profesos, la mayoría hombres jóvenes, aunque ningún sector de la población es inmune. Más del 15 % de los hombres cristianos de más de 60 años de edad reconoce un uso continuo de pornografía. La tasa superó el 20 % para hombres en los 50, y el 25 % para hombres en los 40, y el 30 % para hombres en sus 30. Pero cerca del 50 % de los hombres entre los 18 y los 29 años que profesan ser cristianos voluntariamente reconocieron un uso continuo de pornografía. La encuesta encontró una tendencia similar entre las mujeres, pero en menor proporción: el 10 % de las mujeres entre las edades de 18 y 29; el 5 % de ellas en sus 30 y un 1 % cada vez más pequeño en las mujeres en sus 40, 50, y 60 o más grandes [...]. Los vicios de los teléfonos inteligentes se aprovechan de nuestra interminable curiosidad. La tasa de embarazos en adolescentes menores de 18 años se ha desplomado en Inglaterra y Gales desde la aparición de los teléfonos inteligentes y las redes sociales, y nadie sabe bien por qué, aunque algunos investigadores sugieren que la correlación no puede explicarse por un nuevo acceso a los anticonceptivos o un cambio sucedido en la educación sexual pública.[16]

---

[16] Ibid., p. 173, 174.

Ahora no solo tenemos un cajón del diablo, también tenemos una telaraña del diablo, la cual debe seguir siendo denunciada, siguiendo el ejemplo de nuestro hermano Yiye.

Humor y jovialidad en el ministerio

¡Qué burbujeante fuente de humor tenía el señor Spurgeon! Escribió su amigo: Me he reído más, creo sinceramente, cuando estoy en su compañía que durante todo el resto de mi vida.

William Williams (-)

Yiye era el hombre místico, el hombre de oración, el hombre de los días de ayuno. Era también el hombre agradable, simpático y cariñoso. Era difícil no verlo reír. También era difícil oírlo y no reír con él. Era casi imposible escuchar un sermón de él sin frases jocosas, aun cuando se dirigía a cosas negativas. Él podía hacer uso de la jocosidad y de las frases graciosas, como cuando se refería a una persona que vivía una vida de pecado, diciendo «Está más perdido que el diablo».

Desde los inicios de su vida con Cristo, lo jocoso, lo alegre, lo simpático, fue parte de él. Constantemente hacía alusión a eventos donde, desde los inicios de su ministerio, decía que el Señor lo hacía reír. Él hablaba de señales que le indicaban que Dios se estaba riendo: «Cuando yo siento…, Dios me ha dicho que es que se está riendo. Que lo que yo dije le agradó y se está riendo». Así es que Yiye, con toda la dureza que alguien pueda sentir en algunos de sus mensajes, siempre sirvió a un Dios de gozo. Y él igualmente se gozaba.

Entre las experiencias que viví junto a él que me parecen extraordinarias, recuerdo algo muy especial. Aunque no lo hacía con regularidad, ocasionalmente me gustaba aparecérmele en el sótano, o en el edificio del Ministerio Cristo Viene, a las cinco de la mañana cuando él estaba orando. Allí me arrodillaba en algún rincón, en silencio, a orar por mi cuenta. Resultaba interesante ver cómo Yiye a veces se movía orando. Cuando pasaba junto a mí me hacía una caricia, o me sacudía el cabello, o me agarraba la oreja. No solamente para hacerme saber que se había percatado de mi presencia. Ese apretoncito de orejas comunicaba un *te quiero, te amo*. Para él era importante que supieras que él te había visto en la oración, y que supieras que tú le agradabas y que te tenía cariño y gran afecto.

Hay personas que piensan que ser jovial, reír o hacer un chiste tiene que ver con el pecado y no con la santidad. Pero la realidad es que puede haber mucha santidad en una broma y mucho pecado en caras largas y ceños fruncidos. Hay momentos del ministerio que necesitan la más estricta seriedad, pero también hay momentos donde nos hace bien una broma y una carcajada. Este hombre de Dios, Yiye, me enseñó con su vida a sonreír y ser modelo de una vida de gozo en el Señor. Su sonrisa limpia y santa me consoló muchas veces y me animó también. El Ministerio Cristo Viene, que Yiye fundó, es un ministerio de gozo, de amor y de jovialidad, a la vez que de santidad. El salmista declara que los justos al ver las grandes cosas que el Señor hace se reirían: *Entonces nuestra boca se llenará de risa, y nuestra lengua de alabanza; entonces dirán entre las naciones: grandes cosas ha hecho Jehová con estos* (Sal. 126:2). La risa produce bienestar y tiene efectos benéficos sobre nuestros cuerpos y almas. El sabio Salomón lo expresa al decir: *El corazón alegre constituye buen remedio; mas el espíritu triste seca los huesos* (Pr. 17:22). Hagamos el ministerio con la misma actitud de Yiye. Sonriamos y seamos joviales. La amargura y el mal humor es seguro que no vienen de Dios.

Un suceso llamativo que me sacó sonrisas más de una vez está relacionado con uno de los camarógrafos que trabajaban más de cerca de Yiye. Aunque eran varios los que asistían en las campañas grabando cada detalle, había uno en particular que era muy allegado a Yiye, por lo que este siempre pedía que lo acompañara. El nombre de este camarógrafo era Juan, y era muy común escuchar a Yiye durante las transmisiones exclamar: «¡Alábalo, Juan!». Aunque los más cercanos sabían perfectamente a quién Yiye se estaba refiriendo, el auditorio no entendía qué quería decir. Aun así, se hizo costumbre que muchos dijeran entre sí: «¡Alábalo, Juan!», como un llamado a alabar a Dios cualquiera sea el nombre. El caso es que comenzaron a llegarle a Yiye cajas de donación con camisetas donde se podía leer: «¡Alábalo, Juan!». No sé con exactitud qué habrán entendido aquellos que tuvieron este precioso y sin lugar a duda jocoso gesto. Dios usó este incidente para que los cristianos se motivaran unos a otros a alabar a Dios y exaltar su nombre.

Yiye no era hombre que suavizara el pecado, o que ocultara la realidad de las consecuencias que conlleva el mismo, pero cuando trataba un tema de tensión o reprensión, en ocasiones, usaba una frase como recurso eufemístico, para suavizar diciendo: «Sonríe, que Jesús te ama»; o «¡Alábalo, que él vive!»; o «¿A su nombre? ¡Gloria!». Aunque fueron frases que repetía una y otra vez en sus sermones, no carecían de sentido, ni fueron usadas para rellenar espacios o como muletillas. Yiye alababa a Dios por lo que hacía a través de él y, aunque su mensaje fuera duro y transmitiera el peso que conlleva tomar la cruz de Cristo, siempre reforzaba sus enseñanzas recordando que no estamos solos, que Cristo nos ama, que Él vive y que por Él podemos vencer el pecado. Pienso que hay sabiduría en este recurso de la oratoria de Yiye. Deberíamos tomar ejemplos para nuestros sermones también.

En el hablar diario aprovechaba también el humor para dar lecciones espirituales. Por ejemplo, me causaba risas cada vez que Yiye aconsejaba a los choferes a respetar el límite de velocidad y no excederse ni un poco. Su consejo siempre era:

«Debemos respetar la ley. Recuerden que después de las cincuenta y cinco millas los ángeles se bajan del auto». Aunque parecía una broma, encerraba una gran lección. No podemos ser negligentes, irresponsables y desobedientes de la ley y esperar que Dios nos proteja.

Enseñanzas del humor

> *Dios quiere que estemos alegres, aborrece la tristeza; porque si deseara que estuviéramos tristes no nos regalaría el sol, la luna y los frutos de la tierra, dones que nos tiende para nuestra alegría; de lo contrario, habría hecho todo tenebroso y no permitiría más que el sol saliera ni que volviera el verano.*
>
> MARTÍN LUTERO (1483-1546)

Añadiré algo más en este punto que vengo hablando, a fin de aprender. He vivido en carne propia que los cristianos muchas veces mal entienden el significado del humor y lo tergiversan. Hay quienes incluso ven el humor como contrario al espíritu cristiano. G. M. Stratton afirma: *No todos los sentimientos están al servicio de la religión [...]. El sentido del humor está totalmente ausente de los sentimientos religiosos.*[17] Si los mismos creyentes, en ocasiones, malentienden el humor no es de extrañar que algunos expresen que este no está en el cristianismo.

Doy por descontado que no toda manifestación de humor es correcta y agrada a Dios. Hay risas y chistes que son de muy mal gusto. Hay bromas que van cargadas de maldad. El cristiano en ese sentido debe ser atinado. El hijo de Dios debe ser portador de un humor santo.

---

[17] Norma C. de Deiros, *¡Sonríe, hermano!* Miami: Editorial Caribe, 1988, p. 13.

Por ejemplo, la broma que implica escarnio, que implica la burla de aquellos que tienen defectos y problemas en su vida, provocándoles más dolor y angustia, sin dudas Dios no la aprueba. No vi a Yiye nunca riéndose de alguna persona con problemas, por el contrario, lloraba con los que lloran y procuraba cubrir la necesidad o ayudar de alguna manera, *...sabiendo primero esto, que en los postreros días vendrán burladores, andando según sus propias concupiscencias* (2 P. 3:3). La mofa no distingue al fiel cristiano sino a la apostasía.

Tampoco aquellas bromas que nos hacen cruzar los límites del respeto y la confianza son apropiadas. En las relaciones vendrán momentos oportunos en los que los chistes serán hasta inevitables porque la relación lo exigirá, pero ¡cuidado! El humor no es bien recibido por todos, y si usted no conoce a la persona no serán convenientes los chistes. Esta es otra virtud de Yiye, su carácter comedido, dando su lugar a cada individuo. No tengo en mi mente que alguien se quejara de Yiye porque abusó de la confianza y usó bromas inadecuadas. *Así que, todas las cosas que queráis que los hombres hagan con vosotros, así también haced vosotros con ellos* (Mt. 7:12).

Lo otro es que las bromas deben ser equilibradas o restringidas. He visto jóvenes bromistas en nuestras iglesias, que cuando descubren que hay otro joven en el grupo al que le molesta algo, van directo una y otra vez a señalarle aquello que lo inquieta para luego reír hasta la saciedad porque lograron molestarlo o sacarlo de quicio. Diferente a tal actitud, Yiye no quería entristecer ni molestar a nadie más allá de aquello que pudiera salvar su alma a través de la predicación. *El amor sea sin fingimiento. Aborreced lo malo, seguid lo bueno. Amaos los unos a los otros con amor fraternal; en cuanto a honra, prefiriéndoos los unos a los otros* (Rom. 12:9-10).

Agregaré que los chistes que conllevan obscenidades o doble sentido deben estar fuera de los labios y actitudes del verdadero creyente. He visto cristianos que no dudan, con tal de sacar una sonrisa, en usar vulgaridades o trasmitir ideas que dibujan pecado en las mentes de los oyentes. En Yiye tampoco pude encontrar este tipo de práctica. La santidad a Jehová era su lema. Hay demasiadas formas de hacer humor para tener que asumir la malignidad del diablo. El Señor Jesús y su amigo Yiye nos dan cátedra en este aspecto. ¡Qué lindo que hasta del buen humor de Yiye sacamos lecciones! No había pensado en meditar en este punto, pero el hilo conductor que vengo siguiendo sobre Yiye y su ministerio me trajo hasta aquí. Las Escrituras dicen: *...ni palabras deshonestas, ni necedades, ni truhanerías, que no convienen, sino antes bien acciones de gracias* (Ef. 5:4).

Sumemos a esta lista de enseñanzas algo más sobre el humor en la predicación de Yiye. ¿Qué veo en este sentido?

El humor, como ya había expresado, era parte de la pedagogía del púlpito de este gran maestro. He visto escasos libros de homilética que aluden al humor en el púlpito. Quizá porque lo consideran inapropiado, como ya dije anteriormente, o porque lo consideran un punto sin importancia. Creo que si yo escribiera hoy en día sobre la disciplina de la oratoria o el hablar la Palabra de Dios, le daría gran importancia a este punto. Las razones, el abuso del humor o, en oposición, la falta de este como ingrediente efectivo de la comunicación. *La risa es un lenguaje universal, por lo que el humor es una forma muy efectiva de establecer una relación con un público desconocido.*[18]

De los sucesos que he tenido que sufrir cuando escucho a algunos predicadores es la falta de autenticidad. El teatro no es para el pulpito.

---

[18] Charles R. Swindoll, *Decirlo bien. Cómo conmover a otros con sus palabras*. Miami: Editorial Patmos, 2016, p. 217.

> Vivimos en un mundo oscuro y, en lo que se refiere a la iglesia, el humor brilla por su ausencia, al menos para mí. Muchos predicadores bien intencionados, quizá movidos por la seriedad de su papel, no ven la necesidad del humor en la iglesia y suprimen deliberadamente la risa [...]. Aunque no debemos tratar de fabricar humor, tampoco debemos pasar por alto las cosas que son naturalmente graciosas.[19]

La predicación del evangelio exige que seamos genuinos. Los bufones no deberían tener lugar en la predicación. Cuando el mensaje de Dios no viene de personas transparentes, que hablan desde el corazón, sino que sobreactúan para manipular a los auditorios, el evangelio es desacreditado. En este sentido el humor debe proceder de la naturalidad. Podría alguien dudar de que Yiye fuera un exponente genuino, aunque muchas, muchísimas veces nos hizo reír, sin dejar de conmovernos. No debemos intentar ser lo que no somos, ni sacrificar en el altar del humor el mensaje del cielo.

El exceso de humor es otro problema al que debo apuntar. Yiye fue conocido como un predicador, no como un comediante. Sin dudas el humor tiene su lugar propicio en la homilética, pero la homilética y la predicación no son humor. El mensaje de Dios es para confrontar, exhortar y sobre todo salvar. Si hacemos reír desde el púlpito en alguna ocasión es solo con el pretexto de ser más efectivos y cautivar más y más con el mensaje de Dios. Hoy algunos predicadores deberían ser catalogados como humoristas y no como portavoces del cielo. Esto es diferente a lo que exhibió Yiye como heraldo de Dios.

---

[19] Ibid., p. 216.

Capítulo VI

CAMPAÑAS Y ENCUENTROS

Campaña en Argentina

Cuídate de añorar lo que alguna vez fuiste,
cuando Dios quiere que seas algo que nunca has sido.
Oswald Chambers (1874-1917)

La primera campaña de Yiye en Argentina fue el 5 de noviembre de 1990. A esta campaña asistieron más de 40 000 personas, y 4755 argentinos alcanzaron salvación tras la exposición de la Palabra. Eso solo fue el primer día en Morón, Buenos Aires. Los días siguientes predicó en diferentes ciudades. En San Miguel, 2587 personas dieron el paso de fe. En González Catán, 522 almas vinieron a Cristo. En Quilmes, 4746 argentinos fueron rescatados del castigo eterno. Durante varios días fueron a diferentes ciudades y se les permitió predicar la Palabra hasta en las cárceles. En dos semanas lograron ganar 12 979 personas para Cristo. Más tarde emprendieron la cuarta campaña que duró seis días, comenzando en Rosario y terminando en Mar del Plata. En esos seis días sumaron 4082 nuevos convertidos a la iglesia de Cristo.[20]

---

[20] Yiye Ávila. (1991). Argentina 1990. *La fe en marcha*, 1991-1, p. 13.

A mediados de la década del 90, más o menos en 1995 o 1996, tuve un encuentro con un evangelista argentino, llamado Carlos Annacondia. Este hombre de Dios en el pasado, antes de conocer a Cristo, era un empresario destacado en la industria metalúrgica. Su fortuna y fama eran conocidas por muchos. Su familia, compuesta por cuatro hijos y su esposa, daba a todos la impresión de una vida perfecta. Pero, a pesar de todos estos logros humanos, Carlos Annacondia sufría de un temor que lo ahogaba y de un vacío que lo hundía poco a poco. Hasta que un día conoció a Jesús y le entregó su vida por completo. Esto sucedió el 19 de mayo de 1979, y a partir de ese momento empezó a experimentar un enorme fervor por predicar el evangelio.

Ahora aquel hombre había cambiado su vida y anhelos para servir a Cristo. Dios lo usaba poderosamente en la predicación. Era un hombre que sacudía a la Argentina de norte a sur, de este a oeste. Campañas enormes. Era común ver multitud de convertidos en sus campañas evangelísticas. Resultó interesantísimo para mí poder conversar con él sobre lo que habían sido sus campañas en esos años.

Una vez más, en nuestras conversaciones, surgió el tema de Yiye Ávila. Carlos, de forma espontánea, sin que yo le preguntara nada, comenzó a contarme su testimonio de cómo Dios lo había llamado al ministerio. Me decía: «Las grabaciones de los sermones de Yiye fueron mi capacitación ministerial. Para entrar a este ministerio que Dios me ha dado, Él me dijo que antes de salir a ministrar debía encerrarme por algún tiempo para escuchar los sermones de Yiye. Por meses estuve escuchando sus mensajes, oyendo los testimonios, y observando en detalle cómo Dios lo usaba. Esa fue la manera en que Dios me preparó para lanzarme a este ministerio extraordinario que Él me ha dado».

Este testimonio que yo escuché de Carlos Annacondia me recordaba mucho a los comienzos del propio Yiye, que dejó todo para seguir a Cristo. El testimonio de Carlos era también similar al de muchos otros evangelistas que conocí. No ha habido un país que haya visitado en que los líderes locales no me hagan saber que, en efecto, Yiye Ávila fue el instrumento de Dios para transformarlos, para cambiarlos, o para llevarlos a otra dimensión. Dios hizo de Annacondia un hombre usado poderosamente al ser influido por Yiye.

Un caso similar sucedió cuando llegué a Nicaragua. Conversé con Guillermo Osorno Molina, quien para ese entonces era un diputado del gobierno, líder del partido cristiano nicaragüense. A él también Yiye Ávila lo había motivado innumerables veces. Y qué decir del pastor Omar Flores, pastor de una de las iglesias más grandes de Nicaragua. Dios toma hombres de distintas posiciones y estratos sociales para llevarlos al ministerio y usarlos.

Campaña en Nicaragua

No son los grandes hombres que transforman el mundo, sino los débiles y pequeños en las manos de un Dios grande.

Hudson Taylor (1832-1905)

Yiye fue muy querido en Nicaragua y, en más de una ocasión, visitó ese país llevando el evangelio. En marzo de 1987 realizó una campaña de tres días en la que 4234 personas aceptaron a Jesucristo. Luego, en noviembre de ese mismo año, Yiye regresaba a Nicaragua para realizar cinco campañas más en diferentes ciudades del país, en donde 15 017 personas recibieron a Cristo como su Señor y Salvador.[21]

---

[21] Yiye Ávila. (1988). Nicaragua. *La fe en marcha,* 1988-1, p. 9.

Hay una hermosa experiencia de Yiye en Nicaragua con el presidente Ortega en esta segunda visita, que nos habla de la influencia que alcanzó. La experiencia en Nicaragua había sido extraordinaria con el ministerio de Yiye Ávila. En una ocasión recibí una llamada telefónica de Yiye donde me pedía que lo acompañara a ese país. A lo que yo le respondí, con entusiasmo y grandes expectativas espirituales, que con mucho gusto le acompañaría. Mientras acordábamos la fecha de la visita, Yiye me dijo: «Mi plan es reunirme con el presidente Ortega para desarrollar ciertos proyectos ministeriales tanto en Nicaragua como en otros países». Le dije: «Será un placer formar parte de este encuentro que será, sin duda alguna, histórico. Pero usted no necesita ayuda para reunirse con Ortega, más bien lo contrario, Ortega estaría feliz de reunirse con usted».

Yo era consciente de que el evento sería uno de los más grandes en la historia de Nicaragua. Y así sucedió. El evento más concurrido de ese país se dio en una cruzada de Yiye. Y Ortega se hizo presente en aquella campaña. Para ese entonces había algunos conflictos de guerra en Centroamérica y Ortega había ido al evento para pedirle a Yiye personalmente que orara por la paz. Luego de que Yiye orara por aquel motivo, unos meses más tarde se firmó un acuerdo de paz en Centroamérica. Ortega reconoció que había sido en respuesta a la oración de Yiye Ávila.

Más tarde el propio Ortega le pidió a Yiye que volviera a predicar en campañas evangelísticas. Desde el púlpito, le dijo: «Pídeme lo que quieras». A lo que Yiye respondió: «Quiero su permiso para predicar en todo el país». Así es que regresó para celebrar múltiples campañas y en ellas Ortega siempre testificaba del milagro de la paz en Centroamérica, como respuesta divina a la oración de aquel hombre de Dios.

Las campañas se realizaban en un lugar que ahora no existe, porque en este momento está lleno de casas y edificios, pero en aquellos tiempos era un enorme terreno. La asistencia fue histórica. Algunos dijeron que sobrepasó la cifra de 150 000 personas. Otros dijeron que fueron muchísimas más. Se contabilizó un total de 2286 nuevas conversiones esa noche. Lo cierto es que en las fotos se ve muchísima gente. Apenas se puede ver dónde termina la multitud. La cantidad de convertidos también fue enorme, así como también los sanados. Fue algo extraordinario.

El coordinador de ese gran evento en Nicaragua fue el evangelista Pedro Rosa. Este hombre de Dios fue el instrumento para el desarrollo y la coordinación a nivel nacional de un evento que marcó la vida de Nicaragua para siempre.

Está claro que por esta y por muchas otras razones, para mí era un privilegio ir con Yiye a esas reuniones. Yo tenía que insistirle en el hecho de que no me necesitaba para que lo ayudara en una reunión de esa naturaleza. Pero él insistía porque sabía que yo estaría apoyándolo en oración, respaldándolo con el poder del Espíritu Santo, y para él esa era toda la ayuda que necesitaba. Por lo tanto, estuve allí.

Un detalle impresionante de la vida de Yiye, que a mí particularmente me toca y me bendice, es que él no hacía diferencia cuando el que estaba frente a él era un presidente o cualquier vecino del barrio que había entrado y se había sentado a su lado a conversar. Él les predicaba fielmente el mismo mensaje, exactamente con el mismo énfasis y con la misma sencillez que se podía percibir en sus sermones.

Yiye le decía a un presidente de cualquier país: «Usted necesita convertirse el día de hoy, confesar sus pecados y recibir a Cristo como su Señor y Salvador». Así le decía también a la esposa del presidente, a los senadores o a los trabajadores que servían al mandatario; quienquiera que fuera, escucharía el mismo mensaje.

En algunas ocasiones acompañé a Yiye a predicar en lugares donde había otros pastores. Recuerdo una reunión con muchos de ellos, y Yiye les predicó. Uno de los pastores se me acercó para comentarme con asombro: «¡Pero nos ha predicado un sermón evangelístico!». Me reí y le dije: «Es posible que algunos necesiten convertirse». Este énfasis era el mismo en cualquier lugar. Él haría un llamado a la conversión, aunque usted le dijera que todos los presentes eran convertidos. Era común escucharlo responder, ante esa aclaración: «Eso es lo que usted dice, pero solo Dios sabe si realmente son convertidos o no».

Campaña en Chile

Si Dios te ha llamado al ministerio no te rebajes a ser rey de Inglaterra.

CHARLES SPURGEON (1834-1892)

Cuando Yiye y su equipo llegaron a Chile, el 4 de noviembre de 1985, nunca imaginaron lo que les esperaba. Apenas había comenzado una jornada de cinco cruzadas, cuando se armaron protestas contra el gobierno. Las calles se volvieron casi intransitables por las pilas de neumáticos incendiados y los jóvenes protestando violentamente. Con este panorama no se esperaba que asistiera alguien a la primera cruzada. Sin embargo, se hicieron presentes aquella primera noche 3000 personas, y 637 almas fueron salvas. Aunque las protestas continuaron por dos días más, la campaña no se suspendió y poco a poco fue sumando más y más nuevos convertidos. Para el fin de semana, 1026 personas recibieron al Señor en su corazón.

En Santiago de Chile, a pesar del frío intenso, la campaña no hizo más que crecer, alcanzando a 5166 almas. Al finalizar la cruzada en Santiago, 12 000 chilenos asistieron y 1375 confesaron sus pecados tras oír el evangelio. En Los Ángeles, 5621 personas decidieron por Cristo, mientras que, en Temuco, 1093 se unieron a las filas de los nuevos convertidos. Sin dudas, esa campaña perseveró a pesar de la oposición y prevaleció. La cosecha dio frutos en abundancia.[22]

En una conversación que sostuve hace más de tres décadas con el hermano Ito Tavares, este me recordó sobre el viaje de Yiye Ávila a Chile y su encuentro con el presidente Augusto Pinochet. Recuerdo que cuando llegamos a Chile con Yiye nos encontramos con un despliegue de automóviles oficiales. Para Pinochet, Yiye era una figura tan importante que quiso darle un trato presidencial. Los vehículos oficiales del gobierno acompañaban a Yiye a todas partes, cosa que le incomodaba grandemente. En una ocasión, cuando Yiye llegó a Chile, mientras se trasladaban del aeropuerto al lugar donde se hospedaban, los acompañó esta flota de guardias. Yiye, un tanto molesto por este despliegue de seguridad, preguntó al coordinador de la campaña evangelística en Chile: «¿Por qué razón hay tantos guardias aquí afuera?». A lo que el coordinador le respondió: «Lo están cuidando a usted». Asombrado por la respuesta, Yiye continuó indagando sobre aquel asunto: «¿Cuidándome de qué?». El coordinador, que no entendía muy bien lo que estaba pasando, le contestó: «Para que nadie le haga nada malo». Yiye, seguro del Dios que lo protegía de día y de noche, le dijo: «A mí aquí nadie me quiere hacer nada malo». Entonces salió, reunió a todos afuera, hizo una oración por ellos y les dijo: «Váyanse a descansar. En esta ciudad hay mucha violencia y es necesario que ustedes estén en otros lugares sirviendo a la comunidad. A mí no me va a pasar nada». Así que los despidió a todos.

---

22 Yiye Ávila. (1985). Chile 1985. *La fe en marcha*, 1986-2, p. 7.

Mientras Yiye se preparaba para una campaña en Antofagasta, recibió una llamada telefónica del presidente Pinochet. Su petición era sencilla: quería conversar personalmente con Yiye Ávila. Pero había un problema; en ese momento Yiye Ávila estaba orando y cuando él oraba nadie osaba interrumpirlo. Así que cuando la persona que contestó la llamada del señor Pinochet preguntó si Yiye respondería, la respuesta fue: «Dígale al señor Pinochet que Yiye Ávila está hablando con Dios. Así es que no puede atenderlo en este momento». Lejos de incomodarse o molestarse, Pinochet mandó a preguntar a qué hora podría volver a llamar. Le dijeron cuándo y Pinochet llamó a la hora acordada. En su conversación telefónica, le pedía a Yiye encontrarse personalmente porque necesitaba hablar un asunto con él. Pinochet le dijo: «Yo estoy dispuesto a enviarte el helicóptero presidencial para que te recoja, te traiga, nos reunimos y te devuelva». Yiye le dijo: «Yo con mucho gusto iré, presidente, pero en la mañana yo termino de orar a una hora específica. Desde esa hora estoy libre hasta la tarde, en donde oro nuevamente a una hora específica para ir a la campaña. Usted tendría que llegar con su helicóptero cuando yo termine de orar, y regresar a tiempo. Si no regreso a tiempo, entonces, no nos podemos reunir».

Así era el corazón de Yiye. Pinochet, con humildad, le respondió: «En punto estará mi helicóptero allí para traerlo». Y así lo hizo. Trajeron a Yiye al palacio presidencial, donde se reunieron por un par de horas y oraron juntos. Cuando Yiye regresó para seguir con la campaña, en el aeropuerto donde aterrizaba el helicóptero presidencial, encontraron el lugar lleno de periodistas, saturado de reporteros. Todos querían saber qué había hablado con Pinochet. ¿Qué era aquello que quería consultar Pinochet con Yiye? ¿De qué había tratado la conversación? Pero Yiye, en su sencillez, tenía claro el respeto que había que tener por el presidente de un país. A él no le correspondía revelar lo que hablaba con el presidente. Así que saludó a la prensa, le dio la bendición y dijo: «Esas preguntitas se las tienen que hacer directamente a Pinochet, no a mí». Y se marchó sin dar más explicaciones, así que nadie supo de lo que se trató esa conversación. Ese día algo quedó claro para muchos: Para Pinochet, Yiye Ávila era la voz de Dios.

Humildad y compasión

El problema comienza cuando el siervo procura tener riquezas, grandeza y honra en este mundo, mientras que su Señor fue pobre, humilde y despreciado.

GEORGE MÜLLER (1805-1898)

En una ocasión la Fraternidad Pentecostal, conocida como *FRAPE*, una organización de líderes conciliares y otros, tuvo a bien hacer una celebración muy importante en el estadio Hiram Bithorn, de San Juan, Puerto Rico. Sería para cerrar la Semana Santa, el domingo de resurrección. Quisieron invitar a un predicador internacional para que ministrara ese día, así que invitaron a Luis Palau. Yo participé de forma activa en el desarrollo del evento. Tenía cierta relación de amistad con el doctor Rubén Proietti y con otros miembros del equipo de Palau, así que estuve colaborando de diferentes maneras en la realización del evento.

Algunos de los más destacados evangelistas puertorriqueños se dieron cita. Entre ellos, Jorge Raschke, Raymundo Jiménez, Eugenio Jiménez y también Yiye Ávila. Ya iniciado el evento, Rubén Proietti, el coordinador de Luis Palau, se me acercó y me dijo: «A Palau le gustaría invitarlos a comer a algunos de ustedes, los evangelistas», a lo que yo le contesté inmediatamente: «Para mí es un honor». Entonces me pidió que me acercara a los evangelistas y los invitara, lo cual hice gustosamente. Durante el servicio me acerqué a los ya mencionados. Todos aceptaron ir a cenar con el hermano Palau, así que nos trasladamos a un hotel.

Ya en la mesa, se encontraba a mi izquierda el hermano Yiye, y junto a él estaba Luis Palau. A mi derecha estaba Eugenio Jiménez, luego Raschke, a su lado Raymundo Jiménez y un par de miembros del equipo de Yiye que lo acompañaban. Debo destacar a la hermana Gloria Velázquez, que se encontraba entre los invitados a aquella cena. Por la proximidad que tenía yo, podía escuchar toda la conversación tanto de Yiye, como de Palau y Eugenio. Ocasionalmente, la conversación incluía a todos los allí presentes. Salieron a relucir las multitudinarias predicaciones de aquellos hombres que estaban en la mesa. Los testimonios de los hermanos Jiménez corrieron por el salón. También se habló sobre los testimonios de Raschke, que celebraba anualmente el día del clamor a Dios frente al Capitolio en Puerto Rico. Este tal vez era el evento más asistido anualmente en la isla. No creo que hubiese, para entonces, un evento que se celebrara anualmente que aglutinara tanta gente como aquel. A mi izquierda estaba Yiye y el hermano Palau, quien sinceramente evidenciaba el deseo de conocer sobre sus experiencias espirituales. Sin embargo, Yiye no parecía interesado en señalar el tamaño de los eventos ni sus logros ministeriales. Eso me impresionó grandemente, pero si este humilde gesto no bastara para impresionar a mis lectores, déjenme contarles qué fue lo que más me impactó aquella noche. Lo que más tocó mi alma en esa conversación fue cuando Luis Palau le dijo a Yiye: «Me han dicho que Dios le ha dado un precioso don de sanidad divina. ¿Es cierto?». La respuesta de Yiye fue: «Si Dios me ha dado un don o no, yo no lo sé. Lo que sé es que cuando veo a una persona enferma se me parte el corazón. Tengo que orar con todas mis fuerzas para que Dios lo sane, y a veces Dios lo sana».

A mí me impresionó tanto escuchar eso que, de solo recordarlo, me conmuevo hasta las lágrimas. No olvido la frase: «Cuando veo a alguien enfermo se me rompe el corazón». En Mc. 6:34 vemos que el corazón de Jesús se compungía por las multitudes: *Y salió Jesús y vio una gran multitud, y tuvo compasión de ellos, porque eran como ovejas que no tenían pastor; y comenzó a enseñarles muchas cosas.* Yiye tenía el mismo sentir de Jesús. La compasión de Jesús no se traducía en una simple expresión verbal, sino en hechos. Jesús les enseñaba, los sanaba, los alimentaba, los liberaba de los demonios. Yiye había aprendido de su maestro, y hacía prolongados ayunos incluso solo por un alma que estaba enferma. Realmente hacía enormes esfuerzos a favor de las almas y el móvil era la compasión. No tenía ninguna deuda con aquellas almas enfermas y necesitadas, de manera que procedía de un auténtico sentimiento a favor de esas personas.

Estoy seguro de que, en aquella mesa llena de grandes hombres de Dios, Yiye era la máxima representación de aquel momento en cuanto a lo que era la sanidad divina. Era difícil pensar en sanidad divina y no pensar en él. Así que nos estaba dando lecciones de humildad al no alabarse.

Una nota sobre la humildad

> *La humildad es la marca de pureza del líder espiritual. Cristo dijo a sus discípulos que abandonaran las actitudes pomposas de los déspotas orientales y que, en cambio, adoptaran el porte humilde del siervo. Como en los días de la antigüedad, así también hoy la humildad es menos admirada.*
>
> J. Oswald Sanders (1902-1992)

Pertenece al pasado la virtud de la modestia. Hablar de uno mismo, si era necesario, con recato, prudencia y pudor, era bien visto. Pero en estos días, lejos de ser apreciada tal actitud, hasta uno puede ser ridiculizado. La Biblia expresa: *Alábete el extraño, y no tu propia boca; El ajeno, y no los labios tuyos* (Pr. 27:2). Hoy lo normal es lo que hizo Nabucodonosor: pararse en la cima de sus logros personales y, mientras los observa, le dice a todo el mundo lo que con tanto esfuerzo ha hecho. La historia de Nabucodonosor se repite una y otra vez. El orgullo puede dominarnos y hacernos comer hierba. Con la soberbia y el orgullo no estaremos lejos de la caída y de la humillación. Así ha sucedido en la historia.

> Al cabo de doce meses, paseando por el palacio real de Babilonia, habló el rey y dijo: ¿No es esta la gran Babilonia que yo edifiqué para casa real con la fuerza de mi poder, y para gloria de mi majestad? Aún estaba la palabra en la boca del rey, cuando vino una voz del cielo: A ti se te dice, rey Nabucodonosor: El reino ha sido quitado de ti [...]. En la misma hora se cumplió la palabra sobre Nabucodonosor, y fue echado de entre los hombres; y comía hierba como los bueyes (Dn. 4:29-33).

Nuestro hermano Yiye, lejos de enorgullecerse de sus logros, vivió en humildad sabiendo que todo lo que tenía lo había obtenido del cielo. No se alababa a sí mismo más que para glorificar a Cristo por lo que hacía continuamente a través de él.

La humildad verdadera termina dando la gloria a Dios. Yiye no solo no buscaba alabanzas humanas, sino que, cuando intentaban dárselas, dirigía toda alabanza al cielo. *Así dijo Jehová: No se alabe el sabio en su sabiduría, ni en su valentía se alabe el valiente, ni el rico se alabe en sus riquezas. Mas alábese en esto el que se hubiere de alabar: en entenderme y conocerme, que yo soy Jehová, que hago misericordia, juicio y justicia en la tierra; porque estas cosas quiero, dice Jehová* (Jr. 9:23-24). Es un privilegio enorme tener comunión con Dios y experimentarla. Cuando conocemos al Señor nos damos cuenta de que Él merece la gloria. En una ocasión se le preguntó a Tomás de Kempis a qué le adjudicaba la manera tan asombrosa en la que Dios lo había usado y él contestó: *Solo puedo asumir que Dios miró desde el cielo para hallar a la criatura más pequeña y más insignificante y, viéndome a mí, me recogió y me usó*. Creo que la prosperidad ministerial de cualquier siervo de Dios comienza cuando reconoce su insignificancia ante el Dios todopoderoso que lo usa. *Jehová dijo así: El cielo es mi trono, y la tierra estrado de mis pies; ¿dónde está la casa que me habréis de edificar, y dónde el lugar de mi reposo? Mi mano hizo todas estas cosas, y así todas estas cosas fueron, dice Jehová; pero miraré a aquel que es pobre y humilde de espíritu, y que tiembla a mi palabra* (Is. 66:1-2).

La humildad se aprecia en el que busca servir. Yiye dedicó sus días a servir a la gente. No puedo imaginarme cómo se habrán sentido los discípulos cuando Jesús, sabiendo que sus días en la tierra estaban contados, habiendo derramado todo su amor hacia aquellos que estaban con Él, luego de haberlos escuchado discutir sobre quién sería el primero en el cielo, quién disfrutaría de mayores recompensas en las moradas celestiales, tomó una toalla y comenzó a lavarles los pies a sus discípulos: *...sabiendo Jesús que el Padre le había dado todas las cosas en sus manos, y que había salido de Dios, y a Dios iba, se levantó de la cena, y se quitó su manto y, tomando una toalla, se la ciñó. Luego puso agua en un lebrillo, y comenzó a lavar los pies de los discípulos y a enjugarlos con la toalla con que estaba ceñido* (Jn. 13:3-5). El mayor ejemplo de humildad lo dejó Jesús. Luego de semejante lección, ¿cómo podríamos levantar siquiera el rostro del suelo? El Señor nos enseñó que el que quiera ser el mayor deberá ser el menor. El primero será el postrero (Mt. 20:16). ¡Qué paradoja tan perfectamente ejemplificada encontramos en Yiye! Vivió como el menor. Se creía el último. Pero Dios lo usó a través de uno de los ministerios más grandes del mundo hispano.

Campaña en Chicago

Nunca te rías del cristianismo. Nunca te burles de las cosas sagradas. Nunca te mofes de aquellos que son serios y fervientes en lo concerniente a sus almas. La hora vendrá cuando veas felices a aquellos de quienes te reíste; la hora vendrá cuando tu risa se convertirá en lamento, y tu burla en abatimiento.

JUAN CARLOS RYLE (1816-1900)

La hermana Carmen Delia fue compañera y guerrera de oración en el ministerio de Yiye Ávila. Siendo aún jovencita, integró el Ministerio Cristo Viene para orar. Su función principal era ser parte de aquel equipo que oraba incesantemente. Carmen Delia fue una guerrera de oración. Era parte del equipo que viajaba acompañando al hermano Yiye. Madrugaba siempre para dedicarse a la oración. Durante la predicación, junto a un grupo, intercedían en un rincón. Oraban fervientemente para que Dios utilizara al hermano Yiye, se convirtieran vidas y se sanaran enfermos.

El orar para Yiye nunca fue un asunto teórico. Le gustaba enseñar sobre la oración. Le gustaba enseñar sobre el ayuno, pero, sobre todas las cosas, le gustaba orar y ayunar. Practicaba lo que predicaba.

El respaldo con mucha oración luego se podía verificar en los hechos. Carmen me contó una experiencia vivida durante una de las campañas en Chicago. Estas se realizaban en un parque, en el que alguna vez me ha tocado predicar, llamado Humboldt Park. Allí una joven y su pareja bailaban en medio de las alabanzas al Señor de forma burlona y vulgar. Mientras lo hacían, decían también comentarios ofensivos y además pegaban gritos. La gente mostraba cierta incomodidad. Yiye, como de costumbre, estaba en su rinconcito orando, esperando el momento de predicar. Luego, mientras Yiye predicaba, la pareja saltaba, daba gritos e interrumpía el sermón. Yiye se mostró pacífico y tolerante. Pero los gritos continuaban. Algunos de los gritos se dirigían directamente a él para insultarlo, decir vulgaridades y groserías en su contra. A duras penas, en medio de aquella situación, Yiye continuaba predicando. De la nada ocurrió algo inexplicable, tanto para la multitud que estaba allí como para Yiye y los pastores, que eran cientos; también fue inexplicable para Carmen Delia, esta guerrera de oración. Era un día despejado, y repentinamente nubes cubrieron el cielo y se escuchó el estallido de un rayo, que cayó justo sobre la joven que echaba maldiciones contra Yiye. Al instante cayó muerta. El joven que bailaba con ella cayó golpeado por el rayo del otro lado, pero el rayo había caído directamente sobre el cuerpo de la joven maldiciente. El joven, con llantos y arrepentimiento, pedía perdón desde el otro lado, muy mal herido. Pero la joven había muerto. Delia se levantó corriendo, se quitó el abrigo que tenía, fue a cubrir el cuerpo de la jovencita y se arrodilló junto a ella, orando insistentemente.

Yiye soltó el micrófono al instante. De ninguna forma disfrutó lo que había sucedido. Todo lo contrario, fue corriendo y se echó sobre el cuerpo de la joven para orar. Los presentes testificaban que la oración de Yiye era: «Resucítala, a fin de que pueda predicarle y que no se pierda. No permitas que se vaya al infierno, resucítala para que escuche tu palabra por última vez, Señor». Los minutos pasaban y algunos se acercaron a Yiye, tomándolo por los hombros para apartarlo de la joven, diciéndole: «Está muerta. Deja que se la lleven». Ya los paramédicos habían llegado y no se pudo hacer nada. La joven había muerto. Al cuerpo de la joven lo cubrieron con el abrigo de Carmen Delia y ella no quiso recuperarlo.

La comunidad de Chicago testifica esto hasta el día de hoy. En dicha ciudad, tanto cristianos como no cristianos, pastores, creyentes y miembros de las iglesias, hablan de ese día como uno en que el Dios del cielo tronó para decirle a la comunidad: «Yo soy real. A mí se me respeta». Yo he escuchado este testimonio no solo de Carmen Delia, sino de varios otros de los que estuvieron presentes aquel fatídico día, con los cuales he conversado y les pedí más detalles acerca de este evento. Uno tras otro coincidió en la historia. Entre ellos se encuentra el cantante Benjamín Rivera, quien me contó en detalles ese suceso como uno de los eventos que marcaron su vida de manera permanente.

Recientemente me encontré con el pastor y cantante cristiano René González en un aeropuerto internacional y decidimos desayunar juntos. Mientras conversábamos, surgió el tema de Yiye Ávila y la campaña de Chicago. Le pregunté si ese era el evento en el que una mujer había muerto por un rayo. Con intensa expresión me dijo: «¡Esa experiencia marcó mi vida para siempre! Ante los ojos atónitos de los presentes aquella mujer cayó muerta. Después de eso nos sobrecogió un sentimiento de temor reverente. Comprendimos que el Dios del libro de los Hechos sigue actuando hoy».

Predicando en la celebración de pentecostés en Camuy, Puerto Rico, viví otra de esas interesantes experiencias. Finalizando el sermón un hombre se acercó indicándome que la persona que lo acompañaba tenía algo interesante que decirme. Durante el sermón yo había hecho alusión a la experiencia de Chicago donde una mujer había muerto fulminada por un rayo. El hombre dijo: «Quiero corroborarle que la experiencia de Chicago es absolutamente cierta. Yo trabajaba para una funeraria y me encargaron la tarea de ir a buscar el cuerpo de una mujer que había muerto en Chicago, víctima de un rayo». Añadió luego detalles: el rayo la había golpeado en la cabeza y la muerte había sido instantánea, unas horas más tarde supo que había muerto en una campaña del evangelista Yiye Ávila en el Humboldt Park.

Siempre me impresionó, al ver las dimensiones de esta experiencia, que Yiye no contara este testimonio con regularidad. Conversé con alguno de los antiguos miembros del Ministerio Cristo Viene y les pregunté al respecto. Ito Tavares como si me hubiera estado diciendo un secreto me dijo: «Yiye no quería lastimar a la familia de la joven, por esa razón no contaba la experiencia».

Aprecio la madurez y el amor de Yiye. Prefería dejar en el anonimato un testimonio que lo pudiera exaltar con tal de cuidar el corazón de una familia que pudiera también ser receptora de la salvación que él proclamaba.

Yiye es honrado

Si uno es conocido como cristiano y no vive como tal deshonra a Dios. Llevar este nombre es asumir una responsabilidad grande y gloriosa pero no menos solemne.

George Campbell Morgan (1863-1945)

En cierta ocasión, el hermano Marcos A. Plaud compartió conmigo sus experiencias vividas con Yiye Ávila. Resulta impactante testificar cómo Yiye influenció a todos los que supieron aprovechar las bendiciones de Dios a través de él.

Una de esas experiencias fue en un viaje hacia una campaña en Honduras. Yiye era grandemente conocido en este país. Tanto es así que, al llegar al aeropuerto de Tegucigalpa, escucharon por los altavoces del avión: «Bienvenidos a Tegucigalpa. Le damos la bienvenida al Sr. Yiye Ávila y a su grupo. Por favor, rogamos mantenerse sentados hasta que el grupo salga». La gente, sin protestar, esperó mientras todo el equipo que acompañaba a Yiye Ávila descendía del avión. Fueron llevados a un lugar conocido como el *Salón de los Embajadores,* donde les solicitaron los documentos personales que fueron procesados como si fueran diplomáticos, presidentes o gente con inmunidad gubernamental. Hasta los no creyentes reconocían que era un ministro, un representante de Dios.

Otro momento donde se apreció la relevancia y Yiye fue honrado, fue en una visita a Ecuador. Tuvieron el mismo recibimiento y atenciones que en Honduras. Todo el tiempo fueron escoltados por la policía de la ciudad de un lugar al otro, con acceso controlado y seguridad por todas partes. Cuando se acomodaron donde se hospedarían durante la campaña y llegó el momento de descansar, Yiye preguntó: «¿Por qué hay policías todavía aquí?». Le informaron que el ayuntamiento había ordenado que mientras él estuviera en la ciudad contaría con esa vigilancia. Inmediatamente pidió hablar con la persona a cargo y le dijo lo siguiente: «Agradezco su disposición, pero esta ciudad los necesita a ustedes más que yo. Y pidió que se retiraran de aquel lugar».

El suceso de los guardaespaldas y la policía que querían proteger a Yiye se repitió en muchos países. Sus campañas eran enormes y, en algunos casos, algunos pastores bien intencionados querían que Yiye estuviera protegido y cuidado. En otros casos eran otros ministerios y organizaciones los que buscaban protección para brindársela a Yiye. Como ya he contado, hubo lugares como Nicaragua en donde era considerado una persona tan importante e influyente que todo el país estuvo de luto oficialmente cuando murió.

En lugares como Chile, donde Pinochet se entrevistó con él en más de una ocasión, el propio gobierno designaba guardias y policías para que velaran por la seguridad de Yiye. Pedían que lo acompañaran y lo cuidaran, y que fueran tras él a distintos lugares. La negativa de Yiye siempre oponiéndose a que lo protegieran fue de testimonio para más de uno.

El propio Pedro Rosa, uno de los coordinadores de las campañas de Yiye, testificaba sobre el impacto que producía que Yiye se negara a ser protegido por guardias terrenales. Él estaba seguro de que tenía un séquito de ángeles custodiándolo y que ese ejército celestial era más efectivo que la policía y la guardia nacional. Era consciente que Dios está alrededor de los que le temen y los defiende.

En su viaje a Guatemala le esperaba un estadio enorme, que también se llenó desde temprano las tres noches que duró la campaña. La primera noche fue extremadamente difícil salir del estadio debido al alto volumen de personas que asistieron al evento. Desde la plataforma hasta el vehículo había una gran distancia. Los ujieres que intentaban ayudar a los asistentes, al igual que los hermanos que se habían hecho presentes, no los dejaban avanzar, unos para pedirle oración, otros para saludarlo y otros para tomarse fotos.

Una noche, mientras Yiye y su equipo esperaban la hora de abordar un avión de regreso a Puerto Rico, escucharon a una persona hablando desde un teléfono público que decía: «Ya estoy esperando para abordar, debemos llegar como a las 10:30. Todo va a estar bien, puedes estar tranquila, no nos va a pasar nada, porque Yiye Ávila va en este vuelo». ¡Extraordinario! ¡Cuán impresionante era la proyección de Yiye!

Muchos reconocieron públicamente el lado administrativo de Yiye y cómo priorizaba lo más importante a la hora de usar el dinero. Cierto día se averió el transmisor en Roncador, un monte que quedaba en la cordillera central de Puerto Rico. Cuando se le hizo saber esta adversidad a Yiye y el costo de la reparación de aquel transmisor, sin el cual no se podrían efectuar las transmisiones en televisión, Yiye respondió: «El dinero que tengo disponible ahora es para la próxima campaña. Hagan lo que puedan hasta que yo regrese y luego hablamos». Su amor por las almas siempre fue lo primero. No estaba dispuesto a sacrificar una campaña sobreponiendo la televisión. Muchos en la estación de radio y televisión honraban a Yiye por su pasión por las almas y priorizarlas siempre.

Sabemos que la gloria suprema es de Dios, pero es correcto y sabio reconocer a los hombres de Dios. Yiye fue honrado de muchas maneras. Su enseñanza, su actitud, su trabajo hoy es reconocido: *Os rogamos, hermanos, que reconozcáis a los que trabajan entre vosotros, y os presiden en el Señor, y os amonestan; y que los tengáis en mucha estima y amor por causa de su obra* (1 Ts. 5:12-13).

En el interior de las campañas

Razón de vivir me diste cuando ya no tenía. Me extendiste tus brazos cuando el mundo me abandonó. Me diste alegría cuando antes solo había amargura. Me diste amor cuando nadie me quiso amar. Es por eso que te amo, Cristo.

Danny Berrios (1961-)

Otra peculiar nota sobre el compañerismo y la disciplina en el interior de las campañas de Yiye, la leemos en el libro biográfico del famoso adorador evangelista Danny Berrios, quien viajó con Yiye por casi diez años, algo que, según confiesa, impulsó muchísimo su carrera.

Danny narra lo siguiente en su libro *El Rey me mandó a llamar*:

> Mi relación con Yiye Ávila comenzó a través de mi papá. Ellos eran grandísimos amigos. Mi papá era de Guayama y Yiye de Camuy, Puerto Rico. Es decir, vivían relativamente cerca y, por eso, siempre se mantuvieron en contacto. Cuando mi papá llegaba a Puerto Rico se iba a Camuy a visitarlo a su casa. Una de las cosas que caracterizaba a Yiye fue su pasión por la oración. Él pasaba mucho tiempo orando. Tanto es así que si alguien quería tener una cita para conversar con él sobre algún tema, antes de hablar, debía pasar un tiempo de oración junto con él. Recién después de orar que le concedía a la persona sentarse a conversar. Es más, luego de hablar un rato, volvía a orar, y después de haber orado otra vez uno podía seguir conversando. Él siempre fue así y mi papá lo sabía. Por eso, cuando mi papá lo visitaba por la década de los setenta, antes de sentarse a charlar, pasaban algunas horas orando.

En 1985, un tiempo antes de que mi papá enfermara y que su salud comenzara a decaer, habló con Yiye y le pidió que me acogiera. Se lo pidió porque era su más grande amigo en el ministerio, pero también porque a mi papá le preocupaba las dificultades que yo podría enfrentar en el futuro. Le dijo: ¡Aunque sea llámalo de vez en cuando, Yiye! ¡Vela por su salud espiritual y no lo dejes solo!

Así que después de esa conversación entre mi papá y Yiye, él comenzó a cumplir su promesa de ayudarme aún sin que mi padre muriera todavía. Comenzó a echarme la mano desde que ellos dos colgaron el teléfono. No solo me llamaba y se preocupaba por mí, sino que me puso como cantante principal en sus campañas evangelísticas a nivel continental.

Como era de esperar, eso me abrió muchas puertas. Aún me acuerdo de la primera cruzada en que lo acompañé. Fue en el Auditorio Olímpico de Los Ángeles, California. Ya me había casado y tenía mi primer bebé. Conduje hasta el lugar del evento y llené mi camioneta con cuanta caja de casetes pude. A esas alturas solo tenía dos álbumes; ¡hoy tengo como 30!, pero en ese entonces solo contaba con dos producciones. Así que llené la camioneta de casetes y viajé por tres días desde Miami hasta Los Ángeles. Estuve tres semanas en esa ciudad y me fue muy bien con las ventas [...]. Yo mantenía a mi familia solo con las ventas de mis álbumes.

Aunque en sus cruzadas participaban muchos cantantes, por la amistad con mi papá, Yiye me asignaba el espacio musical más importante del evento. ¿Cuál era ese? El instante antes de que él pasara a predicar.

Desde la primera vez que canté en una campaña, él vio que Dios me usaba, así que me dijo: Eres bienvenido en todas mis cruzadas. ¡En todas! Así que no exagero si digo que acompañé a Yiye Ávila en la década de oro de su ministerio. Es que Dios lo usaba muchísimo. Los estadios no daban abasto. ¡Fue tremendo lo que Dios hizo a través de este hombre! Francamente, él me ayudó a crecer como cristiano y como cantante para las naciones.

Cuando uno formaba parte del equipo de Yiye Ávila y viajaba con él, tenía que dormir en la misma casa que conseguían para hospedarse. Que yo sepa, nunca se hospedaron en hoteles; preferían pedir una casa con muchos dormitorios y entonces instalar una base de operaciones durante los días que estarían en la ciudad. A veces eran campañas de tres semanas. Todo su equipo estaba integrado prácticamente por sus empleados; el único que no era su empleado era yo. Así que, además de ser mi mentor por pedido de mi papá, él había planeado que me hospedara con todo su equipo. Pero, francamente, lo hice pocas veces. Él ayunaba mucho y había ocasiones en que lo hacía durante toda la campaña; se nutría con puros jugos naturales. Y si él estaba ayunando, ¡todos en la casa tenían que ayunar! Así que todo el equipo se hacía «vegano obligado» a causa de trabajar con él.

Muchos tampoco saben que Yiye Ávila siempre viajaba con un set de pesas de levantamiento. Lo que sucedía era que él, antes de convertirse a Cristo, fue un gran atleta... El asunto es que ese set de pesas lo llevaba en una maleta que pesaba como 90 kilos. Es más, debido a esa maleta, Yiye tenía que pagar extra en todas las aerolíneas. ¡Era increíble lo que pagaba de equipaje! Ahora, ¿quién crees que cargaba la maleta con las pesas? ¡Claro! ¡El que estaba mejor comido y que no solo tomaba jugos! O sea, ¡yo! Incluso, como al llegar a una ciudad él no tenía tiempo para inscribirse en un gimnasio local, yo me ocupaba de ordenarle las pesas y montarle un mini gimnasio en donde nos hospedáramos.

Un día, mientras estaba instalándole el pequeño gimnasio, él se sentó en posición para levantar las pesas y fortalecer sus brazos, y me pidió que se las pasara. De repente, como aun comiendo carne yo no era tan fuerte como él, me costó levantarlas, así que a tropezones se las intenté ubicar sobre sus manos, pero se me resbalaron. Yiye se fue hacia atrás y las pesas le quedaron sobre el cuello. Cuando estaba a punto de caerse al piso, logré sujetarlas y ayudarlo a sentarse otra vez. ¡Qué pena sentí! ¡Fue mi culpa! Pero conocí el lado humano de Yiye Ávila, y no solo el lado sobrenatural de predicador y de hombre de oración que todos conocían en las campañas y en la televisión.

Yiye era muy disciplinado. Él comía, y comía muy bien. Era muy correcto en su forma de alimentarse. Por ejemplo, no tomaba café. ¡Qué va! No solo no lo tomaba, sino que decía que la cafeína era diabólica por lo adictiva que era. Lo escuchabas predicar con su tono de voz característico: «¡Las personas que toman café están atados por el demonio del café!». Detrás de esa radicalidad había un hombre sumamente ordenado, correcto y disciplinado.

Cada día de campaña terminábamos a la medianoche y llegábamos a casa a la una de la madrugaba, y a las cinco de la mañana Yiye iba cuarto por cuarto a despertarnos a todos para que nos pusiéramos a orar. Cuando llegaba al mío, tocaba, y al abrir cantaba con acento puertorriqueño: «El Shaddai, El Shaddai». Una vez que no le abrí porque me quedé dormido, entró, y él de pie y yo acostado me cantó al oído: «¡El Shaddai! ¡El Shaddai!», y así me despertó para que lo acompañara a orar.

Orábamos desde las cinco hasta las ocho de la mañana. ¡Tres horas enteras de oración! Pero la verdad es que cuando yo me arrodillaba, primero pasaba dos horas dormido, porque tenía demasiado sueño, y luego oraba como un ser humano normal. Claro, según yo nadie conocía mi secreto, pero Yiye lo sabía. Aun así, era muy compasivo conmigo.

Una vez se lo confesé. Cuando tocó la puerta a las 5 de la mañana, abrí y le dije: «¡Yiye, tengo mucho sueño! ¿De qué me sirve levantarme si me caigo de rodillas para dormir?». Y, con un tono, afable me dijo: «Danny, aun así, prefiero verte dormido arrodillado que dormido en tu cama». Me lo dijo en un tono tan paternal que me conmovió. Es que quienes no lo conocieron de cerca no saben que era un hombre sumamente compasivo, por más duro que aparentara ser en su predicación. Yiye destilaba un amor y un afecto hacia todos que te hacían verlo como un padre [...]. Para mí sería imposible negar su influencia sobre mi vida y cuánto catapultó mi ministerio por haberlo acompañado durante casi diez años.[23]

Campaña en Australia

No me importa dónde voy, cómo viva, o lo que tenga que soportar para poder salvar almas.

David Brainerd (1718-1747)

Yiye estaba acostumbrado a los estadios llenos de personas sedientas de oír la Palabra de Dios. Era habitual, tanto para Yiye como para el equipo que lo acompañaba, ver multitudes de nuevos convertidos. Pero todos fueron sorprendidos cuando el 12 de octubre de 1989 volaron rumbo a Australia a realizar dos campañas evangelísticas, una en Sídney y la otra en Melbourne. Yiye cuenta que, a pesar de estar acostumbrado a ver multitudes arrepentirse tras oír la exposición del evangelio, la primera noche de campaña solo 34 personas aceptaron el

[23] Danny Berrios. *El Rey te mandó a llamar.* Christian Editing Publishing House, 2019.

mensaje. Pero el verdadero asombro vino cuando vio la alegría y la sorpresa de los pastores de la iglesia local. Ellos, visiblemente emocionados, confesaron que aquella había sido la cosecha de almas más grande que habían experimentado. Al parecer los lugareños eran reacios al evangelio, pero su hora había llegado. Cristo estaba tocando la puerta de sus corazones y estaban comenzando a responder al llamado. Lo que para Yiye y su equipo parecía poco, para los pastores australianos era un verdadero milagro.

Tal vez la clave estaba en la segunda sorpresa que se llevó Yiye. Cuando terminaron las predicaciones en la primera iglesia, el pastor implementó campañas de ayuno y oración para toda la congregación. Eso nunca se había hecho. Sin duda la visita de Yiye a Australia podría parecer pequeña en comparación a muchas que fueron multitudinarias. Pero el impacto que causó cada predicación sin duda trascendió en los cielos y movió a muchos cristianos australianos.[24]

Otras campañas

La conversión de un alma es el milagro de un momento,
pero la fabricación de un santo es la tarea de toda una vida.
Alan Redpath (1907-1989)

Las campañas de Yiye eran casi innumerables, muchísimas. Estoy convencido de que cada una tenía muchas particularidades. ¡Qué pena que no podamos acceder a cada detalle que quizás solo Yiye conocía! Anteriormente he hecho referencia a algunas, resaltando algún evento, milagro o suceso que me

[24] Yiye Ávila. (1990). Impacto de Dios. Australia 1989. *La fe en marcha*, 1990-1, p. 11-12.

pareció importante. A continuación, solo haré referencia a algunas de las campañas en el orden en que se dieron, señalando el impacto cuantitativo de los asistentes, así como de las profesiones de fe. Me llamó la atención, mientras consultaba documentos sobre estas campañas, que los números de las profesiones de fe son muy precisos. Las conversiones de las almas a Cristo son los datos más importantes.

Perú. A la campaña de 1980 en Perú se la conoció como «La invasión gigante al Perú». Yiye y su equipo visitaron dieciocho ciudades entre junio y julio. Se dividieron en grupos en los que cada uno llevaba campañas simultáneas. Uno de los grupos estaba lidereado por Noemí, una de las hijas de Yiye.

En la predicación de Yiye, 22 771 personas aceptaron a Cristo. En la campaña guiada por Noemí, 5303 personas se acercaron a Jesús, y en el tercer grupo a cargo de Robles y Junior González, 4527 almas fueron salvas. Un total de 32 601 peruanos alcanzaron salvación en aquella invasión gigante.[25]

República Dominicana. El año 1983 había sido de mucho movimiento en el ministerio de Yiye. Habían visitado innumerables países, ciudades e iglesias, ganando miles de almas para el reino de los cielos. El 24 de octubre de ese año comenzó una campaña en la República Dominicana, y con esa terminarían las cruzadas de ese año. Yiye estaba emocionado por esta última cruzada, y esperaba que Dios lo usara poderosamente como lo había hecho durante todo ese tiempo. La primera noche, 20 000 personas asistieron al estadio olímpico de Santo Domingo y quinientos nuevos convertidos hicieron la oración de fe. Durante toda la campaña cada día asistían

[25] Yiye Ávila. (1981). Impacto a Perú 1980. *La fe en marcha*, 1981, p. 7.

aproximadamente 30 000 personas que escuchaban la exposición clara de la Palabra. En la ciudad de Santo Domingo, 9142 nuevos convertidos dieron el paso al frente. En Higüey, 2638 profesiones de fe quedaron registradas. En Santiago y Moca, 4140 almas hicieron la oración de confesión. Y en San Pedro de Macorís, 2067 rindieron sus vidas a Cristo. La predicación evangelística no quedó reservada solo para las iglesias y los auditorios, Yiye visitó sanatorios de tuberculosis y cárceles, en donde 218 personas que padecían en su cuerpo y en su alma alcanzaron salvación y vida eterna.[26]

Más tarde, en 1989, las ciudades de República Dominicana volverían a ser testigos de cuatro grandes cruzadas de fe. En Santo Domingo, 4516 almas fueron ganadas para Cristo. En San Cristóbal, 2931 profesiones de fe se unieron a las iglesias locales. Santiago fue testigo de 2203 conversiones. San Francisco de Macorís registró 6965 conversiones. En Baní, 239 dominicanos recibieron a Cristo y en Moca, 460 rindieron sus vidas a Él.[27]

El 27 y 28 de marzo de 1993 Yiye y su equipo misionero regresaron para seguir evangelizando. El primer encuentro fue con jóvenes de todo el país que se dieron cita en el Estadio Olímpico de la capital. Asistieron alrededor de 30 000 jóvenes. Al día siguiente, una cantidad similar escuchó el plan de salvación y ochocientas almas aceptaron al Señor. Junto con la predicación hubo visitas a diferentes cárceles. Cuando Yiye predicaba en una cárcel, otro grupo asistía a otra prisión para alcanzar un número mayor de confinados. Yiye logró cosechar 545 almas que ya no estaban en esclavitud espiritual, mientras

---

[26] Yiye Ávila. (1983). Campañas en la República Dominicana. *La fe en marcha*, 1983, p. 7.

[27] Yiye Ávila. (1989). Campañas en República Dominicana. *La fe en marcha*, 1989-2, p. 7.

que el equipo liderado por Carmen Rivera alcanzó 491 nuevos creyentes.[28]

Colombia. La campaña en Bogotá, Colombia, en 1984 se vio fuertemente golpeada porque las autoridades se negaban a darle una visa especial a Yiye, sin la cual no tenía permitido predicar la Palabra. El 17 de septiembre, con más de 20 000 personas programadas para asistir al Estadio Nacional de Bogotá, Yiye estaba corriendo por toda la ciudad porque se negaban a darle la autorización. Sin embargo, Yiye hizo lo mejor que sabía hacer, se sentó por un momento y comenzó a orar pidiendo el auxilio del Padre. Y muy pronto llegó. Después de casi todo el día, y a pocas horas de comenzar la campaña, le otorgaron el permiso y Yiye pudo predicar. Aquella primera noche, 1295 personas aceptaron a Cristo. En toda la campaña, 24 050 almas fueron alcanzadas.[29]

El 12 de septiembre de 1992 Yiye regresaba a Colombia sabiendo que Dios volvería a usarlo, y así fue. Luego de reunirse con pastores y líderes para orar y pedir la bendición de Dios, comenzó una cruzada evangelística que aumentaba la asistencia cada noche. Comenzó con 15 000 personas que escucharon la exposición de la Palabra y setecientos nuevos convertidos, y culminó tres días después con 30 000 asistentes y 2056 profesiones de fe.[30]

---

[28] Yiye Ávila. (1993). Campañas en Santo Domingo y Honduras. *La fe en marcha*, 1993-3, p. 13.

[29] Yiye Ávila. (1985). Bogotá Colombia 1984. *La fe en marcha*, 1985-2, p. 7.

[30] Yiye Ávila. (1992). Campaña en Colombia 92. *La fe en marcha*, 1992-6, p. 13.

Paraguay. En 1984, después de haber estado años orando para que Dios le otorgara la bendición de predicar el evangelio en Paraguay, finalmente Yiye sintió la confirmación de parte de Dios para ir y realizar una campaña que fue grandemente bendecida. Yiye tuvo la oportunidad de hablar con el presidente de Paraguay, el general Stroessner. Le predicó el evangelio de Cristo y le insistió de la necesidad que tenía, tanto él como su gobierno, de buscar a Cristo y darle la gloria solo a Él. Día tras día fue de cosecha abundante. Solo la primera noche de la campaña asistieron más de 15 000 personas y 465 almas rindieron sus vidas a Cristo.[31]

México. México disfrutó la bendición de tener a Yiye en repetidas ocasiones evangelizando por las calles mexicanas. En junio y julio de 1985, ciudades como Veracruz, Villahermosa y Piedras Negras se unieron a las campañas de evangelización con Yiye a la cabeza para alcanzar a los mexicanos para Cristo. Las autoridades de Veracruz abrieron sus puertas y permitieron que la campaña se efectuara en el estadio de futbol donde alrededor de 7000 mexicanos aceptaron a Cristo. Aunque en Villahermosa se vivió otro panorama, ya que las autoridades prohibieron la campaña en la ciudad, pero eso no detuvo al equipo que, rápidamente, encontró un terreno a veinte minutos de la ciudad que pertenecía a las Asambleas de Dios. Allí, en contra de todo pronóstico, se congregaron cerca de 30 000 personas y más de 6000 rindieron sus vidas a Cristo. La ciudad de Piedras Negras autorizó la campaña en la Plaza de Toros, facilitando que 3000 almas aproximadamente recibieran el regalo de la salvación.[32]

---

[31] Yiye Ávila. (1984). Paraguay 1984. *La fe en marcha*, 1985-3, p. 7.

[32] Yiye Ávila. (1985). Impacto a México 1985. *La fe en marcha*, 1986-1, p. 7.

Otra ocasión que quedó registrada en las crónicas evangelísticas de Yiye en México fue en 1987. Casi como requisito obligatorio, Yiye y el equipo misionero tuvieron que enfrentar las inclemencias del tiempo. Las lluvias incesantes mortificaban a la congregación sedienta de la Palabra. Pero, una vez más, nada impidió que Dios derramara su Espíritu sobre los que decidieron asistir a pesar del clima. En Orizaba, la primera noche cerca de 8000 personas permanecieron casi inmóviles bajo la lluvia oyendo las buenas nuevas, y 560 almas aceptaron el don celestial. Al finalizar la campaña en Orizaba, cerca de 6000 personas habían aceptado al Señor. En Minatitlán se vivió la campaña más numerosa hasta ese momento en todo México, con 5000 profesiones de fe y una asistencia de 15 000 mexicanos en una sola noche.[33]

Una vez más, en 1991 Yiye volvía a México a realizar 34 cultos evangelísticos donde se alcanzaron a 19 410 almas para el reino. México no solo vivió cultos evangelísticos, sino que también Yiye dedicó parte de su tiempo a capacitar a pastores y a líderes locales con temas que los inspiraban a volver a las primeras obras, como él le llamaba, instándoles a poner especial atención a la evangelización de los primeros discípulos, una predicación sencilla con un mensaje poderoso. Aunque el propio Yiye confesó que esta campaña fue agotadora, también se regocijaba por los frutos que dio.[34]

España. La primera vez que Yiye visitó España fue en 1986. Esta campaña fue asombrosa porque, a pesar de los tropiezos humanos, espirituales y naturales, 2445 personas, luego de ocho días de campaña, habían aceptado a Jesucristo. En la primera noche de campaña cerca de setecientas personas

---

[33] Yiye Ávila. (1987). México 1987. *La fe en marcha*, 1987-3, p. 9.

[34] Yiye Ávila. (1991). México 1991. *La fe en marcha*, 1991-4, p. 13.

aceptaron a Jesucristo, pero al ser muy pocos ujieres solo pudieron tomar el nombre de 503.

Cuando fueron a la ciudad de Victoria debían predicar en la Plaza de Toros, pero las autoridades se oponían porque decían que esa plaza era demasiado grande y no asistirían muchas personas, por lo que quedarían en ridículo. La realidad fue que más de 10 000 personas asistieron, abarrotando el lugar. A la hora de hacer el llamado, los jóvenes debían brincar las cercas para poder acercarse al frente. Dios se glorificó en aquel lugar incrédulo. En Zaragoza cerca de 3000 personas escucharon la exposición de la Palabra y 106 almas vinieron a Cristo. En Madrid más de 15 000 personas escucharon las buenas nuevas bajo un torrencial aguacero. A pesar de esto, 540 personas decidieron abandonar sus viejas vidas por la vida que Cristo les ofrecía.[35]

Estados Unidos. Yiye tuvo la oportunidad de realizar campañas evangelísticas en varias ocasiones en los Estados Unidos. En el año 1983 tuvo la oportunidad de visitar cuatro ciudades de California, San Fernando, Los Ángeles, Wilmington y Santa Ana. En el mes de agosto se vivieron intensas jornadas de evangelización en esas cuatro ciudades. En la primera cruzada, en las calles de San Fernando, durante una semana se estuvo proclamando el evangelio y 849 personas no solo escucharon, sino que respondieron al llamado del Señor. En Los Ángeles noche tras noche se llenó el Auditorio Olímpico, y 4606 almas aceptaron al Señor. Finalmente, en las ciudades de Wilmington y Santa Ana, 1144 confesiones de fe resonaron en las ciudades.[36]

---

[35] Yiye Ávila. (1986). España 1986. *La fe en marcha*, 1986-6, p. 13.

[36] Yiye Ávila. (1983). Impacto de Dios, California 83. *La fe en marcha*, 1983-5, p. 7.

Otra campaña de gran bendición se produjo en los meses de julio y agosto de 1986, en las ciudades de Chicago, Paterson y Filadelfia. Los números hablan de la forma tan maravillosa en la que Dios obró a través del ministerio de Yiye Ávila. Tan solo en la ciudad de Chicago, 3645 profesiones de fe fueron contabilizadas. En la ciudad de Paterson, 1879 almas fueron rescatadas y en Filadelfia hubo 1854 convertidos, llegándose a un total de 7378 testimonios públicos de fe. Estas estadísticas solo mostraron la parte visible del impacto que provocó la campaña de 1986 en los Estados Unidos. Sin embargo, Yiye dio testimonio de la forma maravillosa en la que Dios los libró de ataques satánicos que quisieron afectar la campaña. Testimonios invisibles al ojo humano incrédulo, pero de gran bendición para todos los que, con ojos espirituales, pudieron ver la batalla espiritual de la que Dios los libró.[37]

El Bronx, Nueva York, experimentó una campaña victoriosa a partir del 22 de agosto de 1984. Aproximadamente 20 000 personas escucharon la exposición del evangelio y 504 almas aceptaron a Cristo. Luego de esa victoriosa jornada, Yiye pasó dos semanas de campaña en las ciudades de Dallas y Fort Worth, en Texas. Un total de 1479 personas abrazaron el cristianismo.[38]

En el verano de 1987, específicamente en los meses de julio y agosto, Yiye regresaba a los Estados Unidos para evangelizar en esta ocasión a dos grandes ciudades, Los Ángeles y Miami. Algo en común que tienen estas dos ciudades, según el propio Yiye, es el alto grado de mundanalidad, corrupción y total

---

[37] Yiye Ávila. (1986). Campaña en Estados Unidos 1986. *La fe en marcha*, 1986-6, p. 7.

[38] Yiye Ávila. (1985). Campaña en el Bronx, Nueva York. Texas 1984. *La fe en marcha*, 1985-1, p. 7, 12.

desinterés por lo santo. Es curioso que, tantos años después, estas dos ciudades aún conservan estas tan terribles características. A pesar de esa dureza de corazón los frutos fueron visibles. En Los Ángeles estuvieron por quince días en un auditorio con capacidad para 10 000 personas y cada día se llenaba. Hubo dos noches que muchas personas no alcanzaron a entrar porque el lugar estaba abarrotado. La cosecha fue de 4502 almas en aquella maravillosa cruzada.

La segunda campaña fue en Miami, Florida, donde estuvo compartiendo el evangelio por diecisiete días. Cada noche se hacían presentes hasta 15 000 personas sedientas de escuchar el evangelio. Al finalizar estas maravillosas diecisiete noches, 3550 personas se habían acercado a los pies de Cristo.[39]

El 15 de julio de 1991 Los Ángeles disfrutaría nuevamente de catorce noches gloriosas, donde se evangelizó a miles de personas. Tan solo en la primera, 497 almas aceptaron a Cristo. Para cuando había culminado la cruzada este número ya había ascendido a 5745.[40]

La ciudad de Nueva York, que está acostumbrada a recibir importantes personalidades del mundo artístico, del financiero y del político, también recibió la visita de la persona más importante del mundo. Por dos semanas Yiye estuvo hablándoles a los neoyorquinos sobre la necesidad de recibir a Cristo en sus casas, en sus familias, en sus finanzas, en sus corazones. Cristo es la persona más importante que puede pasearse por nuestras ciudades. Este mensaje lo entendieron 831 personas de Brooklyn. También 616 almas de Manhattan entendieron

---

[39] Yiye Ávila. (1987). Los Ángeles, CA y Miami, FL para Cristo. *La fe en marcha,* 1987-5, p. 8.

[40] Yiye Ávila. (1991). Campaña en Los Ángeles. *La fe en marcha,* 1991, p. 13.

y aceptaron el mensaje salvífico de Cristo. Finalmente, 235 personas de Long Island abrazaron a Jesús, el Salvador.[41]

Puerto Rico. Muchas fueron las campañas evangelísticas que Yiye realizó en su tierra natal, Puerto Rico. Aunque no mencionaré los detalles de todas las cruzadas realizadas en ese país, quisiera destacar algunas que resaltaron por lo significativas que fueron en su época. En 1984, en la ciudad de San Juan, el estadio H. Bithorn fue testigo del nuevo nacimiento de 5094 almas para Cristo. La ciudad de Ponce presenció la profesión de fe de 2229 personas. La ciudad de Humacao sumó 1380 nuevas almas a la iglesia universal. Todo esto tras una sola jornada evangelística.[42]

En 1990 una multitudinaria campaña en las ciudades de San Sebastián y Country Club volvieron a presenciar el derramamiento del Espíritu Santo sobre 4034 almas que vinieron a Cristo.[43]

Otra campaña que impactó Puerto Rico fue aquella que comenzara el 4 de enero de 1988. Aunque Yiye estaba acostumbrado a salir de su país para llevar el evangelio a otros países del mundo, recién comenzado el año 1988, Dios le estaba mostrando que debía dedicarlo a su país, llevando un mensaje de alerta al pueblo. Por lo que se concentró en predicar a tiempo y fuera de tiempo. La cosecha ascendió a 4360 almas que vinieron tras la exposición de la Palabra de Dios en Puerto Rico en 1988, a través de Yiye. No solo predicó el

---

[41] Yiye Ávila. (1992). Impacto en Nueva York 1992. *La fe en marcha,* 1992-5, p. 7.

[42] Yiye Ávila. (1984). Puerto Rico 1984. *La fe en marcha,* 1985-1, p. 7.

[43] Yiye Ávila. (1990). Campaña en Puerto Rico. *La fe en marcha,* 1990-8, p. 13.

evangelio, sino que instó a las iglesias a orar y ayunar por todo Puerto Rico, pidiendo la paz y la unidad de la iglesia.[44]

Venezuela. El año 1985 comenzaba por todo lo alto en Venezuela cuando, en los meses de enero y febrero, se vivieron campañas de fe que sacudieron a toda la nación. En una semana la ciudad Puerto la Cruz vio cómo 1778 almas se rendían a Jesús. En la ciudad de Valencia, 4567 almas fueron registradas tras aceptar el mensaje de salvación. Caracas contabilizó 7831 almas regeneradas con el poder de la cruz de Cristo. Sin duda el año comenzó trayendo bendición a miles de nuevos convertidos.[45]

Una vez más otro año comenzaba bajo la bendición de Dios, quien volvía a hacer uso de Yiye y de su misterio para llevar bendición a las ciudades de Venezuela. El 29 de enero de 1990 comenzaba la primera de tres grandes cruzadas de fe que tendrían lugar en este país sudamericano. En Ciudad Bolívar, 3403 almas vinieron al Señor. En la segunda cruzada, en San Cristóbal encontraron oposición del Estado, quien les negó el estadio donde se reunirían. A pesar de que tenían un contrato firmado y pagado, se negaron a cumplir su palabra. Luego de que Yiye intercediera bastante, el alcalde les asignó una calle para que expusieran la predicación allí. Pero, como el Señor no necesita cuatro paredes para derramar su Espíritu, aquella cruzada fue aún más grande que la vivida en Ciudad Bolívar. Un total de 5401 personas aceptaron el llamado y sirvieron de testimonio a la ciudad de lo que Dios puede hacer en aquellos que se ponen en sus manos. La oposición en esta ciudad no solo fue humana; desde que llegaron a San Cristóbal no había

---

44 Yiye Ávila. (1988). Campañas en Puerto Rico. *La fe en marcha*, 1988-2, p. 7.

45 Yiye Ávila. (1985). Venezuela 1985. *La fe en marcha*, 1985-4, p. 7.

parado de llover torrenciales aguaceros. Pero Yiye oró y ayunó con su equipo y la lluvia cesó por los siguientes nueve días que duró la campaña. La tercera y última cruzada en Venezuela, en 1990, se dio cita en la plaza de toros de Caracas, donde 8539 almas vinieron a Cristo.[46]

Haití. Antes de cada campaña Yiye se preparaba espiritualmente con ayuno y oración porque él era consciente de que su lucha no era contra carne y sangre, sino contra huestes espirituales de maldad. Aunque no podía predecir lo que podía acontecerle, estaba seguro de que la oposición y la opresión espiritual se harían latentes. En especial en países como Haití, donde la hechicería está a la orden del día. Por eso no le tomó por sorpresa que apenas llegaron a Haití, en marzo de 1986, para celebrar una campaña de dos semanas, se desatara una serie de revueltas contra el gobierno, provocando que se declarara toque de queda a las ocho de la noche. Tuvieron que hacer arreglos a los programas y celebrarlos más temprano a la tarde, para permitir que la audiencia regresara a sus casas antes del toque de queda. Con gran trabajo, Yiye y su equipo debían abrirse paso por las calles incendiadas y llenas de manifestantes enardecidos en ira. Pero nada de esto impidió que el evangelio fuera proclamado. No solo fue expuesta la Palabra de Dios, sino que fue entendida y aceptada por 1325 almas que decidieron deponer su idolatría para seguir al único y verdadero Dios. En medio de todos los disturbios, Dios preservó la vida de Yiye y de su equipo, pudiendo más tarde testificar las maravillas de Dios en Haití.[47]

---

[46] Yiye Ávila. (1990). Impacto en Venezuela. *La fe en marcha*, 1990-4, p. 11.

[47] Yiye Ávila. (1986). Campaña en Haití. *La fe en marcha*, 1986-4, p. 12.

Panamá. Yiye y un grupo de Puerto Rico que lo acompañaba a muchas de sus campañas emprendieron una cruzada en Panamá en 1986. Como fue en los meses de abril y mayo, al llegar se encontraron con copiosas lluvias que amenazaban con suspender la campaña. Pero, una vez más, Yiye clamó al Padre suplicando su auxilio. Durante toda la madrugada e incluso el día siguiente hasta las cinco de la tarde el equipo evangelístico oró y ayunó, hasta que Dios hizo cesar la lluvia. La primera noche 284 personas hicieron profesión de fe. Tan solo en la Ciudad de Panamá, en apenas ocho días, 4473 almas fueron ganadas para Cristo. En la ciudad de David, tras once días de campaña, 7132 aceptaron al Señor. En la ciudad de Santiago, en seis días de cruzada evangelística, 2965 panameños rindieron sus vidas a Cristo. La campaña en Panamá fue un duro golpe para el mundo espiritual satánico. Yiye testificaba cómo la hechicería podía percibirse en las calles. Muchos cargaban sus ídolos a cuestas. Muchos habían entregado sus vidas al ocultismo. Pero Dios había llegado a Panamá para revertir esa situación de las tinieblas a la luz admirable.[48]

Bolivia. La campaña de Bolivia en 1987 dejó una huella imborrable en aquel país. A pesar de la frialdad no solo de la zona —por la altitud característica de este país—, sino la frialdad espiritual de los habitantes de algunos pueblos, las campañas fueron milagrosas. Donde no se esperaba mucha audiencia llegaban miles de personas. En Oruro, 3955 personas aceptaron a Cristo. En La Paz, 19 605 profesaron su fe. En Santa Cruz, 14 723 personas alcanzaron la salvación. Y en Cochabamba, pueblo caracterizado por su hostilidad al evangelio, 19 295 almas fueron rescatadas del castigo eterno.[49]

---

[48] Yiye Ávila. (1986). Panamá 1986. *La fe en marcha*, 1986-4, p. 7.

[49] Yiye Ávila. (1987). Bolivia 87. *La fe en marcha*, 1987-4, p. 9-10.

Europa. Uno de los terrenos más hostiles en donde Yiye compartió el evangelio fue en su campaña por Europa en 1987. En esta ocasión visitó nuevamente España, pero se extendió hasta Francia y Portugal. Comenzó el 11 de septiembre de 1987. Estaban muy emocionados por su primera campaña que comenzaría en Madrid. Pero recibieron la triste noticia de que el liderato gitano no permitió que sus pastores respaldaran las campañas en España. Esta noticia entristeció a todo el equipo porque las iglesias gitanas son más numerosas que las iglesias de los payos, o sea, los no gitanos. A pesar de la negación hacia aquella primera campaña, 293 españoles aceptaron a Cristo como su Señor y Salvador.

En los días siguientes se movieron entre Francia y España, realizando incómodos viajes de hasta diecisiete horas para compartir el evangelio en diferentes ciudades. En Francia sí hubo respaldo de las iglesias gitanas y 1772 nuevos convertidos se unieron a las filas de la iglesia de Cristo. En Portugal, aunque hubo poco apoyo de las iglesias locales, hubo 720 profesiones de fe en aquella campaña. Al final disfrutaron de una maravillosa cosecha de 2961 nuevos convertidos en Europa.[50]

Guatemala. Cada campaña para Yiye era especial. Pero, sin dudas, la campaña en Guatemala en 1989 tuvo que ocupar un lugar singular en el corazón de Yiye y de su equipo. Al igual que en Bolivia, el equipo de Yiye enfrentó el crudo frío de Guatemala debido a su altitud. Muchos se enfermaron y hasta tuvieron que guardar reposo, mientras Yiye predicaba en terrenos a la intemperie, en ocasiones azotado por la lluvia o por tormentas de polvo. Se le negó el acceso a un estadio con capacidad para 60 000 personas, pero Dios tenía planes

---

[50] Yiye Ávila. (1987). Europa 1987. España, Francia, Portugal. *La fe en marcha*, 1987-6, p. 9.

mayores. El primer día de campaña asistieron alrededor de 100 000 personas y para el último domingo la cifra ya rondaba los 120 000 asistentes. Ese último día 2001 personas aceptaron a Cristo, uniéndose al total de 8822 profesiones de fe en aquella inolvidable campaña en Guatemala.[51]

En febrero de 2000, Yiye regresó a Guatemala para que Dios volviera a usarlo como Él quisiera. Fueron días memorables. Los estadios se llenaban hasta cuatro horas antes de que comenzaran los servicios. Hubo necesidad de poner pantallas fuera de los estadios para que miles de personas que no tuvieron lugar dentro pudieran escuchar el evangelio, al menos desde las calles. Los estadios se abarrotaban con más de 45 000 personas, fuera de los muros se agolpaban entre 3000 y 5000 cada día mientras duró la cruzada. Al final de la campaña, 3141 guatemaltecos recibieron el regalo de la vida eterna. Y miles de cristianos fueron bendecidos por la Palabra poderosa que anima y consuela.[52]

El Salvador. Tanto Yiye como su equipo procuraban proveer las condiciones necesarias para que las personas escucharan la Palabra. La campaña en El Salvador se dio lugar entre el 9 y el 13 de diciembre de 1992. La primera noche hubo alrededor de 50 000 asistentes y 461 almas pudieron acercarse al frente a hacer la oración de confesión. Sin embargo, los siguientes días dispusieron el terreno de manera que las personas pudieran acceder fácilmente a la plataforma para que oraran por ellos. La segunda noche, 788 salvadoreños aceptaron al Señor.

---

[51] Yiye Ávila. (1989). Impacto de Dios a Guatemala. *La fe en marcha*, 1989-3, p. 13.

[52] Yiye Ávila. (2000). Impacto en Guatemala. *La fe en marcha*, 2000-2, p. 13.

Recorrieron varias ciudades de ese país centroamericano, alcanzando en tres días a 2260 almas rescatadas para Cristo. Sin duda, una campaña gloriosa donde Dios se manifestó poderosamente. Aunque tanto Yiye como su equipo ministerial trabajaron arduamente para que esta campaña fuera posible, el Señor Jesús no olvida nuestra labor en el reino.[53]

Honduras. En la capital de Honduras, por tres días consecutivos se vivió una de las campañas más memorables de este país. Comenzó el 4 de abril de 1993 y, al finalizar, 4716 almas habían venido a Cristo. Tan solo el último día, 1918 personas vinieron con un corazón humillado y rendido ante el Señor.[54]

Ecuador. Yiye siempre hacía énfasis en que había que vivir lo que se predicaba. La campaña del 23 de octubre del 2007 fue la oportunidad de manifestar lo que Yiye tantas veces enseñó. Esa campaña evangelística tuvo lugar poco tiempo después de la prueba más dura que nuestro hermano tuvo que vivir, que fue la pérdida de una de sus hijas de una manera desgarradora. El primer evento fue una rueda de prensa, donde muchos periodistas interrogaban a Yiye sobre aquel suceso desafortunado. Él, sin perder oportunidad, aprovechó para hablar acerca del perdón de Dios y la importancia de ser fieles a Él a pesar de las tormentas. Más adelante contaré en detalles este suceso.

Como resultado de aquella campaña, el primer día asistieron más de 17 000 personas y 1289 almas rindieron sus vidas a Cristo. Así se repitió día tras día hasta la última noche donde asistieron alrededor de 50 000 personas, y un total de 2417

---

[53] Yiye Ávila. (1993). Campañas en El Salvador. *La fe en marcha*, 1993-1, p. 13.

[54] Yiye Ávila. (1993). Campañas en Santo Domingo y Honduras. *La fe en marcha*, 1993-3, p. 13.

personas recibieron a Cristo. Entre todos los días de cruzada evangelística, 5024 almas fueron rescatadas de su vana manera de vivir. Algo interesante de esta campaña fue que Yiye se reunió con un grupo de profesionales y hombres de negocios, quienes también necesitaban un encuentro con el Señor Jesús. Aquella tarde, dieciocho personas aceptaron el mensaje de salvación.[55]

Como dato interesante, los coordinadores de estas campañas testifican que las dos de mayor impacto cuantitativo fueron las de Bolivia y Perú. En la de Bolivia se registraron más de 57 000 conversiones, mientras que en la de Perú más de 51 000.

---

[55] Yiye Ávila. (2007). Gloriosa cruzada evangélica en Ecuador. *La fe en marcha*, 2007-1, p. 13.

Capítulo VII

LA PRUEBA MÁS DURA

Pruebas en la vida del creyente

Dios nunca hizo a los cristianos suficientemente fuertes como para sobrellevar las cargas de hoy y las ansiedades de mañana sobre sus propios hombros. De este modo, siempre debemos buscarlo a Él cuando tenemos problemas.

Theodore Cuyler (1822-1909)

Hay muchos testimonios hermosos que he contado hasta aquí. Experiencias de victorias y de milagros, de sanidades, conversiones y avances ministeriales. El creyente es una vasija receptora de maravillas de parte de Dios. Quisiéramos vivir envueltos en esas obras portentosas que nuestro Dios hace. Me encantaría que este trabajo no tuviese que adentrarse en el dolor inmenso que vivió nuestro hermano y consiervo Yiye. Lo que ahora contaré es algo no solo superlativamente difícil de vivir, sino hasta de leer y de contar.

El hijo de Dios es receptor de experiencias hermosas y benefactoras, pero también es receptor de experiencias dolorosas, de adversidades, de tristezas y de circunstancias antagónicas. Atravesamos aflicciones, las cuales evadiríamos si tuviéramos el poder para ello, pero es la voluntad de Dios que enfrentemos a veces grandes luchas y dolor. Claro está, en ocasiones vienen problemas a la vida del creyente como consecuencia de la desobediencia y de la rebeldía. Tal es el caso del rey David cuando pecó estrepitosamente. La Biblia narra paso a paso la crisis espiritual en la que fue descendiendo David. Él fue negligente, ya que codició, adulteró, mintió y cometió homicidio. Todo eso está narrado en el segundo libro del profeta Samuel, capítulo 11. Allí se cuenta la desagradable actitud en la que incurrió este hombre de Dios, cuando se acostó con Betsabé y mandó a matar a su esposo Urías. Betsabé quedó embarazada y el hijo de este pecado tristemente murió. ¡Qué enorme aflicción y tribulación atravesó David! La Biblia habla de este suceso en los siguientes términos:

> Mas por cuanto con este asunto hiciste blasfemar a los enemigos de Jehová, el hijo que te ha nacido ciertamente morirá [...]. Y Jehová hirió al niño que la mujer de Urías había dado a David, y enfermó gravemente. Entonces David rogó a Dios por el niño; y ayunó David, y entró, y pasó la noche acostado en tierra. Y se levantaron los ancianos de su casa, y fueron a él para hacerlo levantar de la tierra; mas él no quiso, ni comió con ellos pan. Y al séptimo día murió el niño; y temían los siervos de David hacerle saber que el niño había muerto, diciendo entre sí: Cuando el niño aún vivía, le hablábamos, y no quería oír nuestra voz; ¿cuánto más se afligirá si le decimos que el niño ha muerto? (2 S. 12:14-29).

Este es un ejemplo de una tribulación a causa del pecado. La razón que la Biblia da para la muerte del hijo de David es el pecado. Hubo sufrimiento como consecuencia de haber hecho lo malo. Así acontece muchas veces en la vida de los que en algún momento desobedecemos. Por lo tanto, ¡no pequemos para no tener que sufrir la consecuencia de nuestro mal!

Sin embargo, también vienen circunstancias difíciles, contrariamente a lo que muchos puedan pensar, como resultado de la fidelidad. Creo que esta prueba que ahora vamos a contar, que les aconteció a Yiye y a su familia, fue producto de la lealtad y la consagración inmensa que tenían. Conociendo la vida de Yiye y su ministerio, creo que fue víctima del segundo tipo de prueba, aquella que acontece por ser fieles, por ser santos, por mantenernos firmes en la fe y por servir con integridad a Dios.

De esto puedo citar muchos ejemplos bíblicos, siendo el mismo Señor Jesús el supremo. Pero usaré otro ejemplo del Antiguo Testamento que se ha convertido en paradigma de los que sufren, como leemos en Santiago 5:10-11, haciendo referencia a este hombre. En el Libro de Job, capítulo 1, encontramos la opinión que Dios mismo tenía de Job. Dicen las Escrituras: *Y Jehová dijo [...]: ¿No has considerado a mi siervo Job, que no hay otro como él en la tierra, varón perfecto y recto, temeroso de Dios y apartado del mal?* (Job 1:8). Job era un hombre íntegro, un hombre apartado del mal. Dios mismo es el que opina de él y, por lo tanto, se trata de una valoración justa y fiel. De manera que este hombre es alguien que con su vida y ejemplo puede glorificar a Dios. Los hombres de Dios muchas veces están sometidos a estados de opinión. La gente puede opinar, diciendo que los que sirven y son fieles a Dios lo hacen porque Dios los ha bendecido y protegido. Así que Dios se propone mostrar a través de Job el calibre de hombres que Él tiene. Que son fieles no solo en la bonanza y en la bendición, sino en las más crudas circunstancias. Dios permitió que este fuera una víctima del ataque de Satanás, quien está siempre disgustado con los fieles de Dios.

Job perdió muchas cosas: sus bienes materiales y también a sus hijos. El texto inspirado recoge el final de la prueba en los siguientes términos: *Entre tanto que este hablaba, vino otro que dijo: Tus hijos y tus hijas estaban comiendo y bebiendo vino en casa de su hermano el primogénito; y un gran viento vino del lado del desierto y azotó las cuatro esquinas de la casa, la cual cayó sobre los jóvenes, y murieron; y solamente escapé yo para darte la noticia. Entonces Job se levantó, y rasgó su manto, y rasuró su cabeza, y se postró en tierra y adoró, y dijo: Desnudo salí del vientre de mi madre, y desnudo volveré allá. Jehová dio, y Jehová quitó; sea el nombre de Jehová bendito* (Job 1:18-21). ¡Qué terrible noticia! ¡Un viento endemoniado se llevó a los hijos de Job! ¡Parece una pesadilla! Cuesta imaginar el momento. Es sencillamente espantoso, es una hecatombe. ¡Dios nos libre de pruebas como estas! Ahora, si bien nos conmociona la noticia, también conmociona la actitud de este hombre de fe e integridad. ¡Él bendijo a Dios, lo alabó y adoró en medio del dolor! Cuando recreo en mi mente tal escena se me pone la piel de gallina. ¡Me estremezco por dentro! Él permaneció fiel en lo más crudo de la prueba. ¡Qué lindas e inspiradoras las actitudes de Job!

Algo que debemos saber es que Job no es alguien que quedó en el pasado solamente, ni que fue algo que le sucedió solo a él. Hay muchos Job que son contemporáneos a nosotros. Nuestro hermano Yiye y su familia son algunos de estos Job de nuestros días, que nos siguen inspirando y siguen glorificando a Dios aun después de partir y estar con Cristo. Hablemos de la enorme prueba de Yiye y luego aprendamos de él.

Un reencuentro con Dios

Si por medio de un corazón quebrantado Dios puede llevar a cabo sus propósitos en este mundo, entonces, ¿por qué no darle las gracias por haber quebrantado el mío?

Oswald Chambers (1874-1917)

Sé que muchos habrán tenido la oportunidad de escuchar ya este impactante testimonio. El mismo Yiye, de hecho, lo contó muchas veces y decía que lo hacía por orientación divina. Decía que Dios lo había mandado a contar lo acaecido con su hija porque, a través de esta amarga experiencia, muchos se iban a salvar. Él repitió el testimonio en muchas ocasiones y en diferentes países. Yiye expresaba que no podía negarle esto a los muchos perdidos para que pudieran encontrarse con Dios, y este fue el caso. Abundancia de personas encontraron la salvación debido a esta desgracia que enalteció la gracia salvadora de Cristo. De manera que lo contaré una vez más y será desde mi perspectiva, pero también procuraré añadir, según el Señor me dé, aplicaciones y reflexiones que nutran y esclarezcan.

Carmen Ilia fue la mayor de las tres hijas de Yiye y Yeya. Se destacaba por sus manifestaciones de amor y ternura hacia su papá. Yiye decía que nadie había sido tan amoroso con él como Ilia. Ella experimentó el poder de Dios desde muy temprana edad, con solo siete u ocho años. En los mismos inicios de la conversión de sus padres, ella degustó la potencia divina cuando el Espíritu Santo se manifestó en su vida con milagros. Dios se manifiesta en los niños cuando les enseñamos y los educamos en la Palabra. El Señor es tan grande que se manifiesta hasta en los más pequeños. El Señor ama a los niños.

Ilia caminó por años con Dios junto a sus padres, pero pasado el tiempo, contrajo matrimonio con un muchacho de la misma iglesia siendo muy joven aún, y se apartó de Dios. La familia toda vivía en Camuy y se congregaba en la Iglesia de Dios Pentecostal. Este evento es triste y lamentable. Por años estuvo desconectada de Dios. Pasó mucho tiempo, y un día, mientras Yiye buscaba a Dios en ayuno y oración, le pasaron por debajo de la puerta un papel donde decía que Ilia viajaría a los Estados Unidos, pero que antes quería verlo. En esa conversación Yiye le manifestó su asentimiento y respaldo para el viaje, comprometiéndose a orar por ella. Ilia fue a vivir a los Estados Unidos, de donde no regresó nunca más a Puerto Rico.

Años más tarde, mientras Yiye hacía la obra de Dios, en una campaña en Bolivia, lo contactaron unos pastores de Miami, Florida, para que a su regreso pudieran reunirse en el mismo aeropuerto. Le adelantaban que en esa reunión tendría buenas noticias, algo que le produciría mucho gozo. Desde el momento en que le expresaron esto, el mismo Yiye testificaba que sintió la presencia de Dios y los hermanos del ministerio que lo acompañaban experimentaron también la acción divina a través de los dones. Lo que venía a la mente de Yiye era su hija Ilia. Él sentía que algo muy bueno estaba sucediendo con ella. Al llegar a Miami, supo de la boca de la misma Ilia que el Señor la había rescatado. Había tenido un encuentro con Dios que volvió a ponerla en el camino de la vida. Fue un encuentro muy emotivo. Toda la noche la pasaron hablando de las experiencias con Dios.

Los días subsiguientes hablaban alto y claro acerca de la seriedad con la que Ilia estaba buscando a Dios. Ella estaba quebrantada y tomando forma en las manos del alfarero divino. Las visitas que, posteriormente, Yiye hizo a Miami para realizar campañas contaban con la presencia de su hija Ilia y de su esposo Rafael. Durante ese tiempo Ilia cursaba estudios bíblicos en el instituto de su iglesia, para equiparse para los planes que tenía de servir a Dios.

Cuadro de Yiye Ávila

Yiye y Yeya

Sus hijas. De izquierda a derecha: Noemí, Doris e Ilia.
(Noemí e Ilia, morando con el Señor)

La unidad pastoral era un requisito para celebrar una campaña

Nicaragua vio algunas de las campañas más grandes

Daniel Ortega honró su ministerio en Nicaragua

Con el presidente de Paraguay, el general Stroessner

El gobernador Romero Barceló junto a Yiye Ávila

El gobernador de Puerto Rico, Dr. Pedro Roselló, le abrió las puertas de las cárceles

La gobernadora Sila María Calderón lo recibió en la Fortaleza

Hon. Aníbal Acevedo Vilá
Gobernador de Puerto Rico 2005

Evangelista
Yiye Ávila

Junto al gobernador Aníbal Acevedo Vilá

Entre amigos: Yiye, Mottessi y el Hno. Pablo

Yiye fue muy estricto al tomar los nombres a cada convertido

Yiye se mostró incansable

El estadio en Puerto Rico lleno a capacidad

Desde los inicios las multitudes llenaron estadios

Yiye llevó sus campañas a los barrios más pobres de Estados Unidos

Miles de vidas salvadas en la República Dominicana

Dios mostró su gloria en las mayores necesidades

El llamado a conversión fue siempre específico

Multitudes en cada país centroamericano

Multitud de enfermos llegaban a cada culto

El momento de la conversión era lo más importante para él

Hizo uso de traductores en muchos países

Estadios llenos a capacidad en cada país suramericano

Evangelista Yiye Ávila
Presidente / Fundador
Ministerio Cristo Viene y CDM Internacional

Las victorias espirituales disgustan al maligno. Una vez que comenzaron los avances espirituales en la vida de Ilia, vino la lucha espiritual. El matrimonio se desajustó. Al mismo tiempo, ella dejó de congregarse. ¡Qué error! Cuando aparecen las luchas espirituales y hay antagonismo es cuando más hay que perseverar en el camino espiritual, cuando más hay que congregarse. Este error lo cometen muchos. El debilitamiento espiritual se agudiza y nos separamos de los medios de gracia, tales como la predicación, la fraternidad, la adoración conjunta y otros que son instrumentos de Dios para restauración.

La fricción entre ella y su esposo llegó al punto de que él la maltrató físicamente. Ilia decidió separarse y le pidió a su esposo que abandonara la casa. Aunque él se fue, no estaba de acuerdo con la decisión y lo hizo con amargura y resentimiento. Y allí se desató lo peor.

Un suceso desgarrador

La vida cristiana es una dura batalla, llena de peligros, en la que no podemos relajarnos sin sufrir alguna pérdida.

Ulrico Zwinglio (1484-1531)

En la tarde del lunes 23 de enero de 1989 acaeció algo pavoroso. Rafael, bajo los efectos del alcohol, en total embriaguez, regresó a la casa, y los niños de trece y catorce años lo dejaron entrar. Generalmente los niños no están pensando que les van a causar algún mal, no es natural que los niños estén precaviendo posibles peligros. Este hombre venía con malas intenciones, venía a causar gran dolor. Me imagino que debía estar bajo fuerzas satánicas que le impelían a actuar. El pecado y el demonio enceguecen. Se escondió en la casa, específicamente en el closet del cuarto, hasta que Ilia llegó del trabajo para llevar adelante su pérfido y pernicioso cometido.

Una vez que ella entró a la casa, agotada después de la jornada laboral, no esperó para tirársele encima con un cuchillo y propinarle 36 puñaladas. Al oír los gritos de desesperación de su mamá, los niños corrieron para apartarlo, pero lejos de lograrlo, terminaron con sus manos heridas. Posteriormente este hombre se dio a la fuga, yendo a parar a la casa de un amigo, donde se escondió.

Estando escondido, se deshizo de la ropa ensangrentada. Actuaba fríamente. Para ese entonces aquel hombre continuaba sin derrumbarse, seguía con la dureza de un monstruo insensible. Parecen sucesos sacados de una película, pero son de la vida real. Describen la gravedad del pecado en los seres humanos. Describen hasta dónde puede escalar la maldad de los hombres que se desconectan de Dios y actúan por su cuenta.

El pecado es un mal potencial. Todos los hombres son pecadores y tienen la capacidad de cometer actos de maldad inimaginables. No todos llegan a expresar el pecado en su grado máximo, pero en todos los que caminan sin Dios existe la posibilidad de realizar actos inescrupulosos y terroríficos. El texto bíblico que viene a mi mente, al pensar en esto, es aquel que describe el estado caído de los seres humanos en la Epístola a los Romanos capítulo 3, cuando expresa: *Sus pies se apresuran para derramar sangre* (Ro. 3:15). Al mismo tiempo que este hombre huía y trataba de ocultar su fechoría, una vecina de Ilia avisó a la policía. Los llevaron al hospital, a Ilia y a sus dos hijos, que para esta hora estaban devastados. Allí ella fue declarada fallecida. Los niños fueron curados de las heridas en sus manos, pero el dolor que se les había provocado no podía curarse en un hospital. No hay palabras que puedan expresar el dolor que esto les debe haber causado.

Inicialmente la noticia le llegó a Yiye, quien luego compartió con Yeya y con la familia el terrible suceso. Él había estado trabajando en la oficina ese día hasta la noche y, mientras oraba, como a las nueve, llamaron a la puerta algunos hermanos del ministerio que le expresaron el doloroso suceso. La primera reacción de Yiye fue negación, pensaba que aquello no podía ser. Lo que venía a su mente eran los momentos en donde los había visto alabando a Dios, donde los había visto gozándose. Pensaba también en todos los logros espirituales que habían tenido. ¿Cómo era que estaba pasando algo así ahora?

Pensando y orando, se reiteró la noticia ahora a través de la indeseable llamada de un detective de Miami con el devastador mensaje. En esta ocasión tuvo que sobreponerse a las circunstancias para suministrar ciertas informaciones que el detective le pedía. El detective le había adelantado que probablemente la sentencia que le tocaría al asesino sería la silla eléctrica, y eso llegó a inquietar mucho a Yiye.

Un hombre de oración como Yiye se lanzaba a los brazos del Señor buscando respuestas y consuelo. Él se expresó en los momentos de oración que siguieron a la noticia, a puro llanto; gimió y hasta gritó en la presencia de Dios. En aquella comunión Dios le decía: *¡Se fue conmigo!, ¡la salvé!* ¡Qué preciosa esperanza la del cristiano, la del hijo de Dios! La Palabra de Dios declara palabras hermosas acerca de la muerte de los creyentes: *Estimada es a los ojos de Jehová la muerte de sus santos* (Sal. 116:15). Los textos bíblicos que, en ocasiones, usó para orar por Ilia pasaban por su mente, trayendo interrogantes, consuelo y esperanza.

Yiye tenía pendiente ahora ser el portavoz de las malas noticias, y pensaba lo difícil que sería. Cuando entró a su casa no sabía cómo empezar a comunicar el desastre que había ocurrido. Miró a su mamá y no se atrevió a decirle, así que fue al cuarto donde estaba Yeya con Noemí. Allí, con voz entrecortada, les contó la novedad.

La descripción que Yeya misma hace de la recepción de la notica es esta: «…cuando llegó hasta mis oídos tan atroz noticia, sentí que mi respiración se cortaba y que me partían el alma en mil pedazos…».[56] Creo que no podía ser diferente, no podía ser para menos. El dolor tiene que haber sido inefable. ¡No puedo ni imaginar!

Desde aquella noche Yiye proclamó ayuno y se propuso permanecer en la búsqueda del rostro de Dios hasta que recibiera indicaciones y respuestas. La primera respuesta que buscaba de parte de Dios estaba relacionada con el hombre que había dado muerte a su hija. Decía que tenía compasión de este hombre, se sentía responsable por él. Iba a clamar por la salvación de él hasta que algo ocurriera. Quería que Dios rompiera toda traba del diablo sobre él, lo perdonara y lo salvara. También le pedía a Dios que pusiera amor en él por este hombre, porque estaba estrecho en sus sentimientos. La segunda respuesta que Yiye iba a buscar en oración y ayuno estaba relacionada con lo que él debía comunicarle al pueblo de Dios, porque entendía que debía rendir cuentas al pueblo. Necesitaba que Dios le hablara para saber cómo tratar el asunto en relación con el ministerio.

A las cuatro de la mañana, apenas a unas horas de la noticia, salieron Yeya, Noemí, su nieto y Yiye al aeropuerto para buscar el cuerpo de Ilia. En Miami tuvieron que hacer un cúmulo de gestiones, que contó con la ayuda de hermanos en la fe que colaboraron incesantemente.

---

[56] Talavera, *Fuimos llamados, mi vida y caminar junto a Yiye Ávila*, p. 114.

En el funeral

Los funerales de los piadosos son solo los funerales de sus pecados, fragilidades y debilidades. No es el hombre el que muere, sino el pecado.

THOMAS MANTON (1620–1677)

Cuando llegué al funeral de Ilia, no solo yo sino muchos de los allí presentes nos estábamos preguntando: *¿Quién habría de predicar?* Entre los presentes había gran cantidad de pastores y evangelistas. Junto a mí estaban sentados dos de los evangelistas más reconocidos de la isla. Yiye se acercó a nosotros y nos dijo: «Yo hubiese querido que uno de ustedes predicara hoy, pero el Señor me dijo que yo tenía que predicar». A mí me impresionó escucharlo decir aquello. Conversábamos entre nosotros, y yo confesaba a los que me rodeaban: «Yo no tendría la fuerza para predicar en el entierro de mi hija». ¡Qué carácter! ¡Qué fuerza tiene este hombre para poder hacer algo como eso! Yiye fue el predicador en el funeral de su propia hija. Dios le dio el mensaje que debía predicar.

Durante el servicio participaron varios invitados. Cuando Yiye tomó el micrófono para predicar, entre varias historias que contó, narró los detalles acerca de cómo él había recibido la noticia, dónde estaba y cómo reaccionó ante la novedad de la muerte de su hija. Compartió acerca de su viaje a la ciudad de Miami para identificar el cadáver. Recordó cuando tuvieron que ir a la funeraria y que, estando ya en la morgue, lo llevaron a un lugar del cual sacaron una bandeja, una enorme bandeja, y sobre la bandeja una bolsa. Con una fortaleza inexplicable, detallaba cómo descorrían el cierre de aquella bolsa para descubrir lo que, en las propias palabras de Yiye, se encontraba: «el cuerpo de mi muchachita agujereado…».

Con gran sinceridad, Yiye confesó que el diablo intentó poner en él pensamientos negativos contra el agresor que había acabado con la vida de su hijita de tan despiadada manera. Sin embargo, gritó con fuerte voz, para que todos los que estábamos presentes en el funeral escucháramos, no con sus labios sino desde su corazón, lo que previamente había exclamado en la morgue frente al cadáver de su hija: «Yo levanté mis manos al cielo y grité: ¡Yo lo amo y lo perdono!».

Cuando el hermano Yiye hizo esa declaración, se sintió algo impresionante entre los presentes. Aquel edificio fue estremecido. Nos sentíamos confrontados, porque Puerto Rico atravesaba por un momento oscuro entre los líderes cristianos. Había tensiones, discrepancias y acusaciones.

Fue en ese contexto donde Yiye dio un ejemplo de madurez cristiana, un ejemplo de perdón. Era como si Dios estuviese hablando y corrigiendo mediante ese acto aquella situación penosa. También estaba vindicando la causa de Dios y a la iglesia misma frente a aquellos que podían estar hablando mal a causa de los malos testimonios. Ahora uno de nuestros evangelistas atravesaba uno de los momentos más difíciles que un hombre podía enfrentar: el asesinato de su hija mayor. Aun así, sus palabras eran: «Yo lo amo y lo perdono», refiriéndose claramente al asesino de su hija.

A mi lado se encontraba un famoso predicador que, cuando Yiye hizo esta declaración, se agachó como un niño que quiere esconder su rostro por el dolor y el llanto, pero yo podía ver las lágrimas que caían sobre sus lentes. Vi cómo sus lentes se llenaban de lágrimas y de allí caían al suelo. Aquel hombre estaba deshecho. Nunca olvidaré sus palabras cargadas de dolor y desesperación, clamando: «¡Ay, Dios mío!». Estoy seguro de que aquel hombre se compadecía de Yiye y reconocía que él no podía ni siquiera pensar en atravesar algo similar sin clamar por auxilio divino.

Del otro lado, otro famoso predicador reaccionaba de forma completamente diferente. Cuando Yiye dijo: «Yo lo amo y lo perdono», este comentó: «Yo lo mato». Obviamente estos dos hombres representaban dos posibles reacciones ante una situación como esa. Por un lado, el compromiso de amor del hermano Yiye, y por el otro el que resiste y dice: «Bueno, yo no soy así, yo actuaría de otra forma».

Al terminar la predicación, como hacía en cada una de sus campañas, no desaprovechó la oportunidad para invitar a los presentes a aceptar a Cristo como Señor y Salvador. ¡Y qué bueno que lo hizo porque allí se convirtió el hijo mayor de Ilia! Al terminar la predicación su abuelo pasó al frente y, junto a él, otras siete personas recibieron a Cristo aquel día.

Yiye tenía planificada una campaña en la República Dominicana que, después de la muerte de su hija, muchos pensaron no la realizaría; sin embargo, fue contra todo pronóstico, y allí se convirtieron 17 000 personas. En medio de su dolor, se puso sin condiciones en las manos de Dios y el Señor lo usó grandemente.

Hay perdón

El pecado que subyace a todos nuestros pecados es confiar en la mentira de la serpiente, de que no podemos confiar en el amor y la gracia de Cristo y que debemos tomar las cosas en nuestras manos.

Martín Lutero (1483-1546)

Al mes de haber partido Ilia con el Señor, todavía estando el dolor a flor de piel, de la Florida llamaron a Puerto Rico porque comenzaría el proceso de juicio. Yeya estuvo muy activa en ese proceso. Viajó a Florida para que pudieran entrevistar a sus nietos, que eran menores de edad, e inevitablemente, tenían que participar de ese proceso doloroso.

En esta ocasión, Yeya quiso ir a ver a Rafael, ¿pueden creerlo? Sí, por increíble que parezca, ella fue la primera en visitar al asesino de su hija para ofrecerle el perdón. Ella le manifestó este deseo al detective, quien hizo algunas gestiones y llamadas para posibilitar esta difícil visita. Finalmente, el detective encontró la cárcel adonde estaba recluido Rafael y la llevó al lugar. Era la cárcel de Boca Ratón. Estando ya en el predio, no la querían dejar entrar por razones obvias. Yeya era parte de las personas dañadas por este hombre, de manera que lo normal era que no tuviesen contacto. El detective tuvo que expresar al encargado de la cárcel que Yeya era cristiana y que venía a perdonarlo. Dijo que eran personas que vivían lo que predicaban. ¡Qué lindo cómo el Señor usa sucesos tan dolorosos y difíciles para que el evangelio sea anunciado! Fue de esta manera que dejaron que se diera el encuentro. Fue a través de un grueso cristal, y mediante un teléfono, mientras era custodiada y vigilada rigurosamente por un policía que empuñaba un arma larga. Rafael estaba del otro lado, y estuvo todo el tiempo con la cabeza baja y llorando, mientras Yeya procuraba verle la cara. Tuvo que doblarse y mirarlo desde abajo para que él subiera la cabeza, mientras continuaba llorando. En ese momento pudo hablarle y expresó lo siguiente:

> Rafael, vengo a perdonarte por haber matado a mi hija. Tú conoces la Palabra del Señor, pues asistías a una iglesia evangélica. Además, tú fuiste a estudiar a un instituto donde te explicaron la Biblia. Ahora, tú sabes que matar es pecado. Así es que te corresponde a ti pedirle perdón a Dios por lo que hiciste, pues tu salvación depende del Señor. Por mi parte estás perdonado. Dios te bendiga.[57]

---

[57] Ibid., p. 119.

El encuentro entre Yeya y Rafael fue como de media hora aproximadamente. Al finalizar la conversación, se despidieron poniendo las manos los dos sobre el cristal que los separaba. ¡Qué valor el de Yeya! ¡Qué acto de obediencia!, ¿verdad? Al salir de aquel momento, Yeya pensaba que iba a derrumbarse, parecía que sus piernas no la iban a soportar más y tuvo que detenerse y descansar en la puerta. Ella acababa de salir de una lucha espiritual y, aunque triunfante, cuando hay lucha hay agotamiento y hasta el cuerpo se resiente.

Además de la visita de Yeya, vino luego la de Yiye. Después de una intensa búsqueda de Dios y de muchos días de ayuno, Yiye finalmente acudió a la cárcel para ver a Rafael, su yerno, el cual se espantó, testifica el mismo Yiye, al verlo. Y él replicó: «¡No te espantes que yo te amo!». No es para menos que se asustara. Todos los que tienen hijos saben lo que eso significa. El amor de los padres por los hijos es algo indescriptible. Aquel hombre se había convertido en enemigo de la familia de Yiye. Lo normal, desde la perspectiva humana, era que este hombre se hubiese convertido en alguien indeseable y repugnante para Yiye y Yeya. Sin embargo, ¡qué episodio tan dramático y lleno de amor! Yiye no había ido hasta la cárcel para reclamarle, ni hostigarlo, ni amenazarlo. Fue allí a manifestarle que lo amaba y lo perdonaba. Le dijo que buscara a Cristo, que ahora Ilia estaba en el cielo y que el problema lo tenía él por estar lejos de Dios.

¡Cuán poderoso suceso! Yiye mostró a Cristo en aquel día.

> Porque Cristo, cuando aún éramos débiles, a su tiempo murió por los impíos. Ciertamente, apenas morirá alguno por un justo; con todo, pudiera ser que alguno osara morir por el bueno. Mas Dios muestra su amor para con nosotros, en que siendo aún pecadores, Cristo murió por nosotros (Ro. 5:6-8).

Aquel hombre, con abundantes lágrimas en sus ojos, recibió aquellas palabras de Yiye y se reconcilió con Dios. He aquí dos milagros poderosos. Un milagro de perdón sobre alguien que no lo merece. Algo antinatural para el hombre pecador era aquello que Yiye estaba haciendo. El otro milagro era el de un hombre con corazón de piedra que llora y se arrepiente de su pecado.

Dios cambia los corazones más duros y los sensibiliza, provocando cambios drásticos. Esa no fue la única visita que Yiye hizo en la cárcel. La vez siguiente lo encontró firme en el Señor y sirviéndole en la cárcel. En esa segunda ocasión, abrazó a Yiye y le dijo: «Si tú me hubieras dado la espalda me habría perdido, pero al verte allí con aquel amor yo sentí fuerzas para seguir adelante». Allí en la cárcel, Rafael ora y ayuna constantemente y es instrumento de Dios, hablando del mensaje de la misericordia de Dios.

En octubre de 1989 comenzó el juicio y el jurado, unánimemente, lo declaró culpable. Era un homicidio en primer grado. La sentencia era muy severa, pues era la silla eléctrica lo que se pedía para Rafael. Cuando se le preguntó a la familia sobre esta sentencia, todos fueron unánimes y rotundos al negarse a la misma. El perdón que le habían ofrecido estaba llegando con una oportunidad de vida para Rafael.

¡Qué lindo es el perdón que llega dándonos una nueva oportunidad! Así mismo es el perdón que Dios nos ha dispensado. De una sentencia tan severa de muerte, cambió a cadena perpetua. En el plano diabólico se dispensa el mal por el bien recibido; en el plano humano es bien por bien y mal por mal; pero en el plano divino es bien por el mal recibido. Estas acciones se dieron en el plano de Dios; fue algo sobrenatural lo que se vivió en medio de esta experiencia.

El perdón de Dios

Ser cristiano significa perdonar lo inexcusable en otros porque Dios perdonó lo inexcusable en ti.
CLIVE STAPLES LEWIS (1898-1963)

Yiye y Yeya nos retan. Cuántos creyentes viven a veces en discordia, divididos con la familia y sus hermanos en la fe, o quizá guardando amargura en el corazón por alguna mala acción que les hicieron. Si algunos de esos creyentes hubiesen tenido que dar un consejo a Yiye o a Yeya, ¿qué le habrían recomendado hacer en tan difícil situación?

El famoso escritor Neil T. Anderson, hablando sobre guerra espiritual, manifiesta: *La mayor parte del terreno que Satanás gana en la vida de los cristianos se debe a la falta de perdón. Se nos advierte que perdonemos a los demás para que Satanás no pueda ganar ventaja sobre nosotros…*[58] La falta de perdón es algo que Satán toma como estrategia para debilitarnos y vencernos. No debemos ignorar las pericias del maligno. El apóstol Pablo expresa en esta dirección: *Y al que vosotros perdonáis, yo también; porque también yo lo que he perdonado, si algo he perdonado, por vosotros lo he hecho en presencia de Cristo para que Satanás no gane ventaja alguna sobre nosotros; pues no ignoramos sus maquinaciones* (2 Co. 2:10-11).

Neil Anderson hace algunos señalamientos en relación con el perdón. En primer lugar, expresa: *Perdonar no es olvidar.* Mucha gente descubre que no puede sacar de sus recuerdos los hechos que la hirieron. Y los que expresan que perdonar es olvidar apelan a textos bíblicos, como Hebreos 10:17, que

---

[58] Neil T. Anderson, *Cómo ganar la guerra espiritual.* Medley: Editorial Unilit. 2016, p. 57.

dice: …*Y nunca más me acordaré de sus pecados y transgresiones.* Sin embargo, debemos procurar entenderlo bien, porque la realidad es que Dios es un ser omnisciente y, por lo tanto, esto significa que no usará más los pecados en contra de nosotros. Podemos estar seguros de que Yiye y Yeya, después de perdonar a su ofensor, tuvieron muchos momentos en que su mente divagó en pensamientos terribles del momento de la tragedia, pero su perdón fue genuino y evidenciado de mil maneras.

En segundo lugar, dice Neil, *el perdón es una decisión*. Los imperativos divinos se pueden cumplir con la ayuda del Espíritu Santo. Si esto no fuera así Dios estaría burlándose de nosotros. La Biblia dice: *Soportándoos unos a otros, y perdonándoos unos a otros si alguno tuviere queja contra otro. De la manera que Cristo os perdonó, así también hacedlo vosotros* (Col. 3:13). Aquel que quiera obedecer a Dios y ser beneficiado con el perdón divino ha de tomar la decisión de perdonar, y Dios hará provisión de fuerza para que lo pueda hacer.

En tercer lugar, *perdonar es decidir vivir con las consecuencias del pecado de la otra persona*. Perdonar es pagar un alto precio, pero vale la pena. Las consecuencias estarán, perdonemos o no. De manera que es mejor tener la paz y la bendición de perdonar a fin de ser sanados nosotros y no vivir en amargura.

El perdón trae liberación. Jesús lo hizo así y debemos seguir su ejemplo: *Y Jesús decía: Padre, perdónalos, porque no saben lo que hacen. Y repartieron entre sí sus vestidos, echando suertes.* El Señor tuvo un corazón perdonador a favor de los que le hacían daño.[59]

Añado entonces otras verdades espirituales en cuanto al perdón. Sin dudas, son muchísimas las enseñanzas que nos pueden bendecir en cuanto al perdón. Quiero señalar algunas más a partir de la Palabra y de la misma experiencia de Yiye.

---

[59] Ibid., p. 57-59.

El perdón es la iniciativa de Dios, no del hombre. El Señor vino a perdonar y a dar una nueva oportunidad, sin que nosotros le hayamos pedido tal cosa: *En esto consiste el amor: no en que nosotros hayamos amado a Dios, sino en que él nos amó a nosotros, y envió a su Hijo en propiciación por nuestros pecados* (1 Jn. 4:10). Muchas personas esperan que el ofensor se humille para concederles el perdón, pero el Señor ha enseñado que esta no es la actitud correcta. La iniciativa la tiene que tomar el que va a ofrecer su perdón. Tanto Yiye como Yeya fueron a la cárcel y le manifestaron su perdón a este hombre. Ellos asumieron la actitud del cielo dando el primer paso.

Otro texto de la Palabra de Dios nos instruye en este sentido: *Por tanto, si tu hermano peca contra ti, ve y repréndele estando tú y él solos; si te oyere, has ganado a tu hermano* (Mateo 18:15).

Debemos tener en cuenta que perdonar no es una opción dentro de muchas otras. El perdón es un deber, es un imperativo divino que no podemos eludir si no deseamos ser infieles a Dios. El Señor Jesús nos enseñó en la oración modelo, diciendo: *Y perdónanos nuestras deudas, como también nosotros perdonamos a nuestros deudores* (Mt. 6:12). Un requisito o condición para ser receptor del perdón divino es que nosotros perdonemos a nuestros deudores. El perdón debe ser a los no creyentes y también a los hermanos en la fe. Aun después de ser salvos podemos pecar y seguiremos necesitando el perdón de Dios. A aquellos que el Espíritu Santo ha convencido de pecado, y luego recibieron el perdón, saben de la abundancia del amor y la misericordia de Dios al conferirles el perdón. De esta manera deben conceder abundante perdón a su prójimo que los ha ofendido. Cuando indagué los días que precedieron a la manifestación del perdón de Yiye y Yeya hacia el ofensor, descubrí que no perdonar nunca fue una opción para ellos.

El perdón es renunciar a la venganza. La Palabra de Dios dice: *No os venguéis vosotros mismos, amados míos, sino dejad lugar a la ira de Dios; porque escrito está: Mía es la venganza, yo pagaré, dice el Señor* (Ro. 12:19). Aquellos que hagan lo malo recibirán su merecida retribución mediante la justa mano de Dios. Cuando nosotros tomamos la justicia en nuestras manos resulta en más injusticia, porque la venganza es desproporcional. El Señor manda que perdonemos y que dejemos todo en sus manos. Yiye y Yeya hubiesen podido querer que este hombre fuera a la silla eléctrica, pero tampoco optaron por buscar dolor y muerte para este hombre. Ellos asumieron la opción más llevadera que estaba en sus manos.

El perdón es la respuesta de amor y bien hacia aquel que nos ha hecho mal. De esto habló Jesús al expresar: *...Amad a vuestros enemigos, haced bien a los que os aborrecen; bendecid a los que os maldicen, y orad por los que os calumnian* (Lc. 6:27-28). Es un mandamiento divino amar al prójimo independientemente de si nos ha hecho bien o mal.

El perdón es un ciclo infinito. *Entonces se le acercó Pedro y le dijo: Señor, ¿cuántas veces perdonaré a mi hermano que peque contra mí? ¿Hasta siete? Jesús le dijo: No te digo hasta siete, sino aun hasta setenta veces siete* (Mt. 18:21-22). Pedro comprendía que debía perdonar al que había pecado en contra de él, comprendía que debía buscar la reconciliación, y por eso le preguntó cuántas veces debía buscar tener esta actitud de misericordia. Planteó en términos cuantitativos la oferta del perdón en siete oportunidades. Quizá pensó que iba a recibir alabanza por eso. En su lugar, el Señor Jesús multiplicó el número, elevándolo a 490 veces, para indicarle que el perdón es un estado del corazón, no una cuestión de cálculo.

La conclusión obvia es que el perdón debe buscarse siempre y sin límites. Debemos perdonar siempre. Creo que eso era lo que había en Yiye y Yeya, una actitud continua, un estado del corazón. Sus corazones eran de amor y de perdón hacia los ofensores, de lo cual este hombre que mató a su hija era solo un ejemplo. Si no hubiera sido así no habrían podido trabajar en pos de los muchos pecadores que se salvaron en sus campañas.

La prueba continúa

La paz no viene por la ausencia de problemas sino por la presencia de Dios.

ALEXANDER MACLAREN (1826-1910)

Yiye tuvo que experimentar el dolor de ver partir de este mundo no solo a una, sino a dos de sus hijas. La segunda hija de Yiye, Iris Noemí, fue otra de sus hijas que se fue de este mundo de manera prematura. Con solo 56 años, partió para estar con Cristo.

Quizá por la condición en la que estaba Yiye para el momento en que recibió tan triste noticia no aludió mucho a este suceso. Yiye había experimentado un derrame cerebral y estaba limitado. Si no hubiese sido así, quizá tendríamos más información. Estoy seguro de que sobre este evento también hay experiencias espirituales y un trato especial de Dios. Creo que Él otra vez obró de mil maneras para consolar y bendecir a Yiye y a Yeya en esta nueva etapa de dolor.

Noemí estudió enfermería muy joven y trabajó por algún tiempo en esta profesión en el municipio de Bayamón. Pero, respondiendo al llamado de Dios, abandonó esta labor para obedecerlo. Fue una poderosa predicadora, misionera, evangelista, consejera y más. Fue usada abundante y efectivamente por Dios. Yiye daba testimonio de la manera en que Dios usaba a su hija. Hablaba de las muchas conversiones que se producían y de cómo él la animaba a continuar adelante.

Noemí contrajo matrimonio con un joven venezolano y se fue a vivir a Venezuela, en donde desarrolló grandemente su ministerio. Tuvo tres hijos, Miguel, Sulabel y Sunaholy. El primero nació en Puerto Rico, los otros dos en Venezuela. Tanto en Venezuela como en Puerto Rico fundó iglesias, a las que atendió con mucha dedicación.

Cada vez que regresaba de sus viajes a Venezuela desarrollaba una obra filantrópica. A todo el que tenía necesidad le suministraba alimento, ropa, juguetes para los niños y cualquier otra provisión según tuviese la posibilidad.

El triste suceso ocurrió yendo de Venezuela al Perú, donde tenía un compromiso: una campaña evangelística. Se produjo un accidente automovilístico en la carretera de Maturín hacia Añasco. ¡Qué terrible para Yiye y Yeya tener que escuchar el fallecimiento de otra hija!

Cuando recibe la noticia

No tendrá temor de malas noticias;
su corazón está firme, confiado en Jehová.
Salmos 112:7

Cuando me llegó la noticia de que Noemí había muerto en un accidente automovilístico en Venezuela, yo estaba de viaje, así que al llegar me trasladé a la residencia del hermano Yiye. Allí me encontré con Ito Tavares. Este hermano es uno de los primeros miembros que tuvo el famoso escuadrón *Cristo Viene,* que permanece hasta el día de hoy. Él fue quien me contó los detalles sobre aquel fatídico accidente.

Después de escuchar lo que para mí aún parecía una pesadilla, comencé a averiguar cómo estaba Yiye ante esta noticia. Mi pregunta fue: «¿Cómo reaccionó el hermano Yiye cuando le contaron sobre la muerte de Noemí? ¿Qué ha dicho después de saberlo?». Mi preocupación era porque, para ese entonces, su estado físico estaba un poco deteriorado debido a su avanzada edad. Ito entendió mi preocupación, porque a ellos también les inquietaba cómo lo habría de tomar, y si sería capaz de recordar al otro día con detalles que Noemí había muerto o si lo olvidaría, porque en aquellos momentos Yiye ya estaba sufriendo de pérdida de memoria. Se olvidaba de las cosas debido a su edad avanzada. El hermano Ito me dijo que, aunque le habían dicho todo lo acontecido, Yiye guardó silencio y no comentó nada. Se retiró con cierta tristeza, obviamente, pero sin referir palabra alguna.

Al otro día, como de costumbre, se celebró un tiempo de oración como cada mañana. El edificio que pertenece al ministerio donde están las oficinas tiene un salón de reuniones desde donde se transmiten los cultos y los mensajes de Yiye. En ese lugar se ora a las cinco de la mañana día tras día. Desde un tiempo antes ya hay gente allí orando, y aquel día no fue diferente a pesar de las novedades. Todos pudieron verle llegar como de costumbre. Pero, en esta ocasión, el gran interrogante que tenían los miembros del equipo era si Yiye recordaba la noticia que le habían dado el día anterior acerca de la muerte de Noemí.

Yiye llegó y se arrodilló como de costumbre. Había decenas, o tal vez veintenas, de personas allí para orar por un período de tiempo. Yiye se levantó de su oración, los llamó a todos para orar juntos y les hizo saber que él tenía una petición especial por algo que había sucedido. Todos fueron estremecidos al escuchar el interesante razonamiento del anciano: «Quiero pedirles que oren por mi hija menor, Doris, porque las otras dos ya están seguras en el cielo». De esa manera, les dio la noticia de que Noemí había partido con el Señor y que él estaba no solo consciente de su partida, sino también reconfortado por la seguridad de saber que tanto Ilia como Noemí estaban en el cielo, gozando de la vida eterna con su Padre celestial. Su única preocupación ahora era Doris; las otras dos ya estaban en las moradas celestiales.

Yiye no le reclamó a Dios, no manifestó incomodidad con su Señor, ni preocupación porque Noemí había partido con su Padre. Su comentario obedecía a una convicción profunda de que sus hijas ya estaban en la presencia de Dios. Esta realidad, lejos de dolerle, le producía el gozo y la convicción de saber que estaban con Dios, que pronto las volvería a ver y que su única preocupación ahora era por la que quedaba viva, Doris.

Unas palabras sobre la muerte

Cuanto más fuerte sea tu fe, mayor será tu confianza en que podrás vencer las artimañas del diablo. En este empeño, también te ayudará saber que lo que estás pasando es algo común para la comunión de todos los cristianos en el mundo entero. Desde el principio de los tiempos, la suerte de los justos ha sido sufrir, y qué vergüenza sería si fueras el único incapaz de soportarlo.

Beda, el Venerable (673-735)

Tanto la muerte de Ilia como la de Noemí nos llevan a pensar. Nos dan pie para muchas reflexiones acerca de los sucesos tristes y dolorosos de este mundo, como también sobre nuestros propios caminos delante de Dios. No sabemos cuál será el día en que partiremos de este mundo. La muerte es algo que nos ocurrirá a todos y en cualquier momento, a no ser que Cristo regrese antes. Algunas veces experimentaremos el dolor y el sufrimiento de ver partir a los que amamos. Sufriremos, aunque sepamos que estarán mejor, que estarán con Cristo y que nos reencontraremos con ellos.

Cuando suframos por alguien que fue un auténtico hijo de Dios, debemos tener en claro que lo volveremos a ver. La tristeza no puede llevarnos al extremo de no continuar adelante cumpliendo los propósitos de Dios para el tiempo que nos toca vivir. El apóstol Pablo, inspirado por el Espíritu Santo, expresó: *Tampoco queremos, hermanos, que ignoréis acerca de los que duermen, para que no os entristezcáis como los otros que no tienen esperanza* (1 Tes. 4:13). Está claro que el texto bíblico admite que nos vamos a entristecer por aquellos amados creyentes que mueran, pero no será como los que están sin Dios. Será una tristeza con esperanza y consuelo. Esto, por supuesto, no se ajusta a cuando el que parte no es un creyente. En tal caso se necesitará apelar a la obra milagrosa del consuelo que solo Dios pueda dar. El Espíritu Santo es nuestro consolador y a Él se debe remitir cualquier persona que está atravesando dolor y duelo. El Señor Jesús prometió la presencia de este Consolador a sus seguidores: *Y yo rogaré al Padre, y os dará otro Consolador, para que esté con vosotros para siempre* (Jn. 14:16). Mientras haya vida procuremos llevar a nuestros seres queridos a Cristo, para que cuando se termine su estancia terrenal todos puedan disfrutar del consuelo y la esperanza gloriosa de la vida eterna.

Eso fue lo que hizo Yiye, llevar a sus hijas a Cristo. Por esa razón su dolor fue diferente, fue un dolor atenuado por la salvación en Cristo que sus hijas tenían. El disfrute de ser hijos de Dios nos da paz con respecto a aquellos que amamos y nos da la paz de saber que nosotros mismos, al enfrentar esta dura realidad, pasaremos a una mejor vida. Una vida superior con Cristo en el cielo.

Otro aspecto importante es que cuando pasamos por la experiencia de ver partir a los nuestros, el dolor y la manifestación exterior de ese sufrimiento es inevitable. La Biblia refleja las palabras de dolor de Job cuando le avisan sobre la muerte de sus hijos. Él dice: *Por tanto, no refrenaré mi boca; hablaré en la angustia de mi espíritu, y me quejaré en la amargura de mi alma* (Job 7:11). Frente a este escenario se hacen inevitables las distintas manifestaciones: hablamos, gritamos y lloramos. A veces he visto a algunas personas que, tratando de ayudar al sufriente, le expresan: «No llores, trata de calmarte, sé fuerte», y otras palabras. Es muy importante entender que es normal y, aún más, es necesaria tal manifestación de dolor. En el Evangelio de Juan encontramos que *Jesús lloró* (Jn. 11:35). Brotaban lágrimas de sus ojos al saber que su amigo Lázaro había muerto. El Señor, espontáneamente, reveló su dolor a través de las lágrimas. Allí nos enseñó que no es pecado llorar, que no es malo entristecerse, que es algo humano y que, sencillamente, es una expresión de auténtico amor. No todos reaccionamos de la misma manera; para algunos será algo escandaloso y para otros una experiencia silente, pero todos llevarán su luto y dolor de una manera singular. Debemos guardarnos de juzgar las diferentes expresiones de dolor, porque solo la persona dolida sabe lo que está pasando en su interior. Exteriorizar el dolor por los seres queridos que han muerto o están sufriendo es sanador. Cuando se quiere ayudar, lejos de acallar la manifestación de dolor deberíamos estimularla. Expresar el dolor es liberador y ayuda a pasar por este valle de una manera mucho más llevadera. Exteriorizar el dolor es terapéutico.

No es una desventaja manifestar la agonía cuando la muerte le llega a un hijo de Dios, es un paso a una posición de preeminencia, es escalar un peldaño más en su bienestar y bendición.

¡Qué contraste esto con lo que opina el mundo! Es verdad que los que no creen piensan que los cristianos están locos; las cosas del Espíritu para el no cristiano son locura dice la Biblia (1 Cor. 2:14). La convicción de los que somos de la fe es que la muerte es la puerta de entrada al cielo, al paraíso y el abandono del sufrimiento. El texto inspirado por la pluma de Pablo declara: *Porque para mí el vivir es Cristo, y el morir es ganancia. Mas si el vivir en la carne resulta para mí en beneficio de la obra, no sé entonces qué escoger. Porque de ambas cosas estoy puesto en estrecho, teniendo deseo de partir y estar con Cristo, lo cual es muchísimo mejor* (Flp. 1:21-23). La muerte es ganancia. Semejante declaración solo puede darse porque lo siguiente es mejor. El morir trae el magnífico logro de estar con Cristo. ¿Dónde está Cristo? El Señor Jesús está en el cielo, a la diestra del Padre, y es allí adónde van los que son de Él. En el cielo se termina el sufrimiento, el dolor, el llanto y la muerte misma.

El hecho de la muerte y su inminencia deberían inducir a las personas a buscar a Dios, porque después no hay más oportunidad. Son muchas las personas que viven como si no fueran a morir. La vida en este mundo es muy corta. Cierta persona declaró: «La vida terrenal es un instante entre dos eternidades». Las personas deberían procurar preparase para este evento, porque no es un acto puntual sin repercusiones.

A través de la muerte las personas entran a la vida y a la bendición, como ya he expresado, o van a la condenación y al sufrimiento sin fin. En el Evangelio de Mateo se registran las Palabras de Jesús aludiendo a esta realidad: *E irán estos al castigo eterno, y los justos a la vida eterna* (Mt. 25:46). La simetría del texto contrasta las dos realidades eternas. Unos van a estar en consciente bendición sin fin y otros, en consciente sufrimiento sin fin. Cuando se produce la muerte ya no hay más oportunidad. La situación de los muertos es irreversible. Una vez que partimos de este mundo no podemos cambiar nuestro estatus de salvos o condenados. Las Escrituras alertan en esta dirección: *Y de la manera que está establecido para los hombres que mueran una sola vez, y después de esto el juicio…* (Heb. 9:27).

Cuando consideramos lo acaecido a la familia de Yiye, nos percatamos de que ellos eran muy conscientes de estas realidades bíblicas y espirituales a las que he aludido. De manera que las vidas de ellos son una ilustración de cómo deberían ser las cosas para los que experimentan tan grande dolor. En ellos encontramos un testimonio viviente y contemporáneo. Dios levantó a Yiye y permitió todo esto con propósitos más allá de lo que quizá podemos analizar. Creo que estos sucesos pudieron despertar a más de uno y hacerlos pensar.

Quiero aludir a otro aspecto en relación con lo que vengo tratando. Encontré el siguiente planteamiento de uno de los padres de la iglesia, llamado Tertuliano:

> Como ya sugerimos, apenas hay un ser humano desatendido por un demonio. Y es bien sabido por muchos que las muertes prematuras y violentas (que los hombres atribuyen a los accidentes) las provocan los demonios [...]. Puesto que, en casos de exorcismos, (los espíritus malignos) a veces afirman ser uno de los familiares de las personas poseídas por él [...]. La situación es similar en el otro tipo de hechicería que se supone que trae del Hades a las almas que ahora descansan allí.[60]

Me llamó la atención poderosamente lo que dijo este hombre de Dios del pasado, porque lo vi tan relacionado con el tema que estoy tratando de mencionarlo en nuestro análisis.

Los cristianos conservadores, que respetamos la Biblia como la Palabra de Dios inerrable, aceptamos que tanto el mundo material como el espiritual son realidades objetivas. De manera que hay aspectos y sucesos que pertenecen al mundo

---

[60] Neil T. Anderson, *Rompiendo las cadenas,* Medley: Editorial Unilit, 2019, p. 147.

material y otros que pertenecen al mundo espiritual. Otras veces ambos mundos están mezclados en algún hecho. Expreso esto porque quizá no me anime a sumarme al decir de Tertuliano, de que todos los accidentes prematuros y violentos son a causa de la intervención demoniaca. Creo que hay sucesos que pueden ser el producto de la negligencia humana, y por tanto tal circunstancia pertenece al mundo material. Por lo menos la intervención espiritual no será directa. Al mismo tiempo, creo que hay muchos creyentes que en el extremo opuesto solo ven en estos desastres causas naturales. Necesitamos buscar discernimiento y que Dios nos alumbre porque, sin temor a equivocarme, hay intervención demoniaca en muchos acontecimientos desastrosos que nos rodean. Pienso que Tertuliano nos despierta al análisis y a la meditación. El cuidado y la protección de Dios es seguro sobre sus hijos, pero ello no elimina la posibilidad de que a veces Él permita que Satán nos toque y use para algún propósito benigno lo que el maligno quiere hacer para destrucción. ¿Pudo haber intervención demoniaca sobre los sucesos tristes de Ilia y Noemí? Ya anteriormente sugerí tal idea. El mismo Yiye piensa que Rafael fue usado por Satanás. Todos vamos a morir, estemos sanos o enfermos, de vejez o en la juventud, por accidentes, causas naturales o por intervención del mundo espiritual. Dios en cualquier momento nos llamará a su presencia. Claro está, de ningún modo esto implica que no seamos responsables y diligentes para poder disfrutar de la perfecta voluntad de Dios sin tener que ser víctimas de la permisibilidad de Dios cuando estamos en desobediencia, dejando que la acción demoniaca actúe.

Cuando las hijas de Yiye murieron fueron al cielo, a la presencia de Dios. Ahora Yiye tenía una hija en la tierra y las otras dos en el cielo. Él tenía certeza de que así era y, con esa confianza, superó estos hechos terribles. Se cuenta que, en cierta ocasión, una mujer viajaba por el Atlántico en un barco que naufragaba; mientras el barco se hundía, y la gente desesperada gritaba y trataba de salvarse acudiendo a los salvavidas, la mujer tenía su mirada como perdida en el horizonte. Alguien se acercó y le dijo: «Señora, ¿no se da cuenta de que el barco se hunde?». A lo que ella, sosegadamente, contestó: «Señor, tengo un hijo en Nueva York y otro en el cielo, a cualquiera de los dos lugares me da igual ir». ¡Cuán maravillosa esperanza tenemos en Cristo! He aquí otra mirada a la muerte. Una mirada de esperanza y consuelo.

El final de la carrera

He peleado la buena batalla, he acabado la carrera, he guardado la fe. Por lo demás, me está guardada la corona de justicia, la cual me dará el Señor, juez justo, en aquel día; y no solo a mí, sino también a todos los que aman su venida.

Pablo de Tarso (5-67)

Yiye pasó por un proceso de deterioro físico. Una noche, mientras servía al Señor trasmitiendo en la avanzada del ministerio, el 5 de octubre de 2008, tuvo un infarto cerebral masivo que dio lugar a que se le examinara clínicamente. La doctora Hilda López, que era cristiana, de la iglesia metodista La Roca, lo visitó y con sabiduría le indicó que se hiciera un *CT Scan* para que orara de manera específica por lo que estaba mal en su salud. Si no lo hacía de esa manera, Yiye nunca se hubiese sometido al examen médico, porque ya sabemos que no se sometía al escrutinio y recomendación médica. Fue así como se descubrió que le habían acontecido ya varios infartos pequeños. Tuvo el diagnóstico de demencia vascular, enfermedad que trae la pérdida de memoria, la capacidad de análisis y trastorno del lenguaje, entre otras afecciones.

Yiye fue muy sacrificado y muchas veces no dormía ni descansaba lo suficiente. Esto lo documentaron los que estaban cerca de él. Quizá muchos de estos problemas físicos que fueron apareciendo al pasar el tiempo se deben a los grandes esfuerzos y tareas que llevó adelante. Vale la pena el sacrificio por la obra de Dios. No hay mejor inversión que esta. En tanto que muchos hacen sacrificios por lo terrenal y lo perecedero, nosotros debemos hacer sacrificios por lo eterno.

Quiero señalar, de todas maneras, que la juventud inexperta, en medio de la pasión por Cristo, hace grandes sacrificios que no siempre son atinados. De ningún modo quiero juzgar ni menoscabar las decisiones de nuestro amado Yiye. Por el contrario, él es parte de nuestra inspiración. Pero sí creo que esto nos da pie para una oportuna reflexión. El descanso, la correcta alimentación y el equilibrio en las actividades de la vida son el plan perfecto de Dios. Podemos ser útiles en la obra de Dios por más tiempo cuando cuidamos de cada aspecto pertinentemente. No podemos olvidar que nuestro cuerpo es templo del Espíritu Santo y debemos tratarlo bien.

A pesar de la delicada salud de Yiye y con grandes limitaciones no cesó en este tiempo de trabajar e ir a diferentes campañas. Era asombrosa la coherencia y la fuerza con la que predicaba y oraba por los enfermos. Dios seguía usándolo en medio de la convalecencia. Hubo una etapa en la que los hermanos del ministerio comenzaron a llevar a Yeya a que lo acompañara y lo ayudara. Ella entonces estaba al tanto de sus comidas y arreglos.

El último milagro

Es tu amigo aquel que te empuja para que estés más cerca de Dios.

Abraham Kuyper (1837-1920)

Hubo un médico, el doctor Paz, que era muy cercano a Yiye, a quien visité personalmente en su oficina para compartir sobre la vida de nuestro amigo en común. Este hombre era un amigo de Noemí, la hija de Yiye, desde la universidad. Era un hombre de fe, fiel y aprensivo de lo espiritual. Cuando Paz visitó por primera vez a Yiye, este tenía 78 años y su amistad duró ocho o nueve años hasta la muerte de Yiye, y fue justamente el doctor Paz quien le cerró los ojos en su pequeña camita, testifica él mismo.

El doctor Paz estuvo presente cuando le dieron a Yiye la noticia de la muerte de Noemí y le oyó decir: «Necesito un tiempo a solas con Dios». Yiye estuvo en el sótano por espacio de tres horas. Al salir de aquel lugar de oración Paz le oyó decir: «Ya Dios me habló, mi hija está con Él».

En las visitas de Paz a Yiye siempre le hacía una nota aclaratoria que decía: «Te recibo en calidad de hermano en Cristo y no de médico». Algo que quizás para muchos resulta gracioso, pero el doctor Paz testifica que sucedía, era que Yiye lo hacía orar una hora con él antes de hablar de cualquier tema de su salud. Ya se imaginarán que para visitar a Yiye, Paz debía contar con abundante tiempo y dedicación.

Al estar tan cerca el doctor Paz de Yiye en sus últimos años vivió una experiencia de primera mano que me contó con detalles, lo que yo llamo el último milagro. Un mes antes de que Yiye falleciera casi no hablaba, su salud estaba muy deteriorada. Un día llegó a las oficinas del ministerio una mujer de un país centroamericano a visitar a Yiye. Esta había tenido una visión donde veía que Yiye colocaba las manos sobre ella y era sanada, porque sufría de leucemia. Llamaron al doctor Paz de las oficinas del ministerio para preguntarle qué hacer. Por un lado, no deseaban defraudar a la mujer que llegaba con una gran enfermedad, pero también con una gran fe. Por otro lado, Yiye ya estaba muy deteriorado físicamente. Finalmente, accedieron llevarla ante Yiye pues el doctor pensó que esta visita no le haría daño. Le pidieron al doctor que estuviera presente en el momento del encuentro y constató que aquella joven sin cabello y muy delgada estaba desesperada. Era una escena dolorosa para todos los presentes. Aquella joven lloraba al ver al debilitado anciano que para nada se parecía al poderoso predicador que ella veía por televisión. Yeya tomó el brazo de Yiye y lo colocó sobre la cabeza de la joven y de inmediato Yiye alzó su voz y dijo: «En el nombre del Señor», no dijo más. Ella lloraba sin cesar y salió acto seguido del lugar. Tiempo después llegaron las nuevas del testimonio: aquella joven entró en inmediata recuperación. El cáncer desapareció pronto. Dios la sanó.

Qué maravilloso que los hombres de Dios en las más precarias condiciones siguen siendo canales de bendición para otros. A la vez queda evidenciado que no es Yiye el que sana, sino Dios que no tiene debilidad ni declive en ninguna etapa. De manera que cualquiera sea la vulnerabilidad o debilidad que se pueda tener, siempre hay que tener en cuenta que Dios usará al más débil, porque Él es el poderoso y el grande.

Un cambio de morada

¡Qué extraño es este miedo a la muerte!
Nosotros nunca tenemos miedo a la puesta del sol.
George MacDonald (1824-1905)

Yiye pasó de la presencia de Dios a la presencia de Dios. ¿Por qué digo esto? Porque un día, mientras oraba, lo tomó por sorpresa un fuerte dolor en el pecho. Fue en comunión con Dios que pasó a la dimensión celestial. El 28 de junio de 2013 Yiye partió a su casa en los cielos; ese día entró a las moradas eternas.

Yiye creyó por algún tiempo que se iría en el rapto, que Cristo vendría a buscarlo a su iglesia antes de él ver la muerte. Sin embargo, unos cinco meses antes de morir me dijo: «Hablé con el Señor y le dije que, si no me va a sanar y no voy a predicar más, yo me quiero ir con Él». Así que Yiye supo que partiría antes de ver al Señor Jesús descender por su pueblo.

¡No puedo ni imaginar la emoción que habrá sentido al encontrarse con su Salvador en el cielo! Tuvo que ser algo muy especial para él porque sus días en la tierra estuvieron marcados por su alusión continua al día en que se reuniría con Cristo. Ese día fue su rapto personal. El Señor lo recogió de este mundo para que entrara en el gozo y el descanso en el cielo.

Casi puedo imaginar al detalle la escena: cuando Yiye despertó a la eternidad con Cristo y escuchó decir con voz audible, pero también experimentó el ver el rostro de Jesús quien, con sus manos extendidas, le dijo: *...Bien, buen siervo y fiel; sobre poco has sido fiel, sobre mucho te pondré; entra en el gozo de tu señor* (Mt. 25:23). Imagino también que sus primeras palabras ante el Rey de reyes y Señor de señores no fueron más que las últimas que le dijo cuando estaba en la tierra: «Cuánto te amo, mi Cristo». Finalmente imagino que, luego de abrazar a su Redentor, muchos se habrán acercado a él. Entre la gran multitud, Yiye habrá reconocido el rostro de aquellos que fueron salvos por su predicación, por su insistencia a las almas para que alcanzaran la salvación por medio de la cruz.

Muchos lloraron su partida. Fácilmente podíamos notar cuán querido era nuestro Yiye. No solo era conocido en Puerto Rico, sino que en toda Latinoamérica lo conocían, lo seguían, lo amaban y lo lloraban.

Las repercusiones de su funeral afectaron grandemente, porque en Camuy se decretaron tres días de duelo. Pero no se limitó a este pueblo que lo vio nacer, sino que tuvo repercusiones a otras escalas; por ejemplo, en Nicaragua se decretaron también cuatro días de duelo nacional con la bandera a media asta. ¿Y cuántos del pueblo de Dios en diferentes latitudes estuvieron de luto? No lo sabemos, pero estamos seguros de que muchos de los beneficiarios de este ministerio se compungieron y lamentaron la partida de Yiye.

> Oí una voz que desde el cielo me decía: Escribe: Bienaventurados de aquí en adelante los muertos que mueren en el Señor. Sí, dice el Espíritu, descansarán de sus trabajos, porque sus obras con ellos siguen (Ap. 14:13).

Parte II

YIYE, UNA MIRADA A SU DOCTRINA Y TEOLOGÍA

Capítulo VIII

EJERCICIOS ESPIRITUALES

A modo de introducción

En lo esencial unidad, en lo dudoso
libertad, en todo, caridad.

Agustín de Hipona (354-430)

En esta segunda parte quiero dedicarme a destacar, valorar y examinar de manera sucinta algunos de los tópicos doctrinales de Yiye. Por supuesto que muchos temas que Yiye trató y creyó quedarán fuera. Solo quiero señalar aquellos que quizá puedan ser considerados los más sobresalientes de la praxis ministerial de Yiye, por lo menos, a nuestro modo de ver.

Es posible que en el futuro se pueda realizar un trabajo más extenso, focalizado en las doctrinas, la teología y los sermones de Yiye. Hay una amplia videoteca en YouTube accesible a toda persona que tenga interés de escuchar sus ideas. Sobre esto se puede hacer un trabajo de análisis y reflexión que aportaría mucho a pastores y ministros que quieran beneficiarse de la vida de este hombre de Dios. Para dar solo algunos ejemplos de temáticas importantes e interesantes, menciono temas que no están en los libros, pero sí en videos:

Vida devocional

La verdadera clave para buscar a Dios.
El cristiano en santidad.
El llamado de Dios.
El bautismo del Espíritu Santo.

Ángeles

El diablo usa tu imaginación contra ti.
Los ángeles de Dios.
El imperio de Satanás.

Doctrina

La muerte.
El infierno.
Dónde están los muertos.
La muerte espiritual.

Consejería

Atrévete a levantarte y ver la gloria de Dios.
Deja que el Espíritu Santo te guíe.
Aprende a callar y deja que Dios haga justicia.
Cómo obedecer a Dios.
Los tres grandes enemigos de Dios.
La duda.

Aplicaciones bíblicas

La espada de Gedeón.
Las diez vírgenes.
La viuda de Naín.
Lot escapando del juicio contra Sodoma y Gomorra.
Ananías y Zafira.
La torre de Babel.

En cuanto a libros, tenemos también unas cuantas obras de muchísimo valor. El ministerio de Yiye, Cristo Viene, ha producido los siguientes volúmenes:

El mundo del mañana.
El pecado de Balaam.
La gloria postrera.
Las 10 vírgenes.
Mis experiencias con Jesús.
7 mensajes de impacto.
Un hombre, un llamado, un ministerio.
The fast of the Lord.
The Science of Prayer.
Coros para recordar.
El anticristo.
El ayuno del Señor.
El Cristo de los Milagros.
El cuerpo glorificado.
El perfecto amor.
El profeta Elías.
El sacrificio de la cruz.
El valle de los huesos secos.
La Ciencia de la Oración.
Los dones del Espíritu.
¿Pasará la Iglesia por la Gran Tribulación?
¿Quiénes se irán?
Santidad divina.
Señales de su venida.
Sin santidad nadie le verá.

Yiye no estaba dedicado a teologizar. Yiye era un hombre de acción. De manera que, a la hora de analizar algunas de sus posturas o criterios doctrinales, hay que tener en cuenta este perfil de enfoque, porque su trabajo estaba focalizado en la práctica del ministerio, en la salvación de las almas.

Sabemos que en ocasiones muchos podrán diferir de Yiye y hasta alarmarse por algún que otro criterio o punto de vista, pero lo que sí creo que es necesario reconocer en Yiye es que era un hombre de Dios. Además, creo que también hay que reconocer que, al analizar sus diferentes criterios, no podemos dejar de ver que Yiye era un hombre de ortodoxia y ortopraxis.

En sentido general, lo que encontramos en el pensamiento de Yiye son aquellos criterios reconocidos por todos los evangélicos. Entre esos pensamientos están, por su puesto, aquellos tópicos que causan debate en el mismo seno del mundo cristiano conservador. Pero esto no pasa de ser más de lo mismo, lo que vivimos continuamente en el ámbito cristiano evangélico. De manera que algo que no procede, y que lamentablemente he tenido que escuchar en más de una ocasión, es el calificativo de *hereje*. Con demasiada facilidad surge alguno que se pronuncia despectivamente en estos términos. Deberíamos guardar este calificativo para alguien heterodoxo, para alguien fuera de la salvación o para alguien que, en aquellas enseñanzas de la Palabra de Dios que definen el futuro de un alma, está totalmente errado. La verdad absoluta está en manos del Espíritu Santo. Nadie puede alardear de tener el monopolio de la verdad, porque sencillamente estaría equivocado. Creo fervientemente que todo cristiano maduro debería tener algún grado de indulgencia con el hermano que piensa diferente en aquello que no es esencial para la salvación. El fratricidio no es el plan de Dios.

En sentido general, los cristianos estamos de acuerdo en aspectos esenciales como:

La infalibilidad de las Sagradas Escrituras.

La Trinidad.

El nacimiento virginal del Señor Jesucristo.
La divinidad del Señor Jesucristo y su vida impecable.
La muerte substitutiva del Señor Jesucristo.
La resurrección corporal del Señor Jesucristo y su ascensión.
La caída del hombre y el pecado original.
La salvación por la fe en Cristo.
La segunda venida personal y visible de Cristo.
La vida eterna por medio de Cristo.
El eterno castigo de los impíos.[61]

Estos criterios, que de alguna manera señalan una doctrina o teología saludable, son a los que podemos afirmar que Yiye se suscribió. Así que, con estos apuntes en mente, adentrémonos en algunos tópicos doctrinales y teológicos que esgrimía nuestro hermano.

El ayuno y la oración

Levantad las manos caídas mediante fe y oración; sostened las rodillas endebles. ¿Habéis tenido días de ayuno y oración? Asaltad el trono de la gracia, perseverad en ello y la misericordia descenderá.

Juan Wesley (1703-1791)

Sobre estos dos tópicos, la oración y el ayuno, Yiye escribió dos obras, las cuales consideró un matrimonio, o sea, dos obras

---

[61] Recomiendo, para ver una discusión sobre estos puntos, el libro: *Crisis en la teología contemporánea*, de Carlos Jiménez R. Puede consultarse de manera específica en este material el capítulo 4: «Defensa de la ortodoxia hasta principios del siglo XX». Será interesante darse cuenta allí de las diferentes formulaciones doctrinales que se hicieron en las luchas contra el liberalismo y la heterodoxia.

que se acompañarían y se complementarían entre sí para ser estímulo de la vida espiritual de los creyentes.[62] La práctica del ayuno y la oración se deben llevar mancomunadamente; el que ayuna debe orar, y los de mucha oración deben también ayunar. El ayuno potencia la oración.[63] De manera que es muy atinado recomendar a los interesados que necesitan aprender sobre estos tópicos que, cuando estudien sobre el ayuno, lo hagan además sobre la oración, y viceversa.

Es ampliamente conocida la vida devocional de Yiye. Como he tratado ya, sus retiros espirituales llegaron a ser un distintivo de su vida y ministerio. Creo que sería muy injusto no mencionar los ejercicios espirituales como parte del entramado teológico-doctrinal de Yiye. Su vida giraba en torno a la búsqueda de Dios.

Demos un vistazo en primer lugar al ayuno y hagamos algunas consideraciones. Él consideraba al ayuno como un arma espiritual y una bendición enorme. Frente a cualquier escollo, Yiye proclamaba oración y ayuno. La victoria y el avance de él no se centraban en lo físico, ni en estrategias humanas, sino en la fuerza de Dios.

Yiye nombraba a su comprensión de esta práctica: *El ayuno del Señor.* Con esto él no quería introducir ninguna nueva destreza, ni algo distintivo que solo él creía. Explicaba a lo que se refería cuando expresa: *El ayuno del Señor no es una doctrina nueva, ni una nueva modalidad de ayuno, sino simplemente el ayuno en la perfecta voluntad de Dios. Este nombre me lo dio el Señor una noche mientras oraba a la una de la mañana…*[64]

Muchas veces insistía en la necesidad de ser guiado por Dios, más allá de lo que los textos bíblicos enseñaban.

---

[62] Yiye Ávila, *La Ciencia de la Oración.* Miami: Unilit, p. 8.

[63] Ibid., p. 59.

[64] Yiye Ávila, *El ayuno del Señor, ayuno de victoria.* Miami, 1994. p. 75.

Entonces, el ayuno debía ser, según la Biblia, rígidamente apegado a las enseñanzas esparcidas en todas las Sagradas Escrituras, como se podía apreciar al escucharlo hablar y al leer sus escritos, pero además era necesario tener la guía de Dios de por qué ayunar y durante cuánto tiempo hacerlo.

La espiritualidad de Yiye era enfática. Él quería ser guiado por Dios a cada paso. Al considerar esto quisiera señalar que no veo mal que uno pueda tener la iniciativa de ayunar por algún tiempo y por algún motivo específico, pero creo que es atinado aquí el pensamiento de Yiye sobre la necesidad de siempre estar abiertos a la guía de Dios, por si es necesario cambiar el rumbo de lo que hacemos en cualquier momento. A veces Dios puede guiarnos a detener el ayuno, a extender el tiempo o aún de no hacerlo si lo teníamos pensado. El ayuno del Señor implica que Dios dirige.

Es interesante también en este punto que Yiye no tenía pretensiones. No deseaba establecer nada nuevo. Él explicaba lo que entendía sobre *el ayuno del Señor* dejando en claro que lo que expresaba sobre esta doctrina no era algo *suigéneris,* que el nombramiento que le daba no tenía nada novedoso sobre la doctrina en sí. Esto me llama la atención también, porque Yiye no fue un predicador de doctrinas novedosas. Creo que este anhelo debe estar también en nosotros. Debemos desear solo hacernos eco de aquellas ancestrales enseñanzas de Cristo y sus apóstoles.

Charles H. Spurgeon escribió lo que uno de sus adversarios había dicho de él en cierta ocasión: *He aquí un hombre que no ha avanzado ni una pulgada en su ministerio. A finales del siglo XIX está enseñando la teología del primer siglo y proclamando la doctrina popular de Nazaret y Jerusalén por aquel entonces.*[65]

---

[65] R. Mayhue, *Cómo interpretar la Biblia uno mismo*, Michigan: Editorial Portavoz, 1994, p. 17.

Pienso que este era el anhelo de Yiye también. Lo que quería era ser fiel a Dios siempre que enseñaba.

La actualidad y la importancia del ayuno

El ayuno limpia el alma, eleva la mente, sujeta la carne al espíritu, hace al corazón contrito y humilde.

Agustín de Hipona (354-430)

La práctica del ayuno espiritual en la historia ha ido como un péndulo hacia los extremos en diferentes etapas. En la época post apostólica y extendiéndose al medioevo fue realizada por los ascetas, quienes sin la debida base bíblica y espiritual hicieron de esta una práctica excesiva y ritualista. Una comprensión penitencial llevó a muchos a practicar el ayuno durante mucho tiempo. Por su puesto que se dio entonces la debida reacción, yendo al otro lado, procurando la supresión de dicha práctica por ser nociva, contraria al espíritu cristiano.

Desde este enfoque, se concibe al ayuno como si fuera una huelga de hambre al estilo de Mahatma Gandhi, quien lo convirtió en un arma de resistencia pacífica. Dentro de esta compresión mundana, el ayuno se convierte en un flagelo que busca, a través del hambre, lograr algo.

El gran Juan Wesley reconoce en su tiempo la existencia de tal tensión histórica cuando, refiriéndose al ayuno, dice:

> De todos los medios de gracia, apenas habrá otro respecto del cual hayan caído los seres humanos en mayores errores, como el que nuestro Señor menciona en las palabras del texto, a saber: el ayuno religioso. ¡Cómo han exaltado esto algunos, mucho más allá de la Escritura y la razón!

> Otros lo han menospreciado por completo, vengándose, como quien dice, al despreciarlo tanto como los otros lo han exaltado. Aquellos han hablado del ayuno como si fuera el todo por el todo; sino un fin en sí mismo, al menos infaliblemente unido con él. Estos, como si no fuera nada absolutamente; como si fuese un trabajo estéril que no tuviera relación alguna con la religión. Mientras que, evidentemente, la verdad se encuentra entre ambos extremos. No es el todo, pero tampoco deja de ser algo. No es el fin, pero sí es un medio precioso que lleva a ese fin; medio que Dios mismo ha establecido…[66]

Me parece que en este sentido y en esta práctica, Yiye fue equilibrado. Practicó el ayuno reiteradamente y con énfasis, pero con mesura a la vez y sin dejar de lado la práctica cristiana integral. A mi parecer, Yiye comprendió esta práctica a la luz del tenor escriturario.

Yiye consideraba que el ayuno era para la era evangélica. Esto contrasta con algunas formas de pensar que esgrimen que no hay que ayunar. Este hombre de Dios enseñaba que la iglesia debía ayunar.

Quiero que hagamos algunas breves reflexiones analizando este ejercicio espiritual en la historia de la iglesia y bíblicamente. Vamos a apreciar algunos argumentos y pensamientos de Yiye en relación con este tema.

---

[66] Justo González, editor general, *Obras de Wesley, Tomo II, Sermones II.* Tennesee: Providence House Publishers, 1996, p. 162, 163.

El ayuno en la iglesia

> *El ayuno santo y legítimo se observó con tres fines: pues ayunamos, o para dominar y someter la carne, a fin de que no se regocije demasiado; o para estar mejor preparados para orar y meditar en cosas santas; o para humillarnos delante de Dios cuando queremos confesar nuestras faltas delante del Señor.*
>
> Juan Calvino (1509-1564)

En primer lugar, apreciamos el testimonio de la historia acerca de este asunto. Digamos que son muchos los hombres de Dios de diferentes tradiciones evangélicas que también han escrito sobre este tema, que han opinado y practicado el ayuno como lo hizo Yiye. Es llamativo cómo, en general, ellos han estado en sintonía en este punto. Puedo mencionar a algunos de los más relevantes y conocidos, solo a modo de ejemplo: Martín Lutero, Juan Calvino, Juan Knox, Jonathan Edwards, Juan Wesley, David Brainerd y Charles Finney.

Duewel se expresó en sintonía con esto que vengo argumentando:

> En el siglo XIII, Francisco de Asís fue por las calles de Italia cantando, predicando, testificando, orando y ayunando hasta que miles de jóvenes se salvaron. A Martín Lutero se le criticó por ayunar demasiado. Juan Calvino ayunó y oró hasta que la mayor parte de Ginebra fue convertida a Cristo, y no quedó casa en la que no hubiera por lo menos una persona que orara. Juan Knox ayunó y clamó a Dios hasta que la reina María tuvo que decir que temía más a sus oraciones que a todo el ejército de Escocia. También Latimer, Ridley, y de hecho la mayoría de los reformadores, fueron conocidos por sus ayunos y su oración.

> Juan Wesley ayunaba dos veces por semana [...] siguiendo el patrón de la iglesia primitiva; e instaba a todos sus seguidores a hacer lo mismo, diciendo que para él lo mismo era jurar y maldecir que no ayunar, ya que el hombre que nunca ayuna no anda más en el camino que conduce al cielo que aquel otro que jamás ora. También Jonathan Edwards era poderoso en el ayuno y la oración: algunos dicen que ayunaba hasta el extremo de no poder casi mantenerse en pie delante del púlpito a causa de la debilidad; pero Edwards sacudió a Nueva Inglaterra para Dios. Charles G. Finney, usado poderosamente por el Señor en el avivamiento durante el siglo pasado, ayunaba con regularidad cada semana, y en cuanto percibía una ligera disminución de la presencia del Espíritu en sus reuniones, se entregaba al ayuno y la oración por tres días y tres noches. Finney contaba que, después de aquello, el Espíritu Santo volvía a moverse invariablemente con poder y el avivamiento continuaba. D. L. Moody, a su vez, cuando sentía una necesidad especial en sus campañas, enviaba un recado al instituto bíblico que llevaba su nombre para que profesores y alumnos dedicasen un día al ayuno y la oración; con frecuencia, estos oraban hasta las dos, las tres, las cuatro e incluso las cinco de la madrugada. «Si dices: ayunaré cuando Dios me mueva a ello, solía expresar Moody, jamás lo harás. Eres demasiado frío e indiferente; toma el yugo sobre ti...».[67]

Añadamos que en estas listas no hay uniformidad de pensamiento teológico. Había grandes diferencias teológicas entre estos grandes cristianos. De manera que el ayuno no es cosa de

[67] Wesley L. Duewel, *Cambie el mundo a través de la oración.* Nashville: Editorial Betania. 1988, p. 81.

pentecostales o de alguna denominación específica. El ayuno es cosa de cristianos que creen en el Espíritu Santo y lo buscan.

A esta lista podría añadir el nombre de Yiye, tanto por la relevancia de él como hombre de Dios como por la práctica misma que fue tan importante en su ministerio. Los que creen que Yiye fue desequilibrado en esta práctica encontrarán en la historia de la iglesia a aquellos hombres que ellos mismos citan y consideran paradigmas del cristianismo, con la misma vida devocional fervorosa que apreciamos en Yiye.

Yiye vivió el ayuno y lo recomendó, tanto como los grandes cristianos de la historia de la iglesia.

> Cada creyente debe separar con la mayor frecuencia posible un día entero para estar en ayuno y oración leyendo la Biblia [...]. El problema de muchos cristianos es que no tienen tiempo para lo espiritual. Tienen tiempo para la televisión, el deporte, el estudio, el trabajo y para otras actividades temporales, pero no tienen tiempo para el ayuno, la oración y la Palabra de Dios...[68]

El ayuno en la Biblia

> *Cuando usted ayuna, la unción aumenta en su vida, ya que vive en el Espíritu. La autoridad de Dios, el poder de Dios y la fe de Dios cobran vida cuando usted pone a un lado algunas cosas y ayuna.*
>
> John Eckhardt (1957-)

En segundo lugar, observemos alguna base bíblica que respalde la práctica del ayuno como Yiye la entendió y la vivió.

[68] Ávila, *El ayuno del Señor, ayuno de victoria*, p. 17, 18.

Un texto que él acostumbraba citar cuando iba a fundamentar el tema del ayuno está en el Evangelio de Mateo. Este texto es la segunda alusión que hizo Jesús sobre dicho tema. El texto declara: *Entonces vinieron a él los discípulos de Juan, diciendo: ¿Por qué nosotros y los fariseos ayunamos muchas veces, y tus discípulos no ayunan? Jesús les dijo: ¿Acaso pueden los que están de bodas tener luto entre tanto que el esposo está con ellos? Pero vendrán días cuando el esposo les será quitado, y entonces ayunarán* (Mt. 9:14-15).

Respecto a este texto, Yiye se expresa en los siguientes términos: *...mientras Jesús estuvo en persona con los discípulos ellos no ayunaron, pero Él les dijo que cuando Él fuera quitado ayunarían.*[69] En el texto en cuestión, encontramos a Jesús siendo confrontado por la falta de ayuno de sus discípulos para ese momento. La clara respuesta de Jesús era que mientras Él estuviera con los discípulos no era momento de ayunar, pero que vendría el momento en que sería necesario y natural el ayuno. Aunque ciertamente los discípulos y el mismo Jesús pasaron hambre en muchas ocasiones debido al volumen de trabajo: *Él les dijo: Venid vosotros aparte a un lugar desierto, y descansad un poco. Porque eran muchos los que iban y venían, de manera que ni aun tenían tiempo para comer* (Mr. 6:31). No hay indicaciones que muestren que, fuera de los 40 días de ayuno espiritual, haya habido más ayunos durante su ministerio terrenal. Esto estaría en sintonía con lo que expresó, de que en ese momento no era el tiempo de ayuno pero que vendrían días en que sí sería necesario.

La razón que Jesús esgrime para abstenerse de ayunar durante este tiempo es que el esposo todavía los acompañaba, que estaba con ellos, esto haciendo alusión clara a su compañía con los discípulos. Este tiempo constituía un tiempo

---

[69] Ávila, *El ayuno del Señor, ayuno de victoria*, p. 12.

de evidente regocijo y festejo. El acercamiento del reino de Dios en la persona de Jesús significaba gozo y presencia. Ahora se establecería un nuevo pacto y se abría una nueva etapa en el evangelio. De manera que es tiempo de alegría por la iniciación de la nueva dispensación. Aun cuando luego el Señor les sería quitado, ya no habría retroceso en cuanto a lo logrado por el esposo.

En este punto, y en cuanto a este texto que analizo, señalaré también lo que algunos han expresado contra la práctica del ayuno. Se ha manejado la idea de que el Señor dijo que Él estaría para siempre con los discípulos en la persona del Espíritu Santo: *Enseñándoles que guarden todas las cosas que os he mandado; y he aquí yo estoy con vosotros todos los días, hasta el fin del mundo* (Mt. 28:20), y por tanto el ayuno no tiene lugar en la era evangélica. Aquí debo ripostar con fuerza en contra de tal argumento para apuntar hacia el error al que se arriba. Este error no solo despoja a la iglesia de una práctica legítima, sino que añade otro problema. Si el Espíritu Santo es el esposo no hay lugar para el ayuno en la iglesia cristiana. Pero, además, creo que se comete un error dentro del acápite de la teología propia, porque dentro de la economía trinitaria cada persona divina tiene su propia identidad y rol. Así como es Jesús el que murió en la cruz y no el Padre ni el Espíritu, debo decir igualmente que Cristo es el esposo, no el Padre, ni el Espíritu. Este razonamiento nos guardará de mucha confusión al evaluar diferentes temas en relación con la trinidad.

Nunca al Espíritu Santo se le da el calificativo de esposo. Este está reservado para Cristo, y por eso se expresa en muchas ocasiones en las Escrituras que las bodas del Cordero serán en el futuro, como encontramos en estos pasajes a continuación: *Entonces el reino de los cielos será semejante a diez vírgenes que tomando sus lámparas, salieron a recibir al esposo. Cinco de ellas eran prudentes y cinco insensatas [...]. Y a la medianoche se oyó un clamor: ¡Aquí viene el esposo; salid a recibirle!* (Mt. 25:1-6). En este texto bíblico se alude a la segunda venida de Cristo y a la preparación que debe tener el pueblo de Dios para encontrarse apercibido en el momento del reencuentro. Las vírgenes sensatas representan a la esposa, y el esposo que viene es Cristo.

Las casadas estén sujetas a sus propios maridos, como al Señor; porque el marido es cabeza de la mujer, así como Cristo es cabeza de la iglesia, la cual es su cuerpo, y él es su Salvador [...]. Maridos, amad a vuestras mujeres, así como Cristo amó a la iglesia, y se entregó a sí mismo por ella (Ef. 5:22, 23, 25). En este otro texto bíblico tenemos una alusión a la relación entre el esposo y la esposa, y los términos en que esta debe proceder. El esposo es presentado como el guía, la autoridad y el cuidador de la esposa, y en los mismos términos de esposa y esposo se entiende la relación de Cristo y la iglesia. Otra vez Cristo está representado por la figura del esposo en la relación espiritual-matrimonial.

Y el ángel me dijo: Escribe: Bienaventurados los que son llamados a la cena de las bodas del Cordero. Y me dijo: Estas son palabras verdaderas de Dios (Ap. 19:9). Esta escena es de victoria y conclusión, siendo el Señor Jesús el esposo guerrero, vencedor y conquistador, que celebra las bodas al final de la gran lucha de la historia.

Y el Espíritu y la Esposa dicen: Ven. Y el que oye, diga: Ven. Y el que tiene sed, venga; y el que quiera, tome del agua de la vida gratuitamente [...]. El que da testimonio de estas cosas dice: Ciertamente vengo en breve. Amén; sí, ven, Señor Jesús (Ap. 22:17, 20). Por último, mencionaré otra alusión que nos parece que es indicativa de Cristo como esposo, aunque implícitamente. La esposa-iglesia añora la venida de su esposo Cristo Jesús para poner fin al sufrimiento y disfrutar de una relación plena con su Señor.

Si analizamos bien estos textos arrojaremos luz a estos debates sobre quién es el esposo según la Biblia, si Cristo o el Espíritu Santo. Una comprensión correcta en este punto permite la legitimidad del ayuno como ejercicio espiritual y aclara la identidad y rol de las personas divinas.

Para los que piensan que el Espíritu Santo es el esposo, que es Cristo en la persona del Espíritu, no es tiempo de ayunar. Ellos declaran que los días de ayuno a los que Cristo alude, cuando dice: *...Pero vendrán días cuando el esposo les será quitado, y entonces ayunarán...*, se refiere a los días en que Él estuvo muerto. Sostienen que esos eran los días de ayuno. Sin embargo, no encontramos alusiones al ayuno entre los discípulos de esos días. Por el contrario, parece que en esos días comieron, al punto que cuando el Señor apareció pudieron darle alimento: *Y como todavía ellos, de gozo, no lo creían, y estaban maravillados, les dijo: ¿Tenéis aquí algo de comer? Entonces le dieron parte de un pez asado, y un panal de miel* (Lc. 24:41-42).

Por otro lado, el Señor había dicho que el tiempo en que los discípulos estarían sin luto era debido a la relación y compañía que disfrutaban por la presencia del esposo y no eran días de tristeza. En ese sentido no puedo decir que la era evangélica está libre de luto, tristezas y tribulaciones. Por el contrario, la iglesia ha estado sometida a duras luchas que la hacen tener grandes dolores y tener que buscar a Dios en gran aflicción y ayuno. Así nos deja ver Juan 16:33, donde Jesús anticipaba el carácter adverso de la historia donde la historia debía desarrollarse: *Estas cosas os he hablado para que en mí tengáis paz. En el mundo tendréis aflicción; pero confiad, yo he vencido al mundo*. Y en Hechos: *...confirmando los ánimos de los discípulos, exhortándoles a que permaneciesen en la fe, y diciéndoles: Es necesario que a través de muchas tribulaciones entremos en el reino de Dios* (Hch. 14:22).

Otro texto que respalda esta postura de Yiye la encontramos en la primera alusión que hace el mismo Cristo a la enseñanza del ayuno en Mateo 6:1-18. En este texto el Señor advierte sobre el dar limosnas para ser vistos de los hombres, sobre el orar para ser visto de los hombres y el ayunar para ser visto de los hombres. Las expresiones bíblicas sobre lo que llamó la atención están en los versículos 2, 5 y 16: ...*Cuando, pues, des limosna [...]. Y cuando ores [...]. Cuando ayunéis.* Noten que en cada caso no dice si das limosna, o si oras, o si ayunas. Sino que, por el contrario, usa la expresión *cuando*, dando a entender que sería algo que practicarían habitualmente. Jesús entendió el ayuno como un ejercicio espiritual, necesario y reiterado en la vida espiritual de sus seguidores. Lo pone en el mismo plano que la oración y el ser generoso dando a los necesitados. Sería inconcebible que los seguidores de Jesús no extendieran su mano generosa para dar al pobre. Sería inconcebible también que sus seguidores no oraran de manera perseverante, cultivando una relación con el Padre. En el mismo sentido se esperaba que ayunaran, solicitando la ayuda del cielo en su peregrinaje en este mundo.

Yiye entendió que este ejercicio espiritual era fundamental para los verdaderos seguidores de Jesús y que contribuía al crecimiento espiritual. Dijo:

> Cristo mostró que el ayuno era para las nuevas criaturas, para personas convertidas con convicción de crecer espiritualmente para servir en plenitud a Dios. Si usted se ha convertido y anhela dar el máximo de fruto para Dios, el ayuno es un instrumento poderoso para su crecimiento. El ayuno no es para los inconversos, ni para la gente carnal que aún no se ha decidido plenamente por el Señor.[70]

---

[70] Ibid., p. 13.

Todos los ejercicios espirituales contribuyen al avance de la relación con Dios y al avance de la vida que agrada a Dios, de manera que Yiye entendió el ayuno como parte de esos instrumentos que Él proveyó a su pueblo para alcanzar la santidad y poder espiritual.

Para Yiye, los últimos tiempos implicarían la negligencia en la práctica de los ejercicios espirituales. En los últimos días la gente no querría ayunar. Cuando hablaba de esto citaba a Lucas 21:34 que señala: *Mirad también por vosotros mismos, que vuestros corazones no se carguen de glotonería y embriaguez y de los afanes de esta vida, y venga de repente sobre vosotros aquel día.*

Yiye entendía también que el ayuno es usado por Dios para romper ataduras satánicas en la persona. Los siervos de Dios que ayunan logran quitar trabas para el avance del reino de Dios.

Equilibradamente, Yiye veía las diferentes maneras en la que esta práctica podía ser llevada adelante. Él habló de los distintos tipos de ayunos, como, por ejemplo: los ayunos sin agua, ayunos con agua, el ayuno en la congregación, el ayuno trabajando y otros. Yiye ofreció un análisis acerca del ayuno bíblico y sus propósitos, yendo a los textos de la Biblia. Enseñó en este punto, de una manera didáctica y dirigida, detalles sobre esta práctica. Habló sobre el ayuno y la salud. Habló de la preparación para el ayuno. Habló sobre el ayuno y el matrimonio. Trató acerca de cuándo se rompe el ayuno. De manera que en los escritos de Yiye podemos encontrar un importante apartado sobre este tema, que es todo un seminario. Es interesante que un tema tan descuidado y con tan poca literatura Yiye lo haya abordado tan bien y extensamente.

La importancia de la oración

Cuanta mayor sea la dificultad a superar,
más se verá la gloria de Dios. ¡Cuánto se puede
hacer con la oración y la fe!

George Müller (1805-1898)

Añadiré algunas reflexiones y ejemplos de la oración en la historia de la iglesia. Por supuesto, en esta enseñanza de Yiye aprecio aquellos elementos que puedo encontrar en cualquier material que hable fielmente de la oración conforme a la Biblia.

En su libro, Yiye analiza los fundamentos de la oración a partir de la Biblia, para luego señalar aspectos prácticos que inquietan a los creyentes en su búsqueda de Dios en oración. Destacaré algunos puntos interesantes, tanto históricos como bíblicos.

La oración en la iglesia

La armadura del cristiano se oxidará,
excepto que esté pulida con el aceite de la oración.

William Gurnall (1616-1679)

La iglesia tiene una hermosa historia sobre la vida de oración. Sería interesante tener un libro dedicado a ella, ya que seguramente en las páginas de un material de esa índole seríamos animados, guiados e inspirados a vivir en oración. Al finalizar un material así en nuestra época tendríamos que añadir a Yiye, por formar parte de esta pléyade de hombres que oraron fervorosamente y tuvieron innumerables testimonios de respuestas escalofriantes.

Edward M. Bounds, quien fuera uno de esos grandes hombres de oración, y a quien debemos una copiosa obra que habla sobre dicho tema, hace una reseña de algunos hombres entregados a esta práctica.

> El conocido Charles Simeon, por ejemplo, tenía la costumbre de orar desde las cuatro hasta las ocho de la mañana. También el señor Wesley empleaba dos horas diarias a la oración. De él se dice que consideraba que la oración debía ser su mayor ocupación antes que cualquier otra cosa y que, en más de una ocasión, los que lo vieron salir de su cámara secreta, afirmaron reconocer «una serenidad en su rostro que se asemejaba a un resplandor».
>
> Así mismo, John Fletcher Hurts manchó los muros de su cuarto con el aliento de sus oraciones: «Yo no podría levantarme [...] sin elevar mi corazón hacia Dios...».
>
> El arzobispo Leighton permanecía tanto a solas con Dios que parecía estar en perpetua meditación. «Oración y alabanza fueron sus ocupaciones y su placer», dice su biógrafo.
>
> El obispo Ken estaba tanto con Dios, que se dijo de él que su alma estaba enamorada del Señor: estaba con Dios antes de que el reloj diera las tres de la mañana. Y el obispo Asbury expresó lo siguiente: «Yo me propongo levantarme a las cuatro, tan a menudo como pueda, y emplear dos horas en oración y meditación».
>
> Samuel Rutherford, la fragancia de cuya piedad es aún rica, se levantaba a las tres de la mañana para encontrarse con Dios en oración... Joseph Alleine se levantaba a las cuatro de la mañana para ocuparse en oración hasta las ocho. Si se enteraba de que había hombres de negocios que se ocupaban de sus asuntos antes de que él estuviera levantado, exclamaba: «Oh, ¡cuánto me avergüenzo de esto! ¿No merecen los negocios de mi Maestro más que los suyos?».

Robert McCheyne, uno de los más santos y más dotados de los predicadores de Escocia, decía: «Yo necesito usar las mejores horas en comunión con Dios, es mi más noble y fructífero empleo y no debe ser arrojado en un rincón. Las horas de la mañana, desde las seis hasta las ocho, son las más ininterrumpidas, y deben ser así empleadas. Después del té es mi mejor hora, y aquella debe ser solamente dedicada a Dios. No debo tampoco suspender el buen y viejo hábito de la oración antes de ir a la cama, sino que debe protegerme para guardarme contra el sueño. Cuando me despierto en la noche debo levantarme a orar. También, un poco de tiempo después del desayuno, puede dedicarse a la intercesión».

Edward Payson dejó en las duras maderas las huellas donde sus rodillas presionaron tan a menudo y por tanto tiempo… «Su continua instancia en oración, fueran cuales fueran las circunstancias, es el hecho más notable de su historia y señala el deber de todos los que quieren esforzarse en alcanzar su eminencia. A sus ardientes y perseverantes oraciones se debe, sin duda, atribuir en una gran medida sus distinguidos y casi ininterrumpidos éxitos».

Se cuenta, igualmente, la anécdota del marqués De Renty, para quien Cristo fue muy precioso. Este ordenó a su sirviente llamarlo de sus devociones después de media hora; pero cuando aquel, a la hora indicada, vio a través de una abertura que la cara de su amo estaba marcada con tal santidad, no quiso llamarlo. Los labios del marqués estaban moviéndose, pero él estaba en completo silencio. Así que el sirviente esperó durante una hora y media; entonces, lo llamó, y su amo le respondió que la «media hora» le había parecido muy corta…

William Bramwell es famoso en los anales del metodismo por su santidad personal y por sus éxitos maravillosos en la predicación. Pero, sobre todo, por las maravillosas respuestas a sus oraciones. Oraba muchas horas seguidas. ¡Casi vivía de rodillas!

Lo mismo ocurrió con el Dr. Adoniram Judson Gordon, impresionante misionero en Birmania, que escribió este provechoso consejo:

«Dispón tus asuntos, si es posible, de tal modo que puedas cómodamente dedicar dos o tres horas cada día, no meramente a los ejercicios devocionales sino al verdadero acto de la oración secreta y de la comunión con Dios. Esfuérzate siete veces al día en retirarte de los negocios y compañías, y eleva tu alma a Dios en retiro privado. Comienza el día levantándote después de medianoche, para dedicar algo de tiempo entre el silencio y la oscuridad de la noche a esta obra sagrada. Procura también que la primera hora del día te encuentre en la misma obra. Y que las nueve, dos, tres, seis y nueve de la noche testifiquen lo mismo. Sé resuelto en su causa. Haz todos los sacrificios practicables para mantenerla. Considera que tu tiempo es corto, y no permitas que los negocios y las compañías te roben el tiempo que le debes a tu Dios».[71]

Al mirar los corredores de la historia en el tema de la oración, los que conocimos a Yiye en lo íntimo encontramos una gran sintonía. En estos tiempos también ha habido hombres de mucha oración. Son muchos los críticos, los teólogos, muchos los predicadores y misioneros, pero pocos los del calibre espiritual de la oración que Dios aspira. Permita Dios que aquellos que buscan errores y defectos en la vida de Yiye puedan encontrar también aquellos aspectos inspiradores y paradigmáticos que emanan de su vida y ministerio.

---

[71] Edward M. Bounds, *Grandes autores de la fe. Lo mejor de Edward M. Bounds*. Terrassa: CLIE. 2001, p. 456-458.

La oración en la Biblia

Oh, cualquiera que sea tu pecado, o tu tristeza, o tu necesidad, levántate en medio de las sombras crepusculares que envuelven tu alma, y entrégate a la oración.

Octavius Winslow (1808-1878)

Lo que quiero señalar ahora tiene que ver con unos pocos elementos de la comprensión bíblica de Yiye con respecto a la oración. No es propiamente un estudio bíblico de este tema, ni un análisis detallado de lo que él pensaba, como ya he venido señalando.

Un aspecto que me llama la atención es que Yiye creía que la oración exitosa no era esporádica. La oración que triunfa es la que implica perseverancia y periodicidad con Dios.

> La oración de éxito implica un contacto diario con Dios [...]. Si, como siervo de Dios, no oras diariamente en abundancia las fuerzas de las tinieblas se movilizarán contra ti y paralizarán fácilmente tus esfuerzos. Hay que conquistar las victorias de rodillas, y luego lanzarse a apropiarse de lo que ya es nuestro. En la oración hay una sustancia verdadera [...]. Dios las almacena y luego las usa en el momento oportuno para darnos la victoria.[72]

Yiye señalaba que la oración constante se almacena y luego Dios la usa para darnos la victoria. Aquellos que oran cuando tienen problemas solamente carecen de poder en la oración. Pero los que prevalecen en la cámara secreta, cualquier oración que hagan, corta o larga, estremecerá el cielo. *Otro ángel vino*

---

[72] Yiye Ávila, *La Ciencia de la Oración*, p. 15.

entonces y se paró ante el altar, con un incensario de oro; y se le dio mucho incienso para añadirlo a las oraciones de todos los santos, sobre el altar de oro que estaba delante del trono (Ap. 8:3). Este texto es citado por Yiye en este punto. Aquí las oraciones que fueron subiendo como olor fragante representado por el incienso coadyuvan a cumplir el propósito de Dios. *Y el ángel tomó el incensario, y lo llenó del fuego del altar, y lo arrojó a la tierra; y hubo truenos, y voces, y relámpagos, y un terremoto* (Ap. 8:5). Las oraciones llegan al cielo y regresan materializadas en respuestas que sacuden la tierra.

Wesley L. Duewel, en este sentido, cita un comentario que está en sintonía con el pensamiento de Yiye, y me parece apropiado mencionarlo también en esta ocasión:

> La fuerza de la oración puede intensificarse hasta llegar a ser casi irresistible. Así como la gracia no es algo que se pueda acumular, la oración sí lo es. La subida de las aguas en momentos de inundación puede arrastrar el obstáculo que hubiera y reventar cualquier represa; de igual modo, la fuerza acumulada de la oración que prevalece puede remover obstáculos inamovibles. La base consiste en orar sin cesar, y se trata de algo más que una mera actividad: tiene que llegar a ser una actividad en la vida de la persona.[73]

Ambos, tanto Duewel como Yiye, mencionan el concepto de almacenar o acumular, dando a entender que hay peticiones que tendrán respuesta en la medida en que se insista por largo tiempo, hasta lograr lo pedido. No todas las respuestas llegarán después de alguna que otra oración esporádica, sino que será necesario levantar un clamor perseverante por largo tiempo hasta que acontezca el milagro.

---

[73] Duewel, *Cambie el mundo a través de la oración*, p. 139, 140.

Yiye creía además que la oración implicaba la *sinergia* establecida por Dios para llevar a cabo su plan en este mundo. *Las oraciones del pueblo de Dios hacen posible la ejecución del plan de Dios sobre la tierra. Hay que predicar y trabajar, pero para que veamos el fruto hay que guardar el contacto día y noche con Dios.*[74]

Algunos, malentendiendo la doctrina de la soberanía de Dios, piensan que oremos o no los sucesos que tienen que ocurrir sucederán, pero tal cosa no es verdadera. Y en esto el pensamiento de Yiye me satisface mucho. Hay eventos que pasarán si oramos y otros que no pasarán si no oramos. En este aspecto Yiye opinaba similarmente a Juan Wesley. Entre sus obras, podemos leer: *Dios solo actúa en respuesta a nuestras oraciones.*[75] La oración es un medio a través del cual le decimos a Dios: *Quiero que actúes en mi vida y en mis asuntos.*

En la oración modelo dice que debemos orar para tener el sustento diario. La pregunta que debemos hacernos en este momento sería: ¿Si no oramos igualmente habrá sustento? *El pan nuestro de cada día, dánoslo hoy* (Mt. 6:11). En esta oración que Jesús nos enseñó para que nos guiáramos y aprendiéramos a orar también hay otras peticiones, que de igual manera nos muestran la importancia de pedir. Tal es el caso de pedir perdón por los pecados, o auxilio en las tentaciones. *Y perdónanos nuestras deudas, como también nosotros perdonamos a nuestros deudores. Y no nos metas en tentación, mas líbranos del mal…* (Mt. 6:12-13).

Además, Yiye entendía que la oración no debía ser algo extraordinario y fuera de serie en la vida del creyente, sino más bien algo tan común como las acciones involuntarias que

---

[74] Ávila, *La Ciencia de la Oración,* p. 15.

[75] Justo González, *Obras de Wesley. Tomo VIII, Tratados teológicos*. Henrico: Editorial Wesley Heritage Foundation, 1998, p. 154.

nuestros cuerpos realizan continuamente. *La oración debe convertirse en algo tan natural como la respiración. Así derrotamos las fuerzas espirituales que obran contra nosotros y formamos una valla de protección alrededor nuestro.*[76] Es cierto que para aquella persona que ha comenzado a cultivar una vida de oración el inicio puede tornarse fatigoso y hasta indeseable, teniendo que llevar adelante esta práctica no como un placer con plena naturalidad, sino como una disciplina que le es impuesta, pero el desenlace de tal cultivo de la vida espiritual en la oración debería llegar a ser parte natural de la cotidianidad. Esto lo vio Yiye reflejado en el Salmo 55:16-17: *En cuanto a mí, a Dios clamaré; Y Jehová me salvará. Tarde y mañana y al mediodía oraré y clamaré, y él oirá mi voz.*

La oración está ligada a los dones del Espíritu. Estos van de la mano, porque cuando hay oración hay manifestación de los *carismas.* Yiye afirmó: *Los creyentes deben orar y ayunar y demandar de Dios la manifestación de los dones del Espíritu en sus vidas para que puedan llevar más frutos.*[77] La oración se refuerza a través de los dones, y a través de los dones la oración es dirigida y logra también eficacia. Estos van de la mano. Así leemos en 1 Corintios 14:1, 12: *Seguid el amor; y procurad los dones espirituales [...]. Así también vosotros; pues que anheláis dones espirituales, procurad abundar en ellos para edificación de la iglesia.*

Cuando se manifiestan los dones, la oración puede ser más precisa porque esta ofrece información y dirección para dirigirse de una manera directa a la situación que se está enfrentando. El Señor muestra hacia dónde debe ser dirigida la oración. Yiye expresaba: *La operación de los dones del Espíritu*

---

[76] Ávila, *La Ciencia de la Oración*, p. 16.

[77] Ibid., p. 73.

Santo puede ser un factor decisivo para que la oración vaya directamente al problema y sea eficaz.[78]

La oración es el medio para la liberación de los espíritus malignos. Aunque a veces la liberación se logra a través del exorcismo sobre las vidas de los que están poseídos por los demonios, hay casos diferentes. Estos son los auténticos creyentes que están siendo oprimidos. En este caso, el creyente es quien debe orar pidiendo la liberación, renunciando a aquello que puede ser ocasión para que el maligno obre y traiga dominación sobre su vida. De allí que Yiye expresa: *...La oración de fe obra la liberación. Si no se renuncia y se confiesa la opresión, el espíritu puede seguir oprimiendo libremente a la persona [...]. Cuando la persona confiesa una falta y renuncia al espíritu que la provoca, de inmediato este pierde el poder y el derecho de permanecer en la persona oprimida.*[79]

Es interesante también señalar que Yiye dedica espacio a abordar el tema de la oración y la relación que esta tiene con la voluntad de Dios. Esto me llama la atención, porque en el mundo carismático del que soy parte a veces se hace énfasis en la oración y la fe como garantía de que si están juntas lo que se pida inevitablemente llegará. Creo que una perspectiva así distorsionaría el tema de la oración. Yiye citó 1 Juan 5:14 que dice: *Y esta es la confianza que tenemos en él, que si pedimos alguna cosa conforme a su voluntad, él nos oye.* Aunque se ore y se haga fervorosamente, si algo no está en conformidad con los deseos y los intereses divinos no llegará.

> Muchas veces al orar, oramos en tinieblas. No sabemos cuál es la voluntad de Dios y estamos sencillamente orando en oscuridad. No podemos entonces venir con confianza y

---

78 Ibid., p. 71.

79 Ibid., p. 116.

seguridad. Solo tendríamos la esperanza de que Él nos oiga. Esto no es sensato. Es mejor ir a la Palabra de Dios y ver qué dice en relación con el problema que estamos enfrentando. Luego podemos orar en fe sabiendo su voluntad en esa materia. Prácticamente todo lo que es necesario que oremos está cubierto en la Palabra de Dios.[80]

---

80 Ibid., p. 55, 56.

Capítulo IX

LOS DONES ESPIRITUALES

Defensor de los dones espirituales

Necesitamos hombres que ardan al rojo vivo, que irradien el fuego con tan intenso calor que no podamos siquiera acercarnos sin sentir que nuestros corazones se están quemando; hombres como relámpagos lanzados de la misma mano de Jehová, despedazando estrepitosamente cada cosa que se opone en su camino, hasta que lleguen a su blanco; ¡hombres impulsados por la Omnipotencia!

Charles Spurgeon (1834-1892)

Es sabido, por la práctica y la enseñanza de Yiye, que este era un defensor de los dones espirituales. Yiye manifestaba a través de su ministerio tener múltiples dones espirituales, y las personas daban testimonio de cómo Dios usaba a este siervo con este potencial espiritual, con el cual servía a Dios y muchos eran beneficiados.

El tema de los dones es otro de mucho debate dentro del mundo evangélico. En este punto igualmente Yiye no escapa a la crítica. Aquí no voy a entrar en cada uno de los senderos que se desprenden de esta doctrina. Ya he señalado que no es objeto de nuestro trabajo, no hay espacio para un análisis prolijo de esto, a lo cual habría que dedicar un libro. De manera que quiero en este tópico hacer algún señalamiento sucinto. Los elementos que quiero señalar van dirigidos, sobre todo, a la vigencia de los dones. Yiye era partidario de lo que se ha dado en llamar teología *continuista*. Esto quiere decir que creía que los dones espirituales continúan vigentes hasta nuestros días. Este criterio contrasta con los *cesacionistas* que, por su parte, esgrimen que algunos dones, de manera especial aquellos que son más sobresalientes y espectaculares, han desaparecido en nuestros días.

Siendo yo mismo un *continuista*, quisiera llamar la atención hacia dos aspectos que considero relevantes. Uno histórico y otro bíblico.

El primero indica que la historia, contrariamente a lo que enseñan algunos *cesacionistas*, da testimonio en las diferentes épocas de la manifestación de los dones espirituales. La historia da testimonio de que los dones han acompañado a la iglesia. Por supuesto, en épocas de gran apostasía quizá la manifestación de estos no ha sido tan resplandeciente, pero aun así Dios se ha expresado en dones a través de sus siervos. Otro elemento por el que en ciertos momentos de la historia algunos dones no están, o no son tan abundantes, se debe a la soberanía de Dios. Los dones espirituales son manifestación de la voluntad de Dios y Él los dispensa como y cuando quiere. De manera que en este primer punto creo que Yiye tiene la historia a su favor. A manera de ejemplo, traigo a colación algunas alusiones de la historia que atestiguan lo que vengo expresando.

Los dones en la historia

La fe no opera en el reino de la posibilidad.
No hay gloria para Dios en lo que es humanamente posible.
La fe empieza donde termina el poder del hombre.
George Müller (1805-1898)

En la etapa patrística encontramos que Clemente de Roma (35-99), conocido como un padre apostólico porque recibió la predicación del evangelio directamente de los apóstoles de Jesucristo, expresó:

> Así pues, que todo nuestro cuerpo sea preservado en Cristo Jesús [...] y que cada uno se ponga al servicio de su prójimo según dicte su don espiritual concreto.[81]

La referencia de Clemente al don espiritual manifiesta que estos dones estaban operando entre los cristianos romanos a finales del primer siglo.

Pocos años más tarde, Justino, el mártir, (100-165) enunció:

> Para innumerables personas poseídas por demonios a través de todo el mundo y en su ciudad, muchos de nuestros hombres cristianos los echaban en el nombre de Jesucristo [...] han sanado y sanan, lanzando fuera los demonios de los hombres, quienes no habían sido curados ni por los que usaban encanto, ni drogas.[82]

---

[81] Ronald A. Kydd, *Dones carismáticos en la iglesia primitiva: los dones del Espíritu en los primeros 300 años.* Miramar: Patmos. 2023, p. 25.

[82] Ralph Mahoney, *El cayado del pastor. Señales y maravillas hoy.* Burbank: World MAP, 1995, p. 24.

Ireneo (140-203), quien fuera obispo de Lyon, habló sobre los dones expresando:

> Aquellos que en verdad son sus discípulos [...] llevan a cabo «milagros» en su nombre, de modo de promover el bienestar de otros hombres, conforme al don que cada uno ha recibido de Él. Porque algunos, de cierto y verdaderamente, echan fuera demonios, de modo que aquellos que han sido limpiados así de espíritus malos frecuentemente creen en «Cristo» y se unen a la iglesia. Porque algunos tienen conocimiento previo de las cosas por venir; ellos ven visiones y pronuncian expresiones proféticas. Otros aun sanan a los enfermos por medio de imponer las manos sobre ellos, y ellos son sanados. Sí, todavía más, como he dicho, incluso los muertos han sido resucitados, y permanecen entre nosotros por muchos años. ¿Y qué más diré? No es posible nombrar el número de los dones que la iglesia [...] a lo largo de todo el mundo ha recibido de Dios...[83]

Tertuliano (160-220) contó testimonios, haciendo referencia hasta a los nombres de los que habían sido receptores de la manifestación de los dones, los cuales podían testificar la veracidad de los hechos:

> Todo esto puede que haya sido traído ante su atención oficialmente y por los mismos mediadores, quienes están también bajo obligación hacia nosotros, aunque en corte expresan sus opiniones (voces) como mejor les place. El secretario de uno de ellos que estaba expuesto a ser lanzado a tierra por un espíritu del mal fue libertado de su aflicción,

[83] Pablo Deiros, *La acción del Espíritu Santo en la historia*. Caribe, 1998, p. 96.

> al igual que el pariente de otro y el niño de un tercero [...]. ¡Cuántos hombres de rango (sin mencionar de la gente común) han sido liberados de los demonios y sanados de enfermedades! Aun el mismo Severo padre de Antonina, era muy gentil y atento con los cristianos, pues buscó al cristiano Próculo, a quien llamaban Torpacio, el mayordomo de Euhodia, y en gratitud por haber orado por su sanidad una vez por vía de la unción, él le mantuvo en su palacio hasta el día de su muerte.[84]

Antonio (251-356) compartió un suceso que nos ilustra la vigencia de los dones en los hijos de Dios:

> Una vez, un demonio muy alto apareció con una procesión de malos espíritus y dijo intrépidamente: «Yo soy el poder de Dios, soy Su providencia. ¿Qué desea que le otorgue?». Yo entonces soplé mi aliento sobre él, llamando el Nombre de Cristo y traté de golpearle. Al parecer tuve éxito, pues inmediatamente, tan vasto como era él, junto a todos sus demonios, desapareció al escuchar el nombre de Cristo.[85]

Hilarión (291-371) testifica sobre milagros vividos en su vida cristiana:

> Facidia es un suburbio pequeño de la ciudad de Rinocorura, una ciudad de Egipto. Desde esta aldea, una mujer que había estado ciega por más de diez años fue traída para ser bendecida por Hilarión. Al ser presentada a él por los hermanos (ya había muchos monjes con él), ella le dijo que

---

[84] Mahoney, *El cayado del pastor. Señales y maravillas hoy*, p. 26.

[85] Ibid., p. 27.

había gastado todos sus recursos en médicos. El santo le replicó: «Si lo que perdiste en médicos se lo hubieras dado a los pobres, Jesús, el Médico genuino, te habría sanado hace mucho tiempo». Entonces ella clamó en alta voz y le imploró que tuviera misericordia de ella. Luego, siguiendo el ejemplo del Salvador, le untó saliva sobre los ojos y fue curada inmediatamente.[86]

Gregorio, obispo de Nisa, narró un suceso que le había acontecido a su hermana Macrina La Más Joven (328-380):

> Había entre nosotros una niñita que padecía en un ojo por causa de una enfermedad infecciosa. Era algo terrible y patético ver cómo la membrana que rodeaba la pupila de su ojo se hinchaba y se ponía blanca por dicha enfermedad. Me fui al cuarto de los hombres, donde su hermano Pedro era Superior, y mi esposa se fue al de las mujeres para estar con Santa Macrina. Después de un intervalo de tiempo nos estábamos preparando para marcharnos, pero la bendecida no permitió que mi esposa se fuera; le dijo que no dejaría ir a mi hija a quien tenía entre sus brazos, hasta que nos diera de comer algo y nos ofreciera «la opulencia de la filosofía». Ella besó a la niña, como uno pudiera esperar, colocando sus labios sobre su ojo. Cuando notó la pupila enferma, dijo: Si me hace el favor de permanecer hasta la hora de la comida, les daré algo a cambio de tal honor. Cuando la madre de la niña le preguntó qué era, la gran dama replicó: «Tengo una medicina que es especialmente efectiva para curar cualquier enfermedad de la vista». Nos quedamos con mucha alegría y más tarde partimos de regreso a nuestro hogar muy felices. Cada uno de nosotros contaba su propia

[86] Ibid., p. 27.

historia en el camino. Mi esposa estaba contando todo en orden, como si fuera un tratado, y cuando llegó el punto en el cual la medicina fue prometida, interrumpió la narración y dijo: «¿Qué hemos hecho? ¿Cómo olvidamos la promesa, la medicina de los ojos?». Me molesté por nuestro olvido, y rápidamente envié a uno de mis hombres de vuelta a buscar la medicina. Cuando la niña, que estaba en brazos de su niñera, miró a su mamá, esta, al mirarla al ojo enfermo notó algo sorprendente y dijo inmediatamente: «¡Deja de preocuparte por nuestro olvido!». Ella dijo esto a toda voz, gozosa y temblando. «Nada de lo que fue prometido ha sido omitido, sino que la verdadera medicina que cura las enfermedades, la cura que viene de las oraciones, eso es lo que ella nos ha dado y ya obró. Nada queda de la enfermedad de los ojos». A medida que decía esto, tomó a la niña y la colocó en mis brazos. Yo también comprendí entonces los milagros en el evangelio que antes no creía, diciendo: «¡Qué cosa maravillosa es que los ciegos reciban la restauración de su vista por la mano prodigiosa de Dios a través de sus fieles servidores! Es la fe en Él la que obra tales milagros a través de estas personas especiales».[87]

Agustín de Hipona (354-430) reforzaba su creencia en la continuidad de los dones al expresar:

> Nosotros todavía hacemos lo que los apóstoles hicieron cuando imponían las manos sobre los samaritanos y hacían que el Espíritu Santo descendiera sobre ellos. Se espera que los conversos hablen en nuevas lenguas [...]. Algunas veces se objeta que los milagros, los cuales los cristianos afirman que han ocurrido, ya no ocurren. La verdad es que aún hoy

[87] Ibid., p. 28.

> los milagros están obrando en el Nombre de Cristo, algunas veces a través de la intercesión de Sus santos.[88]

En la etapa medieval encontramos pocos testimonios debido a la oscuridad espiritual que reinaba en aquellos siglos. Sin embargo, la historia recoge que de Vicente Ferrer (1350-1419) hablan muchos libros contando sus vivencias como siervo de Dios. Un ejemplo de esto es lo siguiente:

> En noviembre de 1399 salió de Aviñón y empleó 20 años en la predicación apostólica. A medida que el Espíritu lo movía, o a medida que se le solicitaba, visitaba y volvía a visitar lugares de toda España, del sur de Francia, de Lombardía, de Suiza, del norte de Francia y de los Países Bajos. Con elocuencia ferviente, predicaba sobre la necesidad del arrepentimiento y la venida del Juicio [...]. Los milagros en el orden natural y de la gracia, acompañaban sus pasos.[89]

En la etapa de la reforma vemos a Martín Lutero, el gran reformador del siglo XVI, quien fue descrito de la siguiente forma:

> El Dr. Martín Lutero era un profeta, evangelista, hablaba en lenguas e interpretaba lenguas. Era una persona dotada de todos esos dones del Espíritu Santo. Él oraba por los enfermos y echaba fuera demonios. Era un luterano Pentecostal.[90]

Juan Calvino (1509-1564) defendió el don de lenguas de la siguiente manera:

---

[88] Ibid., p. 28.
[89] Ibid., p. 32.
[90] Ibid., p. 33.

> Al presente, grandes teólogos [...] hablan en contra de ellas con furioso celo. Puesto que es un hecho que el Espíritu Santo ha honrado el uso de lenguas con elogios que nunca mueren, podríamos considerar rápidamente la clase de espíritu que usa a tales reformadores, quienes nivelan tantos reproches como pueden contra el tratar de obtenerlas [...]. No obstante, Pablo habla a favor del uso de lenguas. Él está lejos del desear que sean abolidas o dejadas de lado.[91]

El gran Juan Wesley (1703-1791) creía en la continuidad de los dones:

> Con todo, no creo que Dios se haya abstenido de ejercer su poder soberano de la operación de milagros en cualquier clase o grado y en cualquier época, ni lo hará hasta el fin del mundo. No recuerdo alguna escritura en la cual hayamos sido enseñados de que los milagros deberían ser confinados dentro de los límites, ya sea de la era apostólica o de la era cipriánica o de cualquier otro período de tiempo [...]. No he visto en el Antiguo ni en el Nuevo Testamentos intimación alguna de esa clase. San Pablo dice, concerniente a dos de los Dones milagrosos del Espíritu (creo yo que esa prueba es usualmente comprendida): «Porque las profecías cesarán, y también las lenguas». Pero no dice que estas o cualquier otro milagro cesará hasta que la esperanza y la fe dejen de ser también, hasta que todos desaparezcan en la visión de Dios...[92]

Zinzendorf (1700-1760), amigo de Juan Wesley, compartía con su iglesia lo siguiente:

---

[91] Mahoney, *El cayado del pastor. Señales y maravillas hoy*, p. 34.

[92] Ibid., p. 37.

> Creer contra esperanza es la raíz del don de milagros; y debo este testimonio a nuestra amada iglesia, que los poderes apostólicos son manifestados allí. Tenemos pruebas innegables de ellos. En la sanidad de enfermos en sí incurables, tales como cáncer, consunción, y cuando el paciente estaba en la agonía de la muerte, todo por medio de una oración o palabra.[93]

El reverendo R. Goos PD., gran amigo de Moody, escribió sobre su amigo lo siguiente:

> Cuando llegué al salón de la I.N.T.A. encontré que la reunión estaba encendida, había jóvenes hablando en lenguas y otros profetizando. Pensé: ¿qué cielos significa esto? Moody les había estado predicando aquella tarde y yo me pregunté: ¿qué clase de hombre es este? No le di mi mano, y muchos de los clérigos se oponían de tal manera a su movimiento que incluso se volvieron contra el inocente I.N.T.A. por haberles cedido nuestro local.[94]

Las citas que he dado anteriormente son solo algunos pocos ejemplos selectos de los muchos que se podrían dar. La literatura que hace referencia a las manifestaciones de los dones espirituales en la historia del cristianismo ha venido creciendo, y hoy tenemos a la mano mucha más evidencia de estos en diferentes épocas. Wayne Grudem ha expresado sobre los dones en la historia:

> Hay crecientes pruebas históricas de que los dones milagrosos tuvieron lugar a lo largo de la historia de la iglesia

---

[93] Guy Duffield, *Fundamentos de teología pentecostal.* Editorial Desafío, Bogotá. 2006, p. 418.

[94] R. Goos, *Tribulaciones y triunfos de la Fe.* 1875, p. 402.

> en mayor o menor grado, aun cuando se descuenten las afirmaciones exageradas o evidentemente espurias. A menudo se registran las curaciones y otros tipos de respuestas milagrosas a las oraciones. Hubo también gente que decía ser profeta durante toda la historia primitiva...[95]

Frank W. R. Benoit, tratando de afirmar el *cesacionismo*, arma un argumento que llama *El principio de la temporalidad.* Lo que trata de mostrar en la primera parte de su libro es que en las Escrituras y en la historia hay vacíos en cuanto a los actos milagrosos y de dones. A partir de esto expresa entonces su tesis declarando que no es cosa extraña que algunos dones extraordinarios, o de señal, como él los llama, hayan cesado. En apoyo a esto, cita a René Pache:

> Si los dones milagrosos (sanidades, milagros, profecías, lenguas) han estado ausentes en ciertos tiempos, la causa probable se ha hallado no siempre en la incredulidad del hombre sino en la voluntad de Dios [...]. Tanto en el Antiguo Testamento como en el Nuevo Testamento, Dios aumentó el número de milagros en ciertos momentos [...]. Cuando Él llamó a los israelitas fuera de Egipto [...] luego los milagros cesaron por muchos siglos solo para llegar a ser frecuentes otra vez durante el ministerio de Elías y Eliseo.[96]

Tengo total acuerdo con esta cita. Benoit en su libro trata de evitar las caricaturas y lucha por establecer definiciones adecuadas. Sin embargo, pienso que al tratar de definir a un

---

[95] Wayne Grudem, *Teología sistemática*, Miami: Editorial Vida, 2007. p. 1101, 1102.

[96] Frank W. R. Benoit, *No por Ignorancia.* Deep River Books: Sevilla, 2020. p. 43.

continuista falla en su argumento, elaborando una caricatura más. Decir que algún don estuvo ausente durante alguna época, o decir que hubo pocas manifestaciones carismáticas en cierta etapa, es coherente con el continuismo. Las razones de la ausencia de los dones pueden ser múltiples. No hay una sola razón para dicha ausencia. Además, la ausencia de algún don por algún tiempo no requiere tampoco la eliminación de este de la vida de la iglesia.

Como bien él ha establecido, no todos lo continuistas piensan igual y un aspecto que hay que resaltar, donde su argumento pierde fuerza, es que ser un *continuista* no requiere necesariamente la existencia de todos los dones en todas las épocas, cosa que, de acuerdo con lo que entendemos como dones, es imposible dada la naturaleza infinita de los dones, como veremos más adelante. La vigencia de los dones implica la posibilidad de cualquier don en cualquier época, pero no la necesaria manifestación en todas las épocas de todos los dones. Un *continuista,* al menos como nosotros, afirmará la posibilidad de cualquier don en cualquier época, pero no su inevitable manifestación.

Los dones en la Biblia

Si se prueba que hubo milagros que fueron ejecutados en el segundo siglo después de Cristo, ninguna razón puede ser sostenida que afirme que no podrían ser ejecutados en el siglo XIX.

Adoniram Judson (1788-1850)

El otro punto que quiero considerar a favor del hermano Yiye es el bíblico. En este punto Yiye no argumentó, por lo menos hasta donde hemos visto, sino que lo dio por hecho y vivió la manifestación de los dones, de manera que lo que haré será detallar mi punto de vista, seleccionando algunos textos bíblicos que aportan en este sentido.

Yiye siempre apeló a las Escrituras como el fundamento de lo que creía y practicaba. Aquí creo que la razón igualmente está de su lado. El *cesacionismo* apela mucho a la historia para tratar de demostrar que algunos dones no están en la iglesia, y que, si alguien pretende tenerlos, sencillamente es una farsa. La crítica que el *cesacionismo* le ha hecho al *continuismo* de que este apela a lo experiencial para sostener la vigencia de los dones espirituales, es también verdad de ellos. Porque aluden a supuestos vacíos históricos para descalificar la actualidad de los dones. Aquí, por su supuesto, no negamos que hay mucha farsa, y que las pretensiones de algunos en demostrar supuestos dones no siempre son de Dios. Los supuestos dones a veces son burdas imitaciones de origen humano, otras veces de origen demoniaco, pero esto no niega de ningún modo lo auténticamente divino. Por el contrario, lo afirma, porque no tendría caso la obra de Satanás al tratar de demostrar y confundir lo que ahora no tiene lugar.

Al leer las Escrituras, aprecio que una postura *cesacionista* es huérfana de toda base bíblica. No veo cómo demostrar a la luz de la Palabra de Dios que la iglesia ahora carece de este poder.

Comenzamos por decir que los dones espirituales son capacidades o destrezas del poder divino concedidas a los creyentes por el Espíritu Santo. La palabra don o dote viene del griego *charismata*, que es dádiva, regalo, gracia. Por ser manifestaciones del Espíritu implican lo milagroso, implican la dimensión sobrenatural. Cuando hablo de los dones y los apellidos espirituales, la única razón es porque vienen del Espíritu Santo. Es decir, no son de origen natural, humano. Yiye expresa en este sentido: *Los dones son manifestaciones del*

Espíritu, no de la carne, solamente del Espíritu Santo de Dios…[97] Estas capacidades del poder divino implican que el creyente se convierte en un canal o vía para que Dios haga la obra, y no el hombre. Los hombres, en este sentido, solo cuentan con el privilegio de ser instrumentos; su gozo es disfrutar de ser la herramienta del cielo. De aquí también se implica que las cuatro listas de dones expresadas en la Biblia no manifiestan todos los dones que pudieran existir (1 Cor. 12:8-10, 28; Ef. 4:11; Ro. 12:6-8; 1 P. 4:11). Sencillamente porque si los dones son manifestaciones del poder de Dios este es infinito, por lo tanto, infinitos son los dones.[98] A continuación, enumeraré la lista de dones de las citas bíblicas mencionadas para observar su falta de uniformidad, de aquí que nunca pretendí ser exhaustivo mostrando todos los dones que existen. Esta es otra evidencia de que la lista de dones es mucho más larga que los que aquí se mencionan:

1 Corintios 12:28
Apóstol.
Profeta.
Maestro.
Milagros.
Tipos de sanidad.
Ayudas.

---

[97] Yiye Ávila, *Dones del Espíritu.* Medley: Unilit. 2016, p. 9, 10.

[98] Yiye habla de nueve dones; puede ser que esté hablando de nueve en el sentido de que son los que menciona el texto, según su opinión, o podría ser que él esté pensando que los dones se limitan a los expresados en el texto bíblico. Con base en la lista de Corintios, los clasifica para su estudio en: Dones de hablar: Lenguas, interpretación y profecía. Dones de conocimiento: Palabra de ciencia, palabra de sabiduría y discernimiento. Dones de poder: Sanidad divina, milagros y don de fe. Yiye Ávila, *Dones del Espíritu*, p. 23, 25.

Administración.
Lenguas.

1 Corintios 8-10
Palabra de sabiduría.
Palabra de conocimiento.
Fe.
Dones de sanidad.
Milagros.
Profecía.
Discernimiento de espíritus.
Lenguas.
Interpretación de lenguas.

Efesios 4:11
Apóstol.
Profeta.
Evangelista.
Pastor-maestro.

Romanos 12:6-8
Profecía.
Servicio.
Enseñanza.
Aliento.
Contribución.
Liderazgo.
Misericordia.

1 Pedro 4:11
El que habla (cubre varios dones).
El que presta algún servicio (cubre varios dones).

Como he expresado, si los dones son manifestaciones milagrosas del poder divino, no entendemos cómo el *cesacionismo* puede no creer en la vigencia de estos, pero sí en milagros. La diferencia sería que el milagro puede implicar un acto directo de Dios sin mediación humana, en tanto que la operación milagrosa a través de los dones siempre implicaría a las personas como instrumentos. Además, la manifestación milagrosa a través de cualquier creyente es una manifestación del poder de Dios y, por tanto, una manifestación temporal del don. De manera que entendemos que los dones pueden manifestarse también intermitentemente.

Sam Waldrom, quien es un *cesacionista*, se expresa en los siguientes términos respecto a lo que ya he dicho:

> El cesacionismo es lo opuesto al continuismo, y enseña que todos los dones milagrosos han cesado para la iglesia de hoy. Cuando digo que defenderé una forma de cesacionismo quiero decir que, si bien los dones milagrosos han cesado para ser entregados hoy, no significa que Dios nunca obre milagros o realice actos sobrenaturales en nuestro mundo actual. Por esa razón, mi postura cesacionista sostiene que los dones milagrosos, por un lado, y los milagros, por el otro, son distintos, y que la Biblia enseña el cese de los dones milagrosos, pero no de todos los milagros.[99]

No estoy de acuerdo con este planteamiento porque limita el poder de Dios. Por ejemplo, si un creyente ora por un enfermo y este recibe sanidad, ¿qué aconteció? Se produjo un milagro, pero también la manifestación del don de sanidad, aunque este creyente la mayoría de las veces que oró no

---

[99] Sam Waldron, *¿Continuarán?, una crítica bíblica a la continuación de los dones milagrosos*. Pensacola: Chapel Library. 2020, p. 4.

fue sanado. Si el don de sanidad es la manifestación del poder de Dios a través de un creyente para sanar, entonces, Dios obró por el don. Creo que esta es la mejor manera de concebir estas acciones divinas. Encajonar, o simplificar, o limitar la manifestación divina en algún sentido nos parece una manera de no entender la naturaleza de los dones, la naturaleza del poder divino y la naturaleza de lo milagroso.

Pasemos entonces a fundamentar mi opinión continuista con algunas bases bíblicas de manera sucinta, sin entrar en todos los escollos que el texto pueda plantear.

Los dones profetizados. La profecía bíblica en el libro de Joel 2:28-32 ya anunciaba de antemano la obra del Espíritu por medio de dones, señales y milagros. El día de Pentecostés, cuando se cumplió la venida del Espíritu Santo, Pedro pronuncia un sermón en el que señala este evento como el cumplimiento de la profecía de Joel:

> Porque estos no están ebrios, como vosotros suponéis, puesto que es la hora tercera del día. Mas esto es lo dicho por el profeta Joel: Y en los postreros días, dice Dios, derramaré de mi Espíritu sobre toda carne, y vuestros hijos y vuestras hijas profetizarán; vuestros jóvenes verán visiones, y vuestros ancianos soñarán sueños; y de cierto sobre mis siervos y sobre mis siervas en aquellos días derramaré de mi Espíritu, y profetizarán. Y daré prodigios arriba en el cielo, y señales abajo en la tierra, sangre y fuego y vapor de humo; el sol se convertirá en tinieblas, y la luna en sangre, antes que venga el día del Señor, grande y manifiesto; y todo aquel que invocare el nombre del Señor, será salvo (Hch. 2:15-21).

Lo primero que Pedro señala es el espacio en el que tiene cumplimiento la profecía bíblica. En el contexto de Pentecostés, donde el Espíritu había llegado de manera definitoria y se estaba expresando poderosamente en los primeros discípulos, Pedro alega: *...Mas esto es lo dicho por el profeta Joel: Y en los postreros días, dice Dios, derramaré de mi Espíritu...* ¿Cuál es el momento señalado por Pedro? El momento es *los postreros días*. El espacio de cumplimento de la profecía no es solo un momento puntual, sino también un espacio histórico que abarca desde la primera venida de Cristo hasta su segunda venida. Grau nos explica esta expresión de la siguiente manera:

> ¿Qué significa la expresión postreros días? [...] el término es empleado a menudo por los autores del Nuevo Testamento [...] para señalar el tiempo que comenzó con la venida de Jesucristo al mundo [...] que cubre desde la primera hasta la segunda venida de Cristo, la que se considera como los postreros días, la consumación de los siglos, el cumplimiento del tiempo, los fines de los siglos, etc. Los últimos tiempos, bíblicamente hablando, son los nuestros desde la encarnación del Hijo de Dios. Con su venida, Jesucristo ha inaugurado el período final de la historia del mundo y de la humanidad; período que puede durar, no obstante, varios miles de años.[100]

El segundo aspecto sobre el que quiero llamar la atención es el alcance que tiene esta obra del Espíritu: *...derramaré de mi Espíritu sobre toda carne...* En el Antiguo Testamento la obra del Espíritu estaba restringida solo a algunas personas, momentos especiales y algún evento trascendental. Pero ahora se estaba abriendo una etapa en la que la obra del Espíritu estaría disponible para toda persona, en todo momento, en

---

[100] José Grau, *Curso de formación teológica evangélica. 7 Escatología final de los tiempos*. Terrassa: CLIE. 1977, p. 403.

cualquier situación. Es un derramamiento, lo que implica abundancia. Sería un tiempo de copiosa obra del Espíritu, porque sería sobre toda la humanidad.

Luego tenemos la manera en la que sería: *...y vuestros hijos y vuestras hijas profetizarán; vuestros jóvenes verán visiones, y vuestros ancianos soñarán sueños; y de cierto sobre mis siervos y sobre mis siervas en aquellos días [...] y profetizarán, y daré prodigios...* Aquí se destaca la poderosa acción del Espíritu en carismas y milagros. No hay que entender esto como un bosquejo imprescindible de lo que tenía que pasar, sino como un ejemplo de la manifestación carismática que es inherente al Espíritu. Durante toda esta economía habría manifestaciones completas del poder de Dios y los dones espirituales en acción. Cristo había prometido que sus seguidores harían mayores cosas que Él. *De cierto, de cierto os digo: El que en mí cree, las obras que yo hago, él las hará también; y aún mayores hará, porque yo voy al Padre* (Jn. 14:12). Aunque sin duda el texto alude a la extensión del reino de Dios, no debe descartarse la intensidad de esta obra realizada a través de la iglesia también.

La aplicación que hace Pedro del profetismo parece ligar este don al de las lenguas. A través de las lenguas se estaba comunicando la Palabra de Dios, y es probable que a esto Pedro aluda. Se aprecia que esta etapa histórica contendría la manifestación del don profético. Se señalan también las visiones y los sueños como parte de esa obra del Espíritu que distingue los postreros días. Las visiones son instructivas para el presente y el futuro. Los sueños podrían contener revelaciones, mientras dormían, en contraste con las visiones que son revelaciones visuales, sin tomarse en cuenta si la persona dormía o permanecía despierta. La dimensión milagrosa y sobrenatural es algo típico de la iglesia a la luz de estos textos bíblicos. Se añade además prodigios. La iglesia primitiva disfrutó de prodigios, señales, dones y manifestaciones sobrenaturales. Fue una iglesia carismática. De la misma manera, la iglesia de las diferentes épocas tendría testimonio y evidencia de esa obra. Los prodigios son portentos y las señales son milagros a las que alude el Nuevo Testamento abundantemente. El cumplimiento de la promesa del Espíritu Santo abría un camino de manifestaciones milagrosas en dones hasta la segunda venida, porque estaría presente para los *postreros días.*

Los dones y la venida de Cristo. Otro texto bíblico que está en sintonía con lo que vengo expresando es 1 Corintios 1:7: *De tal manera que nada os falta en ningún don, esperando la manifestación de nuestro Señor Jesucristo.* Los dones espirituales existen para la edificación del cuerpo de Cristo, es decir que son instrumentos divinos para que la iglesia crezca espiritualmente. De manera que nos parece inapropiado hablar del cese de los dones si son para la edificación de la iglesia. Mientras la iglesia está en este mundo, en su carácter heterogéneo, va siendo edificada de acuerdo con la necesidad; el crecimiento en cada punto es estimulado y guiado de acuerdo a donde se encuentre y, por tanto, necesita de los dones que contribuyen a esta causa. En este texto bíblico que he señalado, el apóstol Pablo conecta la existencia de los dones en la iglesia con el cumplimiento profético de la segunda venida de Cristo. De hecho, la promesa del Espíritu Santo sobre la iglesia era una capacitación para llevar adelante la predicación del evangelio, que salvaría las almas hasta el fin: *Pero recibiréis poder, cuando haya venido sobre vosotros el Espíritu Santo, y me seréis testigos en Jerusalén, en toda Judea, en Samaria, y hasta lo último de la tierra* (Hch. 1:8).

Los dones y lo perfecto. Agrego más fundamento bíblico que respalda el carácter vigente de los dones espirituales, que se encuentra en 1 Corintios 13:8-13:

> El amor nunca deja de ser; pero las profecías se acabarán, y cesarán las lenguas, y la ciencia acabará. Porque en parte conocemos, y en parte profetizamos; mas cuando venga lo perfecto, entonces lo que es en parte se acabará. Cuando yo era niño, hablaba como niño, pensaba como niño, juzgaba como niño; mas cuando ya fui hombre, dejé lo que era de niño. Ahora vemos por espejo, oscuramente; mas entonces veremos cara a cara. Ahora conozco en parte; pero entonces conoceré como fui conocido. Y ahora permanecen la fe, la esperanza y el amor, estos tres; pero el mayor de ellos es el amor.

Este pasaje bíblico se inserta en medio de la discusión de los dones espirituales. El apóstol Pablo hace una digresión para señalar el amor como la motivación para usar los dones espirituales y señalar la superioridad de esta virtud en relación con los dones de lenguas, de ciencia y de profecía. Al mismo tiempo presenta lo temporal de los dones en contraste con lo vitalicio del amor. Señala lo imperfecto o limitado de los dones en contraste con un estado de perfección futura. Además, presenta la diferencia entre el estado de niñez, la condición humana actual, con la adultez o madurez, la etapa futura. Otra oposición que presenta es el ver de manera tenue o limitada con un ver pleno, o lo que llama *cara a cara*, condición que explica cómo conocer *en parte y conocer como fui conocido*.

Pablo presenta el carácter eterno del amor en oposición a tres *carismas* o dones que toma como ejemplo para mostrar que estos están destinados a llegar al fin. Los dones mencionados son: de profecía, de lenguas y de ciencia. El tenor del texto es que lo que es verdad de estos tres dones también es verdad en todos los dones. Los dones caducarán, pero el amor es vitalicio. El sentido de por qué Pablo usa estos tres dones quizá es poque la profecía para Pablo era un don importante e inteligible. Los otros dones, de lenguas y de ciencia, eran predilectos para los corintios.[101]

Aquí la pregunta clave sería: ¿qué quiere decir *cuando venga lo perfecto*? Entender la semántica de esta expresión es definitorio en cuanto a la vigencia y cesación de los dones espirituales. Hagamos una reseña de las interpretaciones más importantes dadas a esta expresión.

Una interpretación en cuanto a *lo perfecto* es que se trata del cierre del canon bíblico. Para poner un ejemplo, citaré al teólogo Rolland McCune, que se adhiere a esta opinión al expresar:

> El apóstol Pablo señaló que la actividad reveladora finalmente cesará. El momento en el que esto sucedería es motivo de debate, pero el texto indica que hablar en lenguas (y, por implicación, todos los dones reveladores) es considerado un aspecto de la etapa que dice que es «en parte» y «cuando era niño», la cual cesaría con la llegada de «lo perfecto» (*to teleion*), la adultez o el conocimiento completo. Esto sugiere con firmeza el fin de la actividad reveladora con la llegada del canon completo del Nuevo Testamento para la era de la iglesia. Burlar esta autoridad absoluta a favor de alguna forma de revelación directa es abandonar la estabilidad de la experiencia cristiana.[102]

Para McCune, como para tantos otros teólogos, la llegada de lo perfecto es el cierre del canon del Nuevo Testamento.

---

[101] Gordon D. Fee, *Primera Epístola a los Corintios.* Buenos Aires: Nueva Creación. 1994, p. 729.

[102] Rolland McCune, *Teología sistemática del cristianismo bíblico.* Sebring: Editorial Bautista Independiente. 2018, p. 97, 98.

Él cree que las Sagradas Escrituras vienen a sustituir las manifestaciones carismáticas de la iglesia. Incluso para él es una amenaza al Nuevo Testamento la manifestación de los dones en la iglesia.

Para responder a este criterio citaré a otro teólogo, pero continuista. Se podrían dar varios argumentos contundentes que ripostan dicho criterio, sin embargo, nos parece que el problema de fondo es hermenéutico, esto es la metodología o la ciencia de la interpretación. De manera que si se logra proceder adecuadamente en el análisis y en el tratamiento del texto bíblico, muchos de los problemas desaparecerán. Dice Gordon D. Fee en contra de esta interpretación:

> ...como regla fundamental [...] un texto no puede significar lo que nunca pudo haber significado para su autor o sus lectores [...]. Por ejemplo, la justificación más frecuente para hacer caso omiso de los mandamientos acerca de la búsqueda de los dones espirituales en 1 Corintios 14 es una interpretación particular de 1 Corintios 13:10, que declara que «cuando venga lo perfecto, entonces lo que es en parte se acabará». Se nos dice que lo perfecto ha llegado en la forma del Nuevo Testamento, y por eso lo imperfecto (profecía y lenguas) ha dejado de funcionar en la iglesia. No obstante, esto es algo que el texto no puede querer decir, porque la buena exégesis lo desaprueba por completo. No es posible que Pablo haya querido decir eso. Sus lectores no sabían que habría un Nuevo Testamento, y el Espíritu Santo no le hubiera permitido a Pablo que escribiera algo totalmente incomprensible para ellos.[103]

---

[103] Gordon D. Fee, *La lectura eficaz de la Biblia*. Deerfield: Editorial Vida. 1995, p. 52.

La cita de Gordon D. Fee creo que responde por sí sola a la idea de que lo perfecto sea el Nuevo Testamento. Un tratamiento hermenéutico adecuado no da lugar a tal criterio. Cualquier significado que a nosotros nos parezca que tiene la Escritura debió ser hallado por los lectores originales primero. La Palabra de Dios para nosotros es la Palabra de Dios para los lectores originales. Algo que no significó nada para los lectores originales no puede significar algo para nosotros. Cuando leemos la Biblia buscando significado para nosotros debemos comenzar por entender cuál es su significado histórico, y solo entonces podremos hallar de manera legítima la aplicación, el significado actual o el principio general que se deriva del texto.

Otra interpretación cesacionista es aquella que plantea que la idea del texto no es de dones sino de los contenidos de estos dones, es decir el conocimiento que estos proveen. Para esclarecer esta opinión citaré a San Waldron, quien es un proponente de este criterio, para que él mismo nos explique:

> El versículo 8 no habla de profecía en singular, sino de profecías en plural. Por lo tanto, el énfasis no está en el don de profecía en sí mismo, sino en las diversas revelaciones y profecías entregadas por medio del don de profecía. En consecuencia, el versículo 8 enfatiza no el don de profecía sino el contenido de la profecía o las profecías, en plural, que han sido dadas a través del don ya mencionado. El énfasis, entonces, del contexto anterior no está en los dones de lengua y de profecía, sino claramente en el conocimiento parcial, asociado a esos dones [...]. Esta declaración enfatiza el carácter parcial del conocimiento [...]. Dado que el continuacionista piensa que lo que es en parte se refiere a los dones parciales de profecía y de lenguas, por analogía y

> debido al paralelo, lo perfecto en su interpretación debería referirse a algún don perfecto...[104]

Waldron es coherente en su propuesta y logra un argumento armónico al interpretar el texto buscando cierta simetría. Sin embargo, el contexto mediato no le ayuda, en nuestra opinión. La razón por la que existe el pasaje de la preeminencia del amor es porque Pablo, después de presentar el tema de los dones en el capítulo 12, pasa al 13 para señalar aquello que debe mover a los creyentes en el uso de estos dones. En el capítulo 13 no se pasa a otro tema, sino que se continúa con el tema de los dones. Aunque se habla del amor, el tema no es esta virtud. El punto es que los dones caducarán y hay ideales más sublimes a los cuales tributan los dones. Además de que el capítulo 14 continúa hablando de los dones, señalando los abusos que se han hecho en la iglesia de Corinto y cómo debía llevarse a cabo la práctica de estos dones. Creo que la correcta comprensión es que estos dones que proveen un conocimiento parcial serán sustituidos por el estado perfecto al que entraremos cuando Cristo venga. Los dones que proveen el conocimiento parcial no pueden ser separados del conocimiento mismo.

Volvamos por un momento al texto bíblico, dejando de lado las interpretaciones que se han dado.

Los dones y la edificación de la iglesia. Efesios 4:7-16 es otro texto importante a la hora de dilucidar el tema de los dones espirituales. El precedente de este texto bíblico es cuando Pablo estimula a andar en humildad y mansedumbre, procurando la unidad de la iglesia. El texto bíblico al que quiero aludir luego dice:

---

[104] Waldron, *¿Continuarán?, una crítica bíblica a la continuación de los dones milagrosos*, p. 67, 68.

> Pero a cada uno de nosotros fue dada la gracia conforme a la medida del don de Cristo. Por lo cual dice: Subiendo a lo alto, llevó cautiva la cautividad, y dio dones a los hombres. Y eso de que subió, ¿qué es, sino que también había descendido primero a las partes más bajas de la tierra? El que descendió, es el mismo que también subió por encima de todos los cielos para llenarlo todo. Y él mismo constituyó a unos, apóstoles; a otros, profetas; a otros, evangelistas; a otros, pastores y maestros, a fin de perfeccionar a los santos para la obra del ministerio, para la edificación del cuerpo de Cristo, hasta que todos lleguemos a la unidad de la fe y del conocimiento del Hijo de Dios, a un varón perfecto, a la medida de la estatura de la plenitud de Cristo; para que ya no seamos niños fluctuantes, llevados por doquiera de todo viento de doctrina, por estratagema de hombres que para engañar emplean con astucia las artimañas del error, sino que siguiendo la verdad en amor, crezcamos en todo en aquel que es la cabeza, esto es, Cristo, de quien todo el cuerpo, bien concertado y unido entre sí por todas las coyunturas que se ayudan mutuamente, según la actividad propia de cada miembro, recibe su crecimiento para ir edificándose en amor.

El primer aspecto que señalaré se encuentra en el versículo 7, donde dice que *a cada uno le fue dada la gracia conforme a la medida del don de Cristo*. La distribución de los dones a cada persona implica características particulares a favor de la unidad de la iglesia. Es una unidad en la diversidad, porque la distribución de la gracia en abundantes dones implica que en la iglesia se necesitan los unos a los otros. No son algunas personas las privilegiadas que forman una casta jerárquica, sino que son todos o *cada uno,* como dice el texto. De manera que no hay lugar para el orgullo ni para los celos entre los que han recibido esta gracia. Cada uno debe reconocer que la fuente de bendición es el Señor Jesús. No es el resultado de uno mismo. Se debe entender que cada uno es portador de algún don y no de todos los dones, la gracia es dada con medida o con límites. Solo Dios es todopoderoso. Todos los creyentes, entonces, deben ser responsables de usar estos dones para el bien de la iglesia. Los dones son para ayudar al crecimiento de la iglesia y para que haya unidad.

Luego, en los versículos 8-10, el apóstol hace una aplicación del Salmo 68:18, señalando la ascensión y exaltación del Señor Jesús. A aquellos que habían sido cautivos, Cristo ahora los conquistó para su causa y los salvó a través de su exaltación. Esta promoción salvó a los cautivos y dio dones a los hombres. Pablo cita el Salmo 68:18 con ligeras variaciones. En el Salmo dice: *...tomaste dones para los hombres, y también para los rebeldes,* y Pablo lo aplica expresando: *...y dio dones a los hombres.* La ligera variación no entraña una mayor dificultad porque el que triunfa es el que obtiene los bienes para luego repartirlos. En la antigüedad era una práctica común que el vencedor fuera generoso y repartiera los bienes adquiridos entre los suyos. Un ejemplo lo podemos encontrar en el caso de Abraham, cuando derrotó a Quedorlaomer y luego repartió el botín entre Lot, Melquisedec, Aner, Escol y Mamre (Gn. 14). Una cita interesante que se aviene se encuentra en el Libro del profeta Isaías: *Por tanto, yo le daré parte con los grandes, y con los fuertes repartirá despojos; por cuanto derramó su vida hasta la muerte, y fue contado con los pecadores, habiendo él llevado el pecado de muchos, y orado por los transgresores* (Is. 53:12). Cristo por su victoria obtuvo lo que ahora la iglesia disfruta. El Señor llevó *...cautiva la cautividad...*, es decir, que aquellos que habían sido presa del pecado y de Satanás ahora son su conquista. El Señor libera a muchos de la esclavitud espiritual y los hace suyos.

En el versículo 9 está la causa por la que fue exaltado y promocionado, y es que primero descendió a las partes más bajas de la tierra. La expresión: *...a las partes más bajas de la tierra* significa el sufrimiento y la vergüenza indescriptibles. Quiere decir que sufrió el oprobio, que experimentó la humillación para lograr la salvación, y esta ardua labor fue lo que lo llevó a ser sumamente enaltecido por Dios.

El versículo 10 presenta la aguda y radical oposición de condiciones en las que Cristo participó. El texto continúa: *el que descendió, es el mismo que también subió por encima de todos los cielos...* Aquí está expresada la exaltación como premio y corona de su victoria. La gloria de Cristo redunda en provisión para los creyentes, de la cual son los dones. Cuando dice: *para llenarlo todo* indica el derramamiento de su gracia ahora sobre toda alma, de manera especial en la iglesia, con sus dones.

De aquí que el versículo 11 ejemplifique esos dones, mencionando cuatro como paradigma de los muchos que existen: apóstoles, profetas, evangelistas y pastores-maestros. Cuando se mencionan estos dones, algunos quieren diferenciarlos aludiendo que son oficios. Pero el texto viene señalando los dones, como he venido mostrando. No veo conflicto en este respecto porque todo ministerio o servicio se ejerce de acuerdo con el don que se ha recibido. Otro texto en donde es evidente que Pablo entiende esto como dones, es: 1 Corintios 12:28-29: *Y a unos puso Dios en la iglesia primeramente, apóstoles, luego profetas, lo tercero maestros, luego los que hacen milagros, después los que sanan, los que ayudan, los que administran, los que tienen don de lenguas. ¿Son todos apóstoles?, ¿son todos profetas?, ¿todos maestros?, ¿hacen todos milagros?*

El primero, el *apostolado*, es un don que ha sido causa de muchos debates. Algunos, temiendo los excesos y las pretensiones de los autotitulados apóstoles, a veces restringen ese concepto a los doce. Es verdad que hay una clase apostólica irrepetible, que claramente el Nuevo Testamento califica como los que estuvieron con el Señor, vieron al Señor resucitado y fueron nombrados directamente por Él. También es verdad que el concepto en el Nuevo Testamento es más amplio e implica a líderes, misioneros e iniciadores de nuevas obras en los campos misioneros. Hay un sentido estrecho del concepto apóstol y un sentido más amplio en el cual sigue habiendo este tipo de don. Un autor cesacionista, pero que es capaz de ver el concepto de apóstol en un sentido más amplio, es Louis Berkhof cuando dice: *Hablando en forma estricta, este hombre se aplica solo a los doce escogidos por Jesús y a Pablo; pero también se aplica a ciertos hombres apostólicos que ayudaron a Pablo en su trabajo, y que estuvieron capacitados con dones y gracias apostólicas.*[105] Es probable que la alusión al apostolado debamos entenderla en el sentido más amplio, porque los dotados con esta gracia son instrumentos de crecimiento para la iglesia.

Los *profetas* son aquellos que, de una manera especial, han sido dotados para comunicar el mensaje de Dios, trayendo edificación, corrección y guía a la iglesia. En este punto, otra vez Berkhof parece ver matices en el don profético, implicando ciertas características para la época apostólica y otras de carácter perenne. Aunque no me suscriba a todo lo que este autor expresa, me llama la atención que vea el profetismo en la actualidad, aunque con ciertas características.

> Evidentemente el don de hablar para la edificación de la iglesia estuvo muy desarrollado en estos profetas, y fueron en ocasiones los instrumentos para revelar misterios y predecir eventos del futuro. La primera parte de este don es permanente en la iglesia cristiana, y fue distintamente

[105] Louis Berkhof, *Teología sistemática,* Libros Desafío. Gran Rapids, 2012, p. 699.

reconocido por las iglesias reformadas (profetizar), pero la última parte, fue de carácter carismático y temporal.[106]

El *evangelista* es otro don al que Pablo alude y que tiene que ver con aquellos apasionados por la salvación de las almas, que son eficaces en alcanzar a los perdidos. Aunque todos los creyentes han sido comisionados para evangelizar, no todos tienen la capacitación especial como evangelistas, y por eso no todos tienen grandes resultados sino solo los dotados con este don.

El último don al que Pablo alude es el de *pastor-maestro*. Algunas personas creen que aquí se está hablando de dos dones, pero la construcción gramatical griega parece apuntar no a dos sino a un don. Son dos aspectos de un mismo don. Pero sin duda el magisterio es muy importante para la labor pastoral. El cuidado de las ovejas implica el ofrecimiento del buen pasto, la buena enseñanza de la Palabra de Dios. Hay numerosos estudiosos que ven aquí un don con facetas. Sin embargo, se refiere a un mismo grupo de personas.

El versículo 12 nos muestra que los dones que Cristo distribuyó a la iglesia perfeccionan a los santos para la obra del ministerio. Es decir, que los hace aptos para el servicio, que es para la edificación de la iglesia. Si los dones capacitan para el ministerio, y estos logran el crecimiento de la iglesia, son imprescindibles. Una iglesia sin dones es como una persona con impedimento físico: está limitada y no puede lograr un buen desarrollo. Todos los santos deben ocuparse, a través de la capacitación de los dones, de ser edificados.

El límite de los dones está planteado en el versículo 13, porque los dones se dan hasta que se logre la unidad y la perfección, la estatura de Cristo mismo. Los dones llevan a la iglesia al propósito de ser como Cristo. La iglesia no puede

---

[106] Ibid., p. 699.

prescindir de los dones hasta que se haya logrado este ideal y esto se cumplirá completamente en la segunda venida de Cristo. C. Samuel Storms dijo:

> No encuentro nada en el Nuevo Testamento, ni veo nada en la condición de la iglesia de cualquier época, que me lleve a creer que hemos superado la necesidad de la edificación y, por lo tanto, no necesitamos la contribución de los *charismata*. Admito abiertamente que los dones espirituales fueron esenciales en el nacimiento de la iglesia, pero ¿por qué iban a ser menos necesarios o importantes para su crecimiento continuo y su madurez? [...]. Efesios 4:11-13 fecha explícitamente la duración de los dones: serán necesarios [hasta que todos lleguemos a la unidad de la fe y del conocimiento pleno del hijo de Dios, a la condición de un hombre maduro, a la medida de la estatura de la plenitud de Cristo (...)]. El objetivo o fin por el cual los dones cesan es el nivel de madurez moral y espiritual que el cristiano individual y la iglesia en conjunto solamente conseguirán al final de la presente época...[107]

Los versículos 14 y 15 señalan también que los dones en la iglesia ayudan a superar la infancia, que tiene carácter cambiante por ser una etapa inmadura, llevándola a escalar estaturas espirituales. En el poder del Espíritu, los creyentes son guardados del error.

El versículo 16 expresa que los dones son una provisión de ayuda mutua en el cuerpo, que es la iglesia. Otra vez se enfatiza en la unidad de la iglesia a través de la diversidad de los dones.

---

[107] Wayne A. Grudem, *¿Son vigentes los dones milagrosos? Cuatro puntos de vista, colección teológica contemporánea.* CLIE: Barcelona, 2004, p. 203.

Una nota sobre el don de sanidad

...[Dios] es quien coloca a los profetas en la iglesia [...] otorga las sanidades, efectúa obras maravillosas [...] haciendo a la iglesia del Señor, de esa manera y en todas partes, perfecta y completa.

Novaciano (210-280)

Una enseñanza que Yiye abrazó, enfatizó y vivió fue que el creyente debía estar sano. Esta es la perfecta voluntad de Dios, que los creyentes tengan salud. Para Yiye no era admisible que se mantuviera la enfermedad sobre los cuerpos de los auténticos creyentes. Esta enseñanza, que no es propia de Yiye, sino que venía de hace muchos años atrás, fue abrazada por él. También transitó ampliamente en el sector pentecostal. No solo se hace énfasis en el don de sanidad para el desarrollo del ministerio sino en la sanidad física completa del auténtico creyente. Añadamos algunas reflexiones e información en este acápite de la sanidad.

El origen de la enfermedad

Creemos que Dios envía todas las pestes, y que las envía con un propósito; y concebimos que es nuestra labor, como ministros de Dios, llamar la atención de la gente hacia Dios en la enfermedad, y enseñarles la lección que Dios quiere que aprendan.

Charles Spurgeon (1834-1892)

Hablemos en primer lugar sobre el origen de la enfermedad en los cuerpos de los creyentes. Es un hecho, sobre el que no habría que convencer a ningún creyente, que los cuerpos se enferman, no solamente los cuerpos de los incrédulos, de los impíos, sino también los cuerpos de los fieles. Hay abundante testimonio en la Escritura de fieles creyentes que se enfermaron y sufrieron las consecuencias de las dolencias en su cuerpo, de manera que el origen de la enfermedad es otro elemento que hay que considerar a la hora de hablar de la sanidad del cuerpo. La Biblia nos enseña que el origen del mal, incluyendo especialmente el mal físico, es el pecado. Las enfermedades entraron cuando el hombre pecó. La Biblia nos enseña en Romanos 5:12 que por el pecado entró la muerte, y la muerte muchas veces llega a nuestras vidas como resultado de la enfermedad: *Por tanto, como el pecado entró en el mundo por un hombre, y por el pecado la muerte, así la muerte pasó a todos los hombres, por cuanto todos pecaron.*

Por supuesto que, aunque en general la muerte viene por causa del pecado, esto no quiere decir que cada persona de manera especial esté enferma por algún pecado particular que haya cometido. Muchas veces se han enfermado porque la creación caída y corrompida está dañada; como resultado cada hombre, independientemente de su estado espiritual presente, de su actitud y de su relación con Dios, puede enfermarse, y de hecho se enferma.

El cuerpo es importante para Dios

> *Nuestros pecados merecen todas las penas y dolores, incluso el más grave. Somos salvados de la ruina, a la que por el pecado nos hacemos responsables, poniendo nuestros pecados sobre Cristo. Esta expiación debía ser hecha por nuestros pecados. Y este es el único camino de salvación.*
>
> Matthew Henry (1662-1714)

También debo decir que Dios no solamente nos ha creado con un alma espiritual, que tiene necesidades y que Dios está interesado en ella, sino que también nos ha creado con un cuerpo físico. Dios nos creó con una parte material y una parte espiritual, y por ambas partes Cristo murió. Cristo murió por la persona integralmente. *Y no temáis a los que matan el cuerpo, mas el alma no pueden matar; temed más bien a aquel que puede destruir el alma y el cuerpo en el infierno* (Mt. 10:28).

En 1 Corintios 6:19-20 se habla del cuerpo físico como parte de la salvación de Dios y como una parte sobre la que hay que tener cuidado: *¿O ignoráis que vuestro cuerpo es templo del Espíritu Santo, el cual está en vosotros, el cual tenéis de Dios, y que no sois vuestros? Porque habéis sido comprados por precio; glorificad, pues, a Dios en vuestro cuerpo y en vuestro espíritu, los cuales son de Dios.* El cuerpo del creyente es morada de Dios, porque el Señor está viviendo en el cuerpo de los creyentes.

El cuerpo está incluido en la redención, en la salvación. En Romanos 8:23 leemos: *...y no solo ella, sino que también nosotros mismos, que tenemos las primicias del Espíritu, nosotros también gemimos dentro de nosotros mismos, esperando la adopción, la redención de nuestro cuerpo.* La Biblia nos habla de la redención de nuestro cuerpo. No solamente el alma será salva, sino también el cuerpo, que espera la glorificación en el día postrero. Queda claro así que, en el futuro, el cuerpo espera una liberación, una transformación que lo eleva. La salvación del cuerpo se consuma en el día de la resurrección. En 1 Corintios 6:14 encontramos que: *Y Dios, que levantó al Señor, también a nosotros nos levantará con su poder.*

La Biblia nos dice también que el cuerpo de un cristiano es parte de Cristo mismo. En 1 Corintios 6:15 dice: *¿No sabéis que vuestros cuerpos son miembros de Cristo? ¿Quitaré, pues, los miembros de Cristo y los haré miembros de una ramera? De ningún modo.* El creyente ahora no se pertenece, sino que tiene como dueño al Señor y eso en su estado físico actual.

Dios está al cuidado y valora el cuerpo de sus hijos. En 1 Corintios 6:16-18 leemos: *¿O no sabéis que el que se une con una ramera, es un cuerpo con ella? Porque dice: Los dos serán una sola carne. Pero el que se une al Señor, un espíritu es con él. Huid de la fornicación. Cualquier otro pecado que el hombre cometa, está fuera del cuerpo; mas el que fornica, contra su propio cuerpo peca.* El cuerpo debe ser santo, se debe cuidar cada acto que lo implique. La Biblia habla aquí de actos pecaminosos que de manera especial afectan al cuerpo. Los cristianos también son instados a presentar su cuerpo como sacrificio vivo a Dios. Romanos 12:1 dice: *Así que, hermanos, os ruego por las misericordias de Dios, que presentéis vuestros cuerpos en sacrificio vivo, santo, agradable a Dios, que es vuestro culto racional.*

La Biblia habla de glorificar a Dios con nuestros cuerpos en 1 Corintios 3:16-17: *¿No sabéis que sois templo de Dios, y que el Espíritu de Dios mora en vosotros? Si alguno destruyere el templo de Dios, Dios le destruirá a él; porque el templo de Dios, el cual sois vosotros, santo es.* Cuando el cuerpo es cuidado y usado adecuadamente, Dios recibe gloria.

Todos estos aspectos nos hablan del valor que Dios le confiere a nuestro cuerpo. El cuerpo forma parte del plan de salvación que Dios tiene y los creyentes deben de cuidar y valorar sus cuerpos.

La voluntad de Dios y la enfermedad

Una respuesta que dice no a la petición de sanidad física me ayuda a conocer más tu gracia y aumenta mi compasión por otros [...] compartir tu sufrimiento es la sanidad más profunda [...] es la verdadera sanidad.

Joni Eareckson Tada (1949-)

En este punto debo entonces valorar la voluntad de Dios en relación con la enfermedad. Es un hecho que el origen de la enfermedad es el pecado. También es un hecho que Dios nos ama y se preocupa por el bienestar no solamente de nuestras almas, sino también de nuestros cuerpos. Entonces, sería válido preguntarnos: ¿es siempre la voluntad de Dios que seamos sanos? La Biblia nos enseña, cuando nos habla de la oración, que debemos orar expresando: *Hágase tu voluntad.*

Eso quiere decir que muchas veces Dios tiene un plan específico sobre cada situación y no siempre tendremos claridad acerca de cuál es el plan perfecto en cada caso. Por lo tanto, debemos confiar en Él y poner nuestra situación, nuestra petición, en el altar, dejando los resultados bajo su soberanía, su sabiduría y su propósito específico sobre cada situación.

Hay muchos casos en las Escrituras donde creyentes fieles se enfermaron y no recibieron sanidad, lo que nos hace pensar que, aunque debemos pedir por nuestra salud y debemos saber que Dios es poderoso para hacer cualquier milagro que nuestro cuerpo necesite, no siempre será su perfecta voluntad obrar sanidad. A veces el Señor se valdrá de nuestras debilidades, de nuestras carencias físicas y de nuestras limitaciones para ejecutar algún ideal superior, algún plan mejor. Dios es tan grande que aun usa la obra de Satanás. Usa los males que existen en el mundo para propósitos mayores; de manera que no es de extrañar que Dios pueda usar también la enfermedad en alguna que otra ocasión para propósitos mayores. No es su plan perfecto que la humanidad esté bajo pecado, que el mundo esté caído, pero ha decidido la sabiduría divina usar tales circunstancias para obrar propósitos mayores. Las Escrituras nos dan testimonio de que un día la enfermedad pasará, un día la enfermedad dejará de ser.

En el sacrificio de Cristo la enfermedad también ha sido tratada y ha sido llevada, pero de la misma manera que sucede con la muerte de los salvos, también sucede muchas veces con la enfermedad. La muerte les llega a los hijos de Dios aun cuando Cristo murió para que no haya más muerte, porque este aspecto del plan de salvación, de eliminar de manera definitoria la muerte, todavía está reservada para el día postrero. Hay un día donde finalmente no habrá más muerte, donde la muerte será eliminada. Igualmente, en ese día futuro, donde se consumará la salvación de manera plena, dejará de existir también la enfermedad. Pero no debemos suponer que, aunque Cristo llevó la muerte en la cruz del Calvario, no existe la muerte en ningún sentido. Igualmente debemos saber que, aunque Cristo llevó nuestras enfermedades en la cruz, todavía no se cumple ese hecho totalmente en nuestras vidas.

La muerte de Cristo proveyó la salvación para la humanidad y también la posibilidad de que exista un mundo glorificado, *porque la creación fue sujetada a vanidad, no por su propia voluntad, sino por causa del que la sujetó en esperanza; porque también la creación misma será libertada de la esclavitud de corrupción, a la libertad gloriosa de los hijos de Dios. Porque sabemos que toda la creación gime a una, y a una está con dolores de parto hasta ahora* (Ro. 8:20-22), pero no vemos que el mundo esté glorificado aún. También este suceso espera la manifestación gloriosa de Cristo en las nubes con poder y gloria para llevarse a cabo. De manera que sigamos orando para que Dios nos sane, para que

Dios haga milagros sobre nuestros cuerpos enfermos, pero siempre honrando el principio de hágase tu voluntad y no la mía.

La expiación en el Antiguo Testamento

El Nuevo Testamento está oculto en el Antiguo,
y el Antiguo está revelado en el Nuevo.

Agustín de Hipona (354-430)

Los antecedentes bíblicos que el Antiguo Testamento nos ofrece nos dan elementos de juicio para esclarecer los conceptos neotestamentarios. La expiación de Cristo está prefigurada en el Antiguo Testamento. Analizar esas profecías dadas en tipos y en símbolos nos ayuda a ver en perspectiva el sacrificio de Cristo. Tomemos como ejemplo el concepto tan importante de la expiación para analizar su relación con la sanidad física. Esto es esencial para ver su potencial.

La palabra *expiación* que encontramos en la Biblia, y que se usa recurrentemente en el Antiguo Testamento, significa *cubrir*. Cuando un israelita en el Antiguo Testamento traía su ofrenda al sacerdote por su pecado, según lo estipulado por la ley, este sacrificio animal estaría vigente hasta que el Mesías prometido, el Salvador del mundo, viniera y efectuara el sacrificio permanente para resolver el problema del pecado. El supremo y perfecto sacrificio.

Es interesante notar que cuando un israelita estaba enfermo físicamente había una ofrenda estipulada para declararlo limpio de su enfermedad. La expiación guardaba una relación tanto con lo espiritual como con lo físico. En Levítico 14 se describe la ley levítica para aquellas personas que tenían la enfermedad de lepra. Estas eran consideradas impuras y estaban excluidas del santuario hasta que los sacerdotes los declararan limpios. En este capítulo se describe en detalle el rito de la purificación para el enfermo después de que la persona estuviera sana. Había dos ceremonias, una que permitía que la persona entrara al campamento y otra, una semana más tarde, le permitía una participación plena en la vida pública.

A partir del versículo 18 se describe la segunda ceremonia que conlleva la expiación a favor del leproso limpio, a la que se hace alusión en detalle en los versículos subsiguientes, donde se aprecia la relación entre el problema espiritual y el problema físico. *Y lo que quedare del aceite que tiene en su mano, lo pondrá sobre la cabeza del que se purifica; y hará el sacerdote expiación por él delante de Jehová. Ofrecerá luego el sacerdote el sacrificio por el pecado, y hará expiación por el que se ha de purificar de su inmundicia; y después degollará el holocausto, y hará subir el sacerdote el holocausto y la ofrenda sobre el altar. Así hará el sacerdote expiación por él, y será limpio* (Lv. 14:18-20).[108]

Hubo una rebelión en Israel contra Moisés, el líder designado por Dios, narrada en Números 16. El pueblo murmuró contra Moisés y Aarón, y Dios se disgustó y mandó mortandad sobre el pueblo. Esta mortandad fue detenida por orden de Dios, haciendo una expiación sobre el pueblo. *Entonces tomó Aarón el incensario, como Moisés dijo, y corrió en medio de la congregación; y he aquí que la mortandad había comenzado en el pueblo; y él puso incienso, e hizo expiación por el pueblo, y se puso entre los muertos y los vivos; y cesó la mortandad* (Nm. 16:47-48). Se aprecia cómo el problema físico de la plaga es detenido a través de la expiación ordenada por Dios. El pueblo recibe un beneficio físico.[109]

En otra ocasión, el pueblo se rebeló contra Dios hablando en su contra, y atrajo sobre sí mismo el juicio. El juicio consistió

---

108 Guy Duffield, *Fundamentos de teología pentecostal*, p. 419, 420.

109 Ibid., p. 420.

en serpientes que causaban la muerte del pueblo. *Y habló el pueblo contra Dios y contra Moisés: ¿Por qué nos hiciste subir de Egipto para que muramos en este desierto? Pues no hay pan ni agua, y nuestra alma tiene fastidio de este pan tan liviano. Y Jehová envió entre el pueblo serpientes ardientes, que mordían al pueblo; y murió mucho pueblo de Israel. Entonces el pueblo vino a Moisés y dijo: Hemos pecado por haber hablado contra Jehová, y contra ti; ruega a Jehová que quite de nosotros estas serpientes. Y Moisés oró por el pueblo. Y Jehová dijo a Moisés: Hazte una serpiente ardiente, y ponla sobre un asta; y cualquiera que fuere mordido y mirare a ella, vivirá* (Nm. 21:5-8). Cuando el pueblo se arrepintió Dios también proveyó el medio para la sanidad y la liberación. El antídoto era la obediencia de construir y erigir una serpiente de bronce, y mirarla. Las personas mordidas por las serpientes ardientes que miraban a la serpiente de bronce ordenada por Dios eran sanadas y vivían. Este suceso de la serpiente de bronce es citado por el evangelista Juan como un ejemplo o paradigma del sacrificio de Cristo en el Calvario a favor de la humanidad. Los que miran a Él en fe, de la misma manera que lo hacían los israelitas en el antiguo pacto, reciben el milagro de la liberación. Se puede recibir también sanidad física mirando al Calvario. El sacrificio expiatorio de Cristo también puede proveernos el milagro del bienestar físico. *Y como Moisés levantó la serpiente en el desierto, así es necesario que el Hijo del Hombre sea levantado, para que todo aquel que en él cree, no se pierda, mas tenga vida eterna* (Jn. 3:14-15). Aunque el sacrificio de Cristo tiene como prioridad resolver el problema del pecado, otorgar perdón, libertad de la condenación y vida eterna, contiene, como veremos más adelante, un potencial para el bienestar físico también.[110]

[110] Ibid., p. 420.

Por último, aludiré a otro texto con un contenido interesante. *Que le diga que Dios tuvo de él misericordia, que lo libró de descender al sepulcro, que halló redención; su carne será más tierna que la del niño, volverá a los días de su juventud* (Job 33:24-25). Este texto claramente alude a un bienestar físico. Se habla de la liberación de la muerte por la obra de redención divina. Es de notar el hecho de que la palabra *redención*, en hebreo *kofer*, que significa *rescate*, es una palabra emparentada con el verbo *kafar*, también en hebreo, traducido en otras partes de la Escritura como *hacer expiación*.

También llama la atención cómo, al revisar las Escrituras, es recurrente que el perdón de los pecados y las sanidades físicas están tratados conjuntamente: *Si oyeres atentamente la voz de Jehová tu Dios, e hicieres lo recto delante de sus ojos, y dieres oído a sus mandamientos, y guardares todos sus estatutos, ninguna enfermedad de las que envié a los egipcios te enviaré a ti; porque yo soy Jehová tu sanador* (Ex. 15:26). La obediencia del pueblo a los mandamientos divinos, el andar en santidad, es la garantía de obtener el favor divino mostrado también en el bienestar físico, la liberación de toda plaga, de toda enfermedad.

El salmista David alaba y exalta el nombre de Dios porque encuentra en Él misericordia, el perdón de sus maldades y la sanidad a su vulnerabilidad física: *Bendice, alma mía, a Jehová, y no olvides ninguno de sus beneficios. Él es quien perdona todas tus iniquidades, el que sana todas tus dolencias* (Sal. 103:2-3).

El apóstol Santiago recomienda la oración de fe como antídoto contra la enfermedad física y la recepción del perdón de los pecados: *Y la oración de fe salvará al enfermo, y el Señor lo levantará; y si hubiere cometido pecados, le serán perdonados* (Stg. 5:15).

El evangelista Marcos también hace referencia a la misma relación, mostrando que la confianza en el Señor trae la promesa de salvación y, unido a esto, los milagros de sanidad: *El que creyere y fuere bautizado, será salvo; mas el que no creyere, será condenado. Y estas señales seguirán a los que creen: En mi nombre echarán fuera demonios; hablarán nuevas lenguas; tomarán en las manos serpientes, y si bebieren cosa mortífera, no les hará daño; sobre los enfermos pondrán sus manos, y sanarán* (Mr. 16:16-18).[111]

La expiación y la sanidad

> *Este don era la única medicina de la iglesia cristiana, hasta que se perdió por la incredulidad [...] y la oración de fe sanará al enfermo. Lo sanará de su enfermedad y, si algún pecado fuere el motivo de su enfermedad, se le perdonará.*
>
> Juan Wesley (1703-1791)

En este sentido que vengo hablando, puedo decir que la sanidad física es parte de la expiación de Cristo en la cruz. Como ya he mencionado, la enfermedad y las dolencias son parte o consecuencia del pecado, de manera que no pertenecen al plan perfecto de Dios. El plan perfecto de Dios es que el hombre sea sano; sin embargo, ahora existe el mal, existe la enfermedad, y Dios tiene una respuesta para esto. En Isaías 53:4-5 el profeta expresa: *Despreciado y desechado entre los hombres, varón de dolores, experimentado en quebranto; y como que escondimos de él el rostro, fue menospreciado, y no lo estimamos. Ciertamente llevó él nuestras enfermedades, y sufrió nuestros dolores; y nosotros le tuvimos por azotado, por herido de Dios y abatido.*

Dentro del plan de Dios estaba dar remedio no solo al pecado sino también a los males que se desatan como consecuencia

---

[111] Ibid., p. 420.

de este. Esto incluye la enfermedad. El plan restaurador de Dios era enviar a un Salvador que hiciera frente a estos problemas. El profeta está prediciendo que vendría un Salvador que llevaría nuestras enfermedades y sufriría nuestros dolores. No debe haber dudas sobre que Cristo en la cruz no solo llevó nuestros problemas espirituales sino también los físicos.

La obra del Calvario fue un poderosísimo sacrificio capaz de invalidar los problemas espirituales del hombre y también los físicos. Prueba de esto es lo dicho por el evangelista Mateo: *Y cuando llegó la noche, trajeron a él muchos endemoniados; y con la palabra echó fuera a los demonios, y sanó a todos los enfermos; para que se cumpliese lo dicho por el profeta Isaías, cuando dijo: Él mismo tomó nuestras enfermedades, y llevó nuestras dolencias* (Mt. 8:16-17). La interpretación del autor inspirado es que la profecía de Isaías tenía que ver con la sanidad física. El texto es claro en manifestar que las curaciones que el Señor Jesús estaba realizando eran el cumplimento profético de Isaías.

También el apóstol Pedro, otro autor inspirado, aporta su interpretación cuando declara: *...quien llevó él mismo nuestros pecados en su cuerpo sobre el madero, para que nosotros, estando muertos a los pecados, vivamos a la justicia; y por cuya herida fuisteis sanados* (1 Pe. 2:24). Aquí el apóstol nos muestra otra arista del significado de la profecía de Isaías, aludiendo a que la enfermedad y la sanidad tienen carácter espiritual. El sacrificio de Cristo fue el antídoto divino contra el pecado.

¿Debemos elegir entre estas dos interpretaciones? ¿Se han equivocado Mateo y Pedro? Tal idea sería encontrar problemas en las Sagradas Escrituras; sería una negación a la inspiración. Evidentemente las ideas presentadas por ambos autores bíblicos son complementarias. No hay contradicción en lo que dicen ambos. No debemos dudar de que Cristo en la cruz del Calvario nos otorgó la salvación espiritual y la sanidad física, lo cual constituye el paquete completo de la salvación.

Todos los cristianos sabemos que la salvación es integral, es espiritual y es física. La Biblia habla de la glorificación, donde acontecerá la resurrección y la habilitación de nuestros cuerpos para la eternidad. La salvación se completará el día final, en la segunda venida: *En un momento, en un abrir y cerrar de ojos, a la final trompeta; porque se tocará la trompeta, y los muertos serán resucitados incorruptibles, y nosotros seremos transformados. Porque es necesario que esto corruptible se vista de incorrupción, y esto mortal se vista de inmortalidad* (1 Cor. 15:52-53). Entonces lo que sí podemos concluir de todo esto es que, en el transcurso de la historia, Dios nos concederá avances, atisbos, de lo que un día será completo y perfecto. Las diferentes sanidades y milagros que Dios va operando en la historia emanan de la cruz, y un día se consumará de manera plena.

Reseña histórica sobre la sanidad en la expiación

La Biblia enseña claramente que los cristianos nunca deben participar de ninguna cosa que dañe sus cuerpos, nuble su pensamiento o los esclavice.

Gene A. Getz (1932-)

Resulta muy difícil ubicar el origen preciso de la doctrina de la sanidad en la expiación. Cada creyente en Cristo, cada lector de la Biblia y seguidor de las enseñanzas del Nuevo Testamento, reconoce que hay poder en la oración y que Dios responde las oraciones de sus hijos.[112] De modo que cada cristiano, de alguna manera u otra, a lo largo de la historia ha creído en el poder de Dios para sanar y hacer milagros. Sin embargo, las

[112] Donald W. Dayton, *Raíces teológicas del pentecostalismo*. Grand Rapids: Libros Desafíos. 2019, p. 77.

referencias más antiguas que criticaban los excesos en cuanto a las sanaciones mediante la fe en la expiación de Cristo las encontramos en los tiempos de la iglesia constantiniana, en el siglo III d. C., cuando la iglesia católica comenzó a usar el ungimiento con aceite a los enfermos, transformándolo en un sacramento de la extremaunción.

Siglos más tarde, Martín Lutero comenzaba la llamada Reforma en 1517, levantándose en contra de muchas de las enseñanzas católicas, incluyendo este sacramento. Y, aunque defendía el poder de Dios para sanar a los enfermos, le restaba importancia al tema de la sanidad divina. Los últimos años de vida de Martín Lutero reflejan un ligero cambio en sus posturas en contra de la sanidad divina, porque los historiadores recogen el testimonio de un amigo de él, quien recuperó su salud gracias a las oraciones del propio Lutero.

Encontramos a Juan Calvino que expresaba que, aunque sí habían existido milagros de sanidad, más bien estaban reservados para los tiempos bíblicos. Aunque reconocía que el Señor Jesús auxilia a su iglesia en todo tiempo, creía que el don de sanidad era temporal, en parte, por el pecado de los hombres.

John Owen (1616-1683), un puritano calvinista, llevó esta creencia de Calvino a un punto más rígido. Este fomentó la diferencia entre los dones ordinarios y los extraordinarios, siendo los ordinarios exclusivos de los tiempos bíblicos. Owen destacaba que la razón para que este don cesara era producto de las supersticiones mágicas de la iglesia católica, provocando deshonor a la religión cristiana.[113]

Benjamin Warfield (1851-1921) en el siglo XIX se apoyó en las enseñanzas de John Owen y de Juan Calvino para luchar en contra de la doctrina de la sanidad esparcida por sanadores pre-pentecostales que había en su época.

---

113 Ibid., p. 78.

En estos tres últimos reformadores encontramos un vestigio de la doctrina *cesacionista,* la cual en otro lugar desarrollaremos como desafortunada. La iglesia necesita de los dones y en este libro hemos mostrado a Yiye como un testigo moderno que evidencia la continuación de esta dimensión milagrosa expresada en dones.

Juan Wesley escribió sobre muchos testimonios de milagros, por lo que, aunque no planteó una postura definida sobre la sanidad divina, algunos de los defensores de su pensamiento plantean que el concepto de esta doctrina puede leerse entre sus diarios. Wesley no creía tener el don de sanidad, pero sí creía que cuando él oraba a Dios, este contestaba sus oraciones, aun por encima del curso común de la naturaleza.[114]

El pietismo, un movimiento fundado en el siglo XVII que hacía marcado énfasis en la santidad e influenció a grandes filósofos de muchas generaciones, podría ser un precursor importante del nacimiento de la doctrina de la sanidad divina. Sus fuertes convicciones en la continuidad de los milagros por medio de la oración y de la fe denotan tal pensamiento. El pietismo no hizo un marcado énfasis en este tema, pero sí afirmaba que para la liberación de las posesiones demoníacas y el exorcismo eran necesarias la oración de fe y la expiación para la sanidad, tanto física como espiritual.

George Müller (1805-1898) fomentó grandemente la doctrina de la oración de fe. En toda Inglaterra el movimiento de sanidad divina encontró gran apoyo gracias al éxito espiritual y ministerial de George Müller, quien no pedía dinero para sus orfanatos, sino que confiaba solamente en la oración de fe a Dios. Él creía que todo lo que *pidas al Padre, creyendo, lo recibirás*. De manera que, si Dios proveía alimento, también podía proveer sanidad.

---

[114] Ibid., p. 80.

En Estados Unidos, Charles Finney (1792-1875) fue un defensor de la oración vencedora, o la oración efectiva, como él la llamaba. Finney enseñaba que para recibir una bendición de Dios hay que orar con fuerza, hay que orar por algo específico y hay que orar con fe, esperando obtener la bendición de Dios. Finney se destacó por su enseñanza de volver a las raíces de la iglesia primitiva, aquella que, aunque sencilla, vivía experiencias espirituales superiores por su dependencia total en el poder del Espíritu Santo.

Charles Cullis (1833-1892) fue un médico anglicano de Boston que hizo más que cualquier otro por lograr que la iglesia prestara atención al tema de la sanidad. Tras perder a su esposa, dedicó gran parte de su tiempo a estudiar y fomentar la doctrina de la sanidad divina. Estudió la Biblia intensamente e hizo suya cada promesa bíblica, llegando a la conclusión de que la voluntad de Dios era nuestra santificación, destruyendo todo egoísmo e incredulidad.[115] Puso en práctica su fe y utilizó todos sus recursos económicos para abrir un hogar para tuberculosos desahuciados. Hizo refugios para indigentes. Fundó una escuela para diaconisas, hogares para enfermos de la columna y de cáncer. Fundó una iglesia, varias misiones, programas en otros países para misioneros y una universidad para gente de color en Virginia. Todo esto bajo el mismo principio: pedir a Dios con fe y recibir. Muchas de sus enseñanzas comenzaron por el testimonio de George Müller.

William Edwin Boardman (1810-1886) fue un pastor que influenció a su generación con sus escritos sobre las alturas espirituales que la iglesia debía alcanzar, a través de su libro titulado *La vida cristiana superior [The Higher Christian Life]*. Este abrazó las enseñanzas de Cullis y se dedicó a fomentarlas más allá del metodismo. Exponía que la sanidad por fe partía

---

[115] Ibid., p. 84.

del evangelio y de la expiación de Cristo. Para Boardman, perdón y sanidad iban de la mano. Cuando se mudó a Inglaterra continuó enseñando las doctrinas aprendidas de Cullis, impactando el pensamiento de pastores y teólogos de Gran Bretaña.

Entre los impactados por las enseñanzas de Boardman se encontraba Carrie Judd Montgomery (1859-1946), una episcopal influyente que enseñaba a orar y confiar en el sacrificio de Cristo y no en el uso de la medicina. Montgomery defendió las enseñanzas de Cullis y de Boardman, y las dispersó por varios países a través de sus escritos en la revista *Triunfos de la fe [Triumphs of Faith]*, dedicada a publicar artículos sobre la sanidad por la fe. Cada uno de esos artículos de la revista, años más tarde los publicó como un libro, el cual formó parte de la literatura más influyente de esta doctrina.[116]

A pesar de que Montgomery no admitía que nadie cambiara el criterio doctrinal de la sanidad mediante la expiación, su esposo padecía de mala salud y ella misma usaba anteojos, lo que le ganó la crítica de algunos.

Esta enseñanza de sanidad mediante la expiación se consolidó entre los años 1870 y 1881, aproximadamente. Fue popularizada por dos hombres, Albert Benjamín Simpson y Adoniram Judson Gordon.

Simpson era de nacionalidad canadiense, fue criado en la tradición presbiteriana, calvinista. Fue ordenado al ministerio y desarrolló sus primeros nueve años de ministerio en la Iglesia Presbiteriana de Knox, en las cercanías de la ciudad de Hamilton, Ontario. Luego se trasladó a los Estados Unidos para ser pastor en la iglesia presbiteriana más grande de Louisville, Kentucky. En el año 1880 llegó a ser el pastor de la Iglesia Presbiteriana de la calle 13, en la ciudad de Nueva York. Un año después experimentó la sanidad de un problema del

116 Ibid., p. 87.

corazón, lo que añadió preparación a su énfasis en la sanidad divina años después.

En 1885 fue invitado a la convención de santidad y sanidad divina en Londres, dada por el pastor William Boardman. Allí Simpson compartió su testimonio de cómo abrazó la *sanidad divina*, como él llamó a esta enseñanza:

> Hace unos veintisiete años estuve durante un período de diez meses sumido en la mayor depresión, hasta que salí de ella tan solamente por la fe en Jesús como mi Salvador. Unos doce años atrás caí en otra profunda experiencia de autocondenación, y salí de eso creyendo en Jesús como mi Santificador. Después de años de enseñanza de Jesús y de esperar en Él, el Señor me mostró hace cuatro años que era su bendita voluntad ser el Salvador completo no solo de mi alma sino también de mi cuerpo.
>
> La redención encuentra su centro en la cruz de nuestro Señor Jesucristo y es allí donde debemos buscar el principio fundamental de la Sanidad Divina, que descansa en el sacrificio expiatorio. Esto sigue necesariamente del primer principio que acabamos de afirmar. Si la enfermedad es un resultado de la caída, debe ser incluida en la expiación de Cristo, la cual llega tan lejos como se encuentre la maldición.
>
> Si esa es la forma en que Dios cura, entonces otros deben ser los métodos humanos, y debe haber algún riesgo en repudiar deliberadamente el primero para abrazar el segundo [...] para el hijo de Dios que confía y obedece, no hay otra manera más excelente que aquella prescrita claramente en su Palabra.[117]

Simpson empezó a realizar encuentros muy numerosos. Inauguró lo que se llamó la «Casa de la Bendición» (*Berachah*

---

[117] Ibid., p. 88, 89.

home) los viernes en el *Gospel Tabernacle* de la ciudad de Nueva York. Por medio de esas y otras actividades llegó a ser una persona conocida en el creciente «Movimiento de la fe». Un libro muy importante de Simpson fue *El evangelio de la sanidad* [*The gospel of healing*]. Su principal aporte en esta obra es que Jesucristo es la clave tanto para la santidad como para la sanidad. Allí argumentaba en contra del empleo de medios como médicos y remedios. Posteriormente dio a luz otros escritos, *El Señor del cuerpo* [*The Lord of the body*], donde se podía verificar esa enseñanza de la sanidad. En este expresaba que la sanidad estaba ofrecida en la expiación.

> No tenemos nada que decir en contra de los remedios para aquellos que no están listos para confiar sus cuerpos enteramente al Señor. Para ellos está perfectamente bien usar toda la ayuda que la naturaleza y la ciencia puedan proporcionar, y gustosamente admitimos que sus remedios tienen algo de valor dentro de sus limitaciones. Hay algo de poder en los intentos del hombre de detener las mareas de mal que barren sobre el mundo doliente. Pero llega un punto en medio de todos los esfuerzos en que tenemos que decir: hasta aquí llegarás y no pasarás. Sin embargo, nadie debería abandonar estas ayudas humanas precipitadamente hasta tener algo mejor. A no ser que haya sido guiado a confiar enteramente en Cristo para algo más alto y más fuerte que su vida natural, mejor que se quede con los remedios naturales. Necesitamos estar seguros de que la palabra de Dios definitivamente presenta la sanidad de la enfermedad, y lo hace en forma tan cabal como el perdón de los pecados.[118]

---

118 Alfonso Ropero, *Salud, enfermedad y fe*. Barcelona: Editorial CLIE. 1999, p. 85.

Para Simpson, los que se auxiliaban de los medios naturales era porque no tenían suficiente fe en que el Señor podía sanarlos completamente como parte de su obra expiatoria en la cruz.

Por otro lado, Gordon, de nacionalidad estadounidense, nació en Nuevo Hampton, Nuevo Hampshire. Curiosamente debe su nombre de Adoniram Judson, el famoso misionero bautista de Birmania. De tradición calvinista también, pero bautista. En 1863 empezó como pastor en la Iglesia Bautista Jamaica Plain, en Roxbury, Massachusetts. Seis años después se convirtió en el pastor de la iglesia Bautista de la calle Clarendon, en Boston. Tanto Gordon como Simpson estuvieron vinculados al ministerio de Charles Cullis.

En 1877, durante una campaña del conocido evangelista Dwight Lyman Moody en Boston, Gordon fue testigo de varias sanidades instantáneas que lo llevaron a abrazar más fervorosamente la enseñanza de la sanidad. Gordon entonces veía dos corrientes de bendición a partir del ministerio del Señor: una era para sanidad y otra para regeneración, o sea que el beneficio era tanto para el cuerpo como para el alma. Pensaba que ambas corrientes estaban vigentes en esos días.

Entre los escritos más conocidos de Gordon estaba *El ministerio de la sanidad* [*The ministry of healing*]. En esta obra se reflejaba mucho del pensamiento de Cullis. Tanto Gordon como Simpson fueron grandemente influenciados por este. Resumía el libro que el sacrificio de Cristo era la base para la sanidad.

Otro representante e impulsor de las doctrinas de la sanidad fue Russel Kelso Carter, quien guardaba estrecha relación con Simpson. Carter nació en Maryland en 1849 y se destacó en el mundo de la ciencia, la química y la matemática. Pero su gran aporte fue en el mundo cristiano, donde se dio a conocer por sus enseñanzas sobre la curación por la fe. Él daba testimonio de haber sido sanado de una enfermedad del corazón bajo el ministerio de Cullis en 1879. Carter y George McCalla promovieron la primera convención sobre la sanidad por la fe.

Carter escribió un libro titulado *La expiación del pecado y de la enfermedad. Una salvación plena para el alma y el cuerpo* [*The atonement for sin and sickness*]. Este libro, como probablemente ningún otro, mostraba fehacientemente que la enseñanza sobre la sanidad provenía del movimiento de la santidad. Leemos en sus páginas que, antes de mostrar el fundamento bíblico para la sanidad del cuerpo, Carter planteaba que la expiación era la base para el perdón de todo pecado pasado y la limpieza de todo pecado congénito.

Él señalaba que el wesleyanismo era el único en mostrar que la expiación trataba con la depravación interior de manera instantánea. Este aspecto proveía una comprensión de que, así como la muerte de Cristo limpia de todo pecado, recibir el sacrificio salvífico limpia de toda enfermedad física instantáneamente también. Cuerpo y alma están unidos, así que la limpieza de uno trae limpieza de lo otro.

Sin embargo, Carter se retractó de algunos de sus planteamientos. En el año 1897 publicó algunas ideas donde se retractó, en su libro *La sanidad por fe: revisión hecha después de veinte años* [*Faith healing: reviewed after twenty years*]. Aunque la esencia de sus creencias anteriores estaba presente, se retractaba de la idea de que, al recibir la expiación de los pecados, si alguna enfermedad persistía era porque había falta de fe o pecado. También se retractó de su negación a recibir ayuda médica o remedios porque demostraban falta de fe.

¿Por qué este cambio tan radical? Debido a un exceso de trabajo y un cansancio extremo, Carter sufrió un ataque cerebral, el 1 de marzo de 1887. Como consecuencia de esta enfermedad, sus actividades se vieron menguadas por espacio de tres años. Pero un médico usado por Dios lo convenció de que utilizara medicamentos para mejorar su calidad de vida y Carter accedió, recuperándose completamente. Tras su recuperación, Carter retomó su servicio a Dios y sus encuentros fueron mucho más poderosos, numerosos y llenos de milagros divinos. Este testimonio convenció a Carter de que, en ocasiones, Dios puede usar la medicina para restaurar el cuerpo.

Su experiencia de enfermedad lo llevó a volver a estudiar la Biblia sobre este asunto, donde encontró paz y libertad en relación con las enfermedades. No trató de buscar desesperadamente la razón de cada dolor o enfermedad. Descubrió también que tener algún padecimiento no necesariamente significaba que estuviera en algún pecado. Comenzó a tomar medidas de cuidado sobre su cuerpo, y cuando no había milagros de sanidad entendía que eso pertenecía a la voluntad de Dios. Aunque continuó orando por los enfermos, con su nueva comprensión, entendió que los efectos de la expiación no son todos inmediatos. En lugar de la anterior enseñanza tan intransigente, ahora enseñaba que Dios impartía sanidad según su voluntad con un propósito para cada uno.

Líderes y misioneros de la Alianza Cristiana Misionera, que dicho sea de paso fue fundada por Simpson en 1887, asumieron diferentes posturas, algunas equilibradas y otras no tanto. Tenemos pocas referencias sobre defensores de un equilibro en esta enseñanza, pero sí sabemos de algunos de los líderes de la Asociación Nacional de la Santidad, como John Inskip que, aunque había experimentado sanidad, mantuvo una postura equilibrada al no mostrarse comprometido con la doctrina de la sanidad por medio de la expiación.

Otros sobre los que tenemos poca referencia son William McDonald, quien había trabajado con John Inskip, y quien estaba también relacionado con Cullis. En 1871 publicó un libro titulado *La moderna sanidad por fe* [*Modern Faith Healing*];

usó como base la enseñanza modificada de Carter y expresó su idea de practicar moderadamente la sanidad a través de la expiación. También David Steele, influenciado por Cullis, no apoyó la doctrina de la sanidad mediante la expiación.

Lo cierto es que el tema causó tal discusión entre los líderes de la santidad en el metodismo que llegaron a prohibirse los debates, a fin de que no se prestara más atención a la sanidad física que a la sanidad espiritual, que es la que nos lleva a la verdadera santidad.

El movimiento de santidad procuró mantener la postura equilibrada de Carter, con su idea de que Dios imparte sanidad según su voluntad. Comenzaron a condenar los extremos de negarse rotundamente al auxilio médico. Los milagros continuaron y muchos recibían sanidades en las campañas, pero se luchaba en contra de la idea de negarse a la medicina. El mismo Carter en su cambio de posición expresó:

> Que la expiación de Cristo cubre tanto la enfermedad como el pecado no significa sino decir que los efectos tienen una raíz común. No hubo error en decir eso, ni lo hay. Pero afirmar que todos los resultados de la expiación están ahora al alcance de los cristianos en esta vida es un grave error [...] podemos equivocarnos, y de ello nos hemos equivocado, al esforzarnos por apropiarnos en este momento presente de algunos de los frutos finales de ese sacrificio.[119]

Hubo retrocesos en algunos momentos por defender la doctrina de la sanidad en la expiación. Algunos continuaban enseñando en círculos más radicales la idea de la sanidad total. El movimiento de la santidad había influido en la enseñanza de la sanidad por su énfasis en la santificación total o la

[119] Dayton, *Raíces teológicas del pentecostalismo*, p. 93.

perfección cristiana, debido a que, si la enfermedad es por el pecado y se puede vencer el pecado, entonces, no hay por qué seguir enfermo. Sin embargo, no todos los líderes del movimiento permanecieron creyendo lo mismo sobre este asunto.

A comienzos del siglo XX, las iglesias que se destacaban por la doctrina pentecostal del bautismo del Espíritu Santo comenzaron a enseñar la sanidad divina como doctrina fundamental, aunque con diferentes énfasis. Así fue como las iglesias pentecostales transmitieron principalmente en los años siguientes el concepto de sanidad por medio de la expiación.

La sanidad, los remedios y la medicina

Al final adopté algo así como una decisión desesperada: me prepararé y los medicaré yo mismo. Durante más de 5 años, la anatomía y la medicina habían constituido para mí un entretenimiento en mis horas libres, aunque nunca las había estudiado a fondo, excepto durante unos meses cuando decidí ir a Norteamérica, donde pensé que podría ser de alguna ayuda en aquellos lugares donde no hubiera un médico. Por tanto, tomé el estudio con esa idea en mente, y procuré la asistencia de un farmacéutico y la de un cirujano experimentado. A su vez resolví no excederme en el ejercicio de mis capacidades, sino dejar los casos difíciles y complicados a los médicos que los enfermos desearan consultar.

Juan Wesley (1703-1791)

Dios ha creado el mundo espiritual y el natural. No hay nada que exista que no haya salido de la mano de Dios. La creación material es un regalo que Dios ha dado al hombre. De manera que rechazar esta creación en algún sentido es rechazar la provisión que Dios ha dado para suplir la necesidad. Tenemos necesidad tanto de alimento como también de cuidado y sanidad. La Biblia nos muestra la opinión de Dios después de haber concluido la creación: *Y vio Dios todo lo que había hecho, y he aquí que era bueno en gran manera. Y fue la tarde y la mañana el día sexto* (Gn. 1:31). Lo que Dios ha creado es bueno y hace bien al hombre. Las potencialidades sanadoras de la creación deben ser reconocidas y aplicadas a los cuerpos de los enfermos. Hay beneficios en la creación a favor de la ciencia, la tecnología, además de grandes propiedades curativas. Todas estas tienen su origen en el Creador y diseñador del universo.

El salmista expresa: *De Jehová es la tierra y su plenitud; el mundo, y los que en él habitan* (Sal. 24:1). El cristiano que sabe de dónde procede todo cuanto existe, y sabe también que el Señor ejerce su soberanía y su providencia no debe dudar de auxiliarse de aquello que pertenece a su Padre celestial. Las potencialidades de la creación envuelven incluso aquella sabiduría y conocimiento esparcidos entre los hombres. Los hombres pecadores, aunque limitados en muchos sentidos después de la caída, después del pecado conservan, aunque en menor grado, la imagen y semejanza que los capacita para desarrollar ciertos avances en el mundo material. Cuando necesitamos un arquitecto, un cibernético, un mecánico para el carro o un albañil, procuramos encontrar al mejor de acuerdo con la necesidad. Igualmente, los médicos han sido dotados con dones naturales para aquellos que no son creyentes, y aquellos que son creyentes obtienen todavía más de lo natural por causa de la obra del Espíritu Santo.

El Señor Jesús, cuando fue tentado por el maligno, tomó en cuenta el sentido común y lo natural. Cuando delante nuestro hay provisión natural y la desechamos para esperar la sobrenatural podríamos estar tentando al Señor. *...Si eres Hijo de Dios, échate de aquí abajo; porque escrito está: A sus ángeles mandará acerca de ti, que te guarden; y, en las manos te sostendrán, para que no tropieces con tu pie en piedra. Respondiendo*

Jesús, le dijo: Dicho está: No tentarás al Señor tu Dios. Y cuando el diablo hubo acabado toda tentación, se apartó de él por un tiempo (Lc. 4:9-13). Si existen medios naturales para bajar del templo no deben esperarse ángeles. No se debe desechar el uso de la medicina efectiva.

Todo uso de la medicina debe hacerse con la confianza de que Dios la usará. Sería pecado usar la medicina poniendo toda esperanza y confianza en estos medios y no en Dios que los usará a favor de nuestro bienestar. Este fue el caso de un hombre llamado Asa: *En el año treinta y nueve de su reinado, Asa enfermó gravemente de los pies, y en su enfermedad no buscó a Jehová, sino a los médicos. Y durmió Asa con sus padres, y murió en el año cuarenta y uno de su reinado* (2 Cr. 16:12-13). El uso de los medios naturales, médicos, remedios y medicamentos debe hacerse en oración y bajo la guía de Dios. Esto provocará que se multiplique la efectividad de los medios naturales.

Otro ejemplo que nos habla del uso de los remedios o medios naturales lo podemos apreciar en el caso del rey Ezequías, cuando enfermó. En este caso el profeta Isaías había venido como vocero de Dios a declarar al rey el final de sus días. El rey entristecido oró al Señor pidiendo que alargara su vida en la tierra, y Dios escuchó su oración y le concedió quince años más. El mensaje de la respuesta a la oración fue dado por el profeta Isaías al rey, quien le recomendó por orientación divina un remedio natural para su sanidad: *Vuelve, y di a Ezequías, príncipe de mi pueblo: Así dice Jehová, el Dios de David tu padre: Yo he oído tu oración, y he visto tus lágrimas; he aquí que yo te sano; al tercer día subirás a la casa de Jehová. Y añadiré a tus días quince años [...] por amor a David mi siervo. Y dijo Isaías: Tomad masa de higos. Y tomándola, la pusieron sobre la llaga, y sanó* (2 R. 20:5-7).

Cuando no hay medios naturales, inevitablemente será necesario depender de la acción sobrenatural de Dios. También cuando se ha acudido a posibles medios naturales de sanidad y estos no han sido efectivos por cualquier razón debemos solicitar la intervención directa del Señor y apelar a su misericordia: *Al ponerse el sol, todos los que tenían enfermos de diversas enfermedades los traían a él; y él, poniendo las manos sobre cada uno de ellos, los sanaba* (Lc. 4:40). Él sanaba a todos porque puede sanar toda enfermedad. Podemos acudir a Él sabiendo que Él puede: *Porque nada hay imposible para Dios* (Lc. 1:37).[120]

---

120 Wayne Grudem, *Teología sistemática*, p. 1123, 1124.

Capítulo X

LOS EVENTOS FUTUROS

La segunda venida de Cristo

> *Me gozo en la gloria que ha de ser revelada, porque no es incierta la gloria que esperamos. Nuestra esperanza no depende de un hilo deshebrado, sino del firme sable de nuestra ancla amarrada en el juramento y la promesa de Aquel que es la Verdad eterna. Nuestra salvación fue asegurada por la misma mano de Dios, con la propia fuerza de Cristo; asegurada por la inmutable naturaleza divina.*
>
> SAMUEL RUTHERFORD (1600-1661)

El tema de la segunda venida de Cristo era otro tema muy reiterado en los mensajes y en el ministerio de Yiye. Así que me parece justo hacer algunos breves comentarios al respecto. En este punto no me propongo defender ni contrariar la postura escatológica de Yiye. No quiero pormenorizar en cada alusión acerca de la venida buscando aciertos o desaciertos. Creo que todos hemos errado en presentar alguna que otra enseñanza de la Palabra de Dios, solo que no todos los ministerios están bajo la lupa como fue el caso de Yiye por su influencia y alcance.

Hay que añadir también que el tema escatológico ha sido un tema de debate a lo largo de toda la historia cristiana.

Podemos encontrar hombres de Dios honorables con diferentes posturas en cuanto a la venida de Cristo. Sin embargo, a pesar de sus grandes diferencias, se ha sabido apreciar su legado y legitimidad como cristianos y ministros. De manera que, aun admitiendo que Yiye se hubiese equivocado o no en muchos de sus criterios escatológicos, debemos resaltar que en su escatología hay elementos fundamentales y de importancia capital. El teólogo José Grau, que dicho sea de paso tiene opiniones diferentes a las de Yiye, refiriéndose al debate escatológico, se expresa en los siguientes términos:

> Al llegar a este punto se impone la pregunta: ¿Qué posición tomaremos en medio de [...] opiniones dispares? Con demasiada frecuencia, por desgracia, reina un espíritu sectario, partidista, que apenas da al adversario la oportunidad de explicarse objetivamente [...]. Nuestro juicio solo será justo cuando hayamos oído también al otro, al que sustenta otras opiniones [...] la gente suele volver la espalda disgustada, y hasta ridiculiza el estudio de la escatología. Prefiere vivir su vida cristiana ignorando este asunto. Sin embargo, teniendo en cuenta la amplitud que el tema escatológico recibe en la Biblia, tanto en el Antiguo Testamento como en el Nuevo, dicha actitud equivale a conformarse con una dieta casi de hambre.
>
> La cuestión importante está planteada del modo siguiente: La Biblia afirma que Cristo va a volver. Los buenos cristianos, creyendo con todo su corazón que Jesús viene, difieren en algunos detalles. Pero también disentimos sobre los detalles de algunas otras doctrinas. La actitud correcta no está ni en el arrogante desprecio que se niega a escuchar a los demás, ni tampoco en el abandono del estudio de esta cuestión. Nadie lo sabe todo sobre la Biblia, y conocerá más de ella el que más escuche a otros y quiera ser ayudado

por las opiniones ajenas. Incluso dentro del desacuerdo, la verdad puede surgir a flote.[121]

Puedo señalar algunos elementos de la escatología de las sectas que no encuentro en Yiye:

- No creyó que la venida de Cristo era en Espíritu, creyó en una venida literal y visible.
- Tampoco creyó que la venida era cosa del pasado, sino que era un evento del que todavía esperaba su cumplimiento en el futuro.
- No creía que el hombre era materia solamente y que quedaría aniquilado con la muerte.
- No creía que el infierno era el sepulcro sino un lugar de tormento eterno.
- No creía que la tierra era la última morada del hombre.

Teniendo en cuenta esto, quiero señalar algunos puntos fundamentales a los que todos los evangélicos y cristianos estaríamos dispuestos a suscribir. No voy a interesarme tanto en el esquema escatológico, u orden de los acontecimientos, sino en elementos que estamos seguros todos los cristianos que acontecerán, aunque podríamos errar en el orden de los mismos.

[121] Grau, *Curso de formación teológica evangélica. 7 Escatología final de los tiempos*, p. 399.

La venida será visible y corporal

> *Este bendito vuelve a la tierra en carros de nubes. Su advenimiento no será ni local ni invisible, porque todo ojo le verá. Aquel pueblo que fue culpable de su crucifixión quedará confuso. De hecho, todos los linajes de la tierra harán lamentación porque vendrá a juzgar a sus enemigos y a establecer su reino. Los creyentes no hacen lamentación por su venida: Dicen, sí, amén.*
>
> William MacDonald (1917-2007)

La venida de Cristo es visible porque es en el cuerpo glorificado de resurrección. Es sabido que hay sectas, como los Testigos de Jehová, que enseñan que la venida de Cristo ocurrió en el pasado de un modo espiritual.[122] Este criterio nos parece muy desacertado y hasta grave. El retorno del Señor será un evento en el que aparecerá en su cuerpo de resurrección glorificado. Señalo este punto como algo importante. Independientemente del lugar en el que este evento ocurra dentro del croquis profético de cada cual, es un hecho evidente en el tenor escriturario que esto tendrá lugar, y que cualquiera que pretenda una doctrina escatológica bíblica lo tendrá que admitir.

Grau expresa:

> Los evangélicos conservadores han experimentado [...] una renovación del estudio de la escatología. Deseo enfatizar, antes que nada, que por mucho que difieran entre ellos en

---

[122] Puede consultarse a un especialista en secta, como el Dr. Walter Martin en su libro: *Los testigos de Jehová,* publicado por Grupo Nelson, 2009. En dicho material se pueden encontrar breves análisis sobre este punto.

> lo que respecta a las teorías escatológicas, todos ellos tienen una misma común esperanza en el retorno literal de Jesucristo, en su plena historicidad, y así mismo se hallan todos unidos en la defensa y en la propagación de esa esperanza. Todos los cristianos evangélicos creemos que Jesucristo volverá a esta tierra corporalmente, que todo ojo le verá, y que él alterará radicalmente el curso de la historia del mundo…[123]

Yiye, al hablar de la manifestación visible del Señor, expresa:

> La manifestación visible, donde el Señor desciende […] causará una gran conmoción en el mundo, pues todo ojo estará mirando asombrado hacia arriba y verán la gloriosa figura de Cristo descendiendo en una nube…[124]

Para fundamentar este hecho, Yiye cita la Biblia cuando expresa: *He aquí que viene con las nubes, y todo ojo le verá, y los que le traspasaron; y todos los linajes de la tierra harán lamentación por él. Sí, amén* (Ap. 1:7). Este texto es una clara alusión a la segunda venida en gloria que todo el mundo presenciará en su momento. En ese día aquellos que no hayan sido salvos lamentarán no haberse arrepentido de sus pecados y creído en el Señor Jesús.

Un texto que considero de mucho valor en este punto, y que añado porque respalda lo que vengo expresando, dice: *…los cuales también les dijeron: Varones galileos, ¿por qué estáis mirando al cielo? Este mismo Jesús, que ha sido tomado de*

---

[123] Ibid., p. 391.

[124] Yiye Ávila, *¿Pasará la Iglesia por la Gran Tribulación?* Miami: Unilit, 1994, p. 44.

vosotros al cielo, así vendrá como le habéis visto ir al cielo (Hch. 1:11). El contraste que el texto plantea es muy iluminador. De la misma manera en que Cristo ascendió a los cielos, de manera visible, así vendrá otra vez. Este criterio ha sido parte de la creencia histórica de la iglesia cristiana en diferentes denominaciones. Para poner solo un ejemplo, cito *La Confesión de las Iglesias reformadas de los Países Bajos*, cuando expresa: … *nuestro Señor Jesucristo vendrá del cielo, corporal y visiblemente como ascendió, con gloria y majestad, para declararse juez sobre vivos y muertos.*[125]

La venida estará precedida por señales

> *El gran día viene, muy pronto viene. El gran día del juicio final. Cuando a justos y malos el gran Juez apartará. Esperemos el juicio final.*
>
> H. C. Ball (1896-1989)

Otro punto que creo que es bastante aceptado por todos los cristianos evangélicos es que el evento final de la segunda venida de Cristo estará precedido por diferentes señales. Estoy convencido de que no todos coincidirán en admitir todas las señales a las que Yiye suscribía. Pero un hecho es cierto y es que, en la medida en que nos acercamos al fin, el mundo se va deteriorando y aparecen señales de que está llegando a su clímax.

Yiye escribió un libro titulado *Señales de su venida*. Allí encontraremos material que podría ser un tema de controversia, porque contiene elementos distintivos de cómo él comprendía

[125] Confesiones de fe de la Iglesia. Confesión Belga. Terrassa: CLIE. 1999, p. 100.

el final de los tiempos. Solo quiero señalar algunos aspectos que me parece que son aceptados por la mayoría de los cristianos. Creo que muchos cristianos pudieron haberse unido a la voz profética de Yiye cuando señalaba a la humanidad el cumplimiento de la palabra de Dios y la cercanía de la segunda venida.

> Vivimos días postreros y decisivos para toda la humanidad. Los sucesos actuales, tanto como el clima político, el económico, el religioso y el social son importantes coyunturas proféticas que, además de culminar con miles de años de expectación y cientos de profecías, nos llevan de forma paulatina a los eventos del fin de los tiempos.[126]

Un aspecto que señala el final de los tiempos es el aumento de la ciencia: *Pero tú, Daniel, cierra las palabras y sella el libro hasta el tiempo del fin. Muchos correrán de aquí para allá, y la ciencia se aumentará* (Dn. 12:4). Yiye creía lo siguiente al respecto:

> La palabra de Dios nos profetiza que a medida que nos acercamos a la segunda venida de nuestro Señor Jesucristo, la habilidad del hombre y su capacidad mental serían cada vez mayores [...] de pronto comenzó una revolución científica increíble y aparecieron los televisores, las radios, los teléfonos, así como muchos otros aparatos electrónicos que hoy conocemos y que son tan comunes para la humanidad. Los avances tecnológicos han logrado que todos estos descubrimientos sean maravillas del siglo XX.[127]

---

[126] Yiye Ávila, *Señales de su venida*. Medley: Unilit. 2022, p. 1.
[127] Ibid., p. 33.

Yiye estaba convencido de que la venida de Cristo estaba cerca, porque hoy más que nunca vemos cómo la ciencia ha aumentado vertiginosamente.

En Mateo 24, Jesús recalcó que una señal distintiva del fin sería el engaño. *...Dinos, ¿cuándo serán estas cosas, y qué señal habrá de tu venida, y del fin del siglo? Respondiendo Jesús, les dijo: Mirad que nadie os engañe* (Mt. 24:3-4). Yiye daba testimonio de lo visible de esta profecía en sus días:

> En la actualidad, hay multitud de falsas sectas que dicen ser cristianos e infinidad de religiones evangélicas que enseñan mentiras monstruosas [...]. Parte del engaño que el Señor profetiza aquí [...] otras sectas evangélicas enseñan que la sanidad divina era solo para los apóstoles. Esa es otra mentira trágica [...]. Son sectas criminales entre los evangélicos.[128]

Han pasado algunos años desde estas declaraciones de Yiye y, con firmeza, puedo confirmar que el engaño no ha hecho más que crecer, y muchos son los que caen en sus redes. Al crecer la mentira y sus víctimas, vemos también el cumplimiento del avivamiento y del ocultismo. *Pero el Espíritu dice claramente que en los postreros tiempos algunos apostatarán de la fe, escuchando a espíritus engañadores y a doctrinas de demonios* (1 Ti. 4:1). Contra esto, Yiye reaccionó:

> Alrededor de todo el mundo se está experimentando un avivamiento sin precedentes del ocultismo. La influencia diabólica se siente a lo largo y ancho de todo el planeta Tierra.[129]

---

[128] Ibid., p. 90.

[129] Ibid., p. 99.

Podría decir con total certeza que la señal que probablemente más motivaba a Yiye a predicar el evangelio era la promesa de que, cuando el evangelio fuera predicado a toda criatura, Cristo regresaría. *Y será predicado este evangelio del reino en todo el mundo, para testimonio de todas las naciones; y entonces vendrá el fin* (Mt. 24:14). Esta motivación llevó a Yiye a usar todos los recursos posibles para expandir el evangelio.

> En este tiempo, prácticamente todo el mundo posee un radio, y emisoras potentísimas de onda corta llegan a varios países y, en cadena con otras emisoras, cubren distancias increíbles. Así a los siervos de Dios se les ha comisionado establecer cadenas radiales de cientos de programas que abarcan multitud de países, por lo tanto, es el tiempo del fin y las ondas radiales, como relámpagos, llevan la voz de un país a otro de que Cristo viene, y que es la última oportunidad para los pueblos.[130]

Las grandes señales en los cielos fueron otro aviso de la segunda venida. Yiye llamaba a esta señal la decisiva. *Y habrá grandes terremotos, y en diferentes lugares hambres y pestilencias; y habrá terror y grandes señales del cielo* (Lc. 21:11). Él explicaba que *...los acontecimientos terribles que ocurrirán en la atmósfera que rodea la Tierra y el universo, afectarán nuestra atmósfera, nuestro clima y nuestros mares...*[131]

De la misma manera que Yiye creía, muchos autores de diferentes tendencias teológicas afirman que hay señales que vendrán antes de la segunda venida. Para poner solo un ejemplo, cito a continuación al teólogo calvinista Louis Berkhof

---

130 Ibid., p. 115.

131 Ibid., p. 121.

en un acápite de su *Teología sistemática* titulada «Los grandes eventos que precederán a la Parusía»:

> De acuerdo con la Escritura, deberán ocurrir antes del regreso del Señor varios eventos importantes y, por tanto, no puede considerarse inminente.[132] 1. El llamamiento de los gentiles. Varios pasajes del Nuevo Testamento señalan el hecho de que el evangelio del reino debe ser predicado a todas las naciones antes de que regrese el Señor... 2. La conversión de la pleroma de Israel. Tanto el Antiguo como el Nuevo Testamento hablan de la futura conversión de Israel... 3. La gran apostasía y la gran tribulación. Estas dos deben mencionarse juntas debido a que están entretejidas en el discurso escatológico de Jesús... 4. La revelación venidera del anticristo... 5. Señales y maravillas. La Biblia habla de varias señales que serán anunciadoras del fin del mundo y de la venida de Cristo... guerras..., hambres y terremotos... que se llaman principio de tribulación... una tribulación como si se tratara de un nuevo parto del universo para el tiempo de la venida de Cristo...[133]

Aunque tienen muchas diferencias escatológicas, en el punto de considerar la venida precedida de señales hay acuerdo entre Yiye y este teólogo. De la misma manera que ocurre con este ejemplo, hay muchísimos otros teólogos en el mundo evangélico que piensan igualmente que hay presagios poderosos que señalan que el tiempo está cerca.

---

[132] Aquí se puede apreciar una diferencia grande en las posturas teológicas. Berkhof cree que rapto y segunda venida son un mismo evento y rechaza la idea de inminencia.

[133] Berkhof, *Teología sistemática,* p. 834-842.

Dios arrebatará a su pueblo para llevarlo a vivir con Él

Todo lo que le acontece a la humanidad de Cristo es un don para la humanidad en general. Luego, así como lo vemos venciendo el peso del cuerpo, que por su naturaleza tiende hacia la tierra, y ascendiendo a los cielos a través del aire, así también, como dice el apóstol, saldremos al encuentro del Señor en el aire.

Gregorio de Nisa (329-389)

He escuchado a algunas personas decir: *No creo en el arrebatamiento*. Me parece un desatino tal criterio, porque nadie que se diga creyente puede declararse contrario a lo que la Biblia expresa. El arrebatamiento es claramente otra enseñanza de la Biblia sin ninguna complejidad. La palabra griega para arrebatamiento es *harpazo* y significa 'llevado de repente', 'arrebatado', 'tomado hacia arriba', y aparece trece veces en el Nuevo Testamento.[134] De manera que es un término bíblico que debemos aceptar, así como también asimilar lo que implica.

Como antes expresé, más allá del lugar que se le dé en el esquema escatológico al arrebatamiento, es un hecho en sí mismo. Porque ¿qué es el arrebatamiento? Es aquel momento en que el Señor Jesús, en su venida, traslada a su pueblo, arrebatándolo de este mundo al cielo para estar para siempre con Él.

El texto bíblico por excelencia al que Yiye echaba mano reiteradamente cuando iba a hablar de este tema, y que no debe quedar fuera cuando se trata el mismo, es: *Por lo cual os decimos esto en palabra del Señor: que nosotros que vivimos, que habremos quedado hasta la venida del Señor, no precederemos a*

[134] Charles C. Ryrie, *¡Ven pronto, Señor Jesús!* Grand Rapids: Editorial Portavoz. 1999, p. 23.

los que durmieron. Porque el Señor mismo con voz de mando, con voz de arcángel, y con trompeta de Dios, descenderá del cielo; y los muertos en Cristo resucitarán primero. Luego nosotros los que vivimos, los que hayamos quedado, seremos arrebatados juntamente con ellos en las nubes para recibir al Señor en el aire, y así estaremos siempre con el Señor[135] (1 Ts. 4:15-17).

Refiriéndose al arrebatamiento, Yiye expresa:

> Estamos en días postreros. Días peligrosos y finales. Es el tiempo del fin. Los días de la última generación [...]. Todas las señales para la segunda venida de Cristo se han cumplido. Muchos dudan y blasfeman, pero la gloriosa realidad es que está más cerca de lo que muchos creen. El evento próximo a ocurrir dentro de la segunda venida de Cristo es el rapto de la iglesia...[136]

---

[135] Algunos han pensado al mirar este texto que el mismo apóstol Pablo creía que no iba a experimentar la muerte porque expresa: *...nosotros que vivimos, que habremos quedado hasta la venida del Señor...* La idea sería que el apóstol Pablo pensaba que no iba a morir, de manera que estaba equivocado al escribir esto. Sin embargo, aunque esto pueda pasar con muchos de nosotros, los creyentes actuales, que pensemos que no vamos a ver la muerte porque el arrebatamiento es un hecho ya muy cercano, en este texto no parece que sea la idea, porque el apóstol empieza declarando solemnemente en el versículo 15: *...os decimos esto en palabras del Señor...*, de manera que lo que es palabra del Señor no puede estar equivocado. Aquí nos parece apropiado seguir la opinión de Adam Clarke quien expresa que el pronombre *nosotros* no está refiriéndose al apóstol y a los tesalonicenses, a quienes entonces estaba escribiendo, sino que hace referencia a los genuinos cristianos que se encontrarán en la tierra cuando Cristo venga a arrebatar a su iglesia (Adam Clarke, *Comentario de la Santa Biblia. Tomo III Nuevo Testamento*. Casa Nazarena de Publicaciones, Kansas City, 2008, p. 530).

[136] Ávila, *¿Pasará la Iglesia por la Gran Tribulación?*, p. 67.

De aquí se desprende la inminencia con la que Yiye comprendía el arrebatamiento, o rapto, como también se le llama. Él esperaba que este evento aconteciera en cualquier momento. Yiye vivía alertando al mundo sobre la necesidad de tener una relación con Dios plena para estar listos para el encuentro con el Señor. ¿Se imaginan ustedes una escatología sin arrebatamiento? Si no hay reunión con Cristo para estar con Él, y si no hay esperanza de un traslado a un mundo mejor, ¿qué nos espera? De manera que en este aspecto veo positivo que Yiye haya exaltado que un día nos reuniremos con Cristo, para estar para siempre con Él.

Dios enjuiciará al mundo

Si hubiera felicidad aquí, el cielo no sería cielo. No creo que un hijo de Dios deba tener tristeza en ningún momento en su corazón, considerando lo que el Señor ha preparado para él. No considero que haya nada que valga la pena adquirir, sino el cielo [...]. Sigue y no desmayes. Hay algo que te pertenece en el cielo, además de tu glorioso Salvador; y tienes que echar mano de ello. El hilo del tiempo es ya más corto, aunque solo sea en una pulgada. Tú has dado tu promesa; sobre ella ya se han estampado los sellos. Tienes que crecer, te harás mayor en esta vieja cáscara, vivirás y triunfarás y reinarás; serás más que vencedor. Porque tu capitán, que te dirige, es más que vencedor y Él te hará partícipe de sus conquistas y victorias.

Samuel Rutherford (1600-1661)

Otro punto de común acuerdo entre los cristianos es que el mundo será enjuiciado. No solo el mundo ha sido enjuiciado a través de la historia, sino que al final también lo será. Al final de la historia los pecadores impenitentes, que se han resistido a la obra del Espíritu Santo y a la predicación de la Palabra de Dios, serán castigados por Él de manera definitiva, en tanto que los justos serán librados. En este punto también Yiye se expresó: *Los que no están inscritos en el libro de la vida serán echados en el lago de fuego junto con Satanás. Eso es justicia de Dios. Quien siguió a Satanás será castigado con él. Los que le amaron y a él le sirvieron, con él vivirán eternamente.*[137]

En otro de sus sermones, enseñó: *Antes de que el fuego arda y queme la paja, su trigo será recogido en el granero [...]. La tierra se ha corrompido totalmente. Todo es depravación, violencia y maldad. La justicia de Dios demanda juicio.*[138] Aquí se puede ver que Yiye creía, como todo cristiano, que el pecado de la humanidad no quedaría impune. La protervia humana no queda sin la debida retribución del Dios santo. En Apocalipsis 20:11 leemos: *Y vi un gran trono blanco y al que estaba sentado en él, de delante del cual huyeron la tierra y el cielo, y ningún lugar se encontró para ellos.* Yiye creía con total convicción que Cristo es el juez: *Me parece estar viendo esas multitudes pasar frente al Señor y Él en su trono como juez. Y delante de Él se abren los libros y es leído todo lo que en ellos está escrito [...] el Padre puso a Jesús como juez de vivos y de muertos.*[139] En el pictórico lenguaje apocalíptico se describe el juicio final y Yiye recrea en su mente ese escenario final como una realidad ineludible. Frente al juicio no hay confusión, no hay duda sobre la realidad de cada alma, sino que Dios echa mano al registro definiendo para siempre la condición de las almas. Cada persona tiene un historial de impiedad o piedad. Eso

---

137 Alejandro Román. (4 de junio 2023). *Yiye Ávila El juicio final.* (Video) https://www.youtube.com/watch?v=iLkBXud_oUs

138 Yiye Ávila, *7 mensajes de impacto. Volumen 1.* Camuy. 2006, p. 81.

139 Román. (4 de junio 2023). *Yiye Ávila El juicio final.* (Video) https://www.youtube.com/watch?v=iLkBXud_oUs

está escrito, a Dios no se le escapará ninguna persona ni su historial.

La condenación eterna vendrá por haber rechazado la Palabra de Dios. Yiye alerta sobre esto cuando expresó: *Al que se le predicó y oyó el mensaje y dijo: Lo dejo para mañana; el que oyó el mensaje y dijo: Otro día obedeceré; el que dijo: No creo en ese Cristo; o: Yo tengo otra religión, será condenado. Arrepiéntete antes de que sea tarde. Porque Jesús dijo que si te avergüenzas de Él, Él también se avergonzará de ti delante de su Padre.*[140] La vara de medir la condición de las almas al final de la historia es la actitud asumida frente a la predicación del evangelio. Después del juicio final, los que hayan rechazado el evangelio serán condenados eternamente. Yiye encontraba respaldo a sus argumentos en Apocalipsis 20:14-15: *Y la muerte y el Hades fueron lanzados al lago de fuego. Esta es la muerte segunda. Y el que no se halló inscrito en el libro de la vida fue lanzado al lago de fuego.* Él vio en ese texto el último juicio de la historia como es concebido generalmente por todos los creyentes.

En uno de sus mensajes se puede encontrar a Yiye aludiendo a la actitud de las personas frente a la predicación y lo que les tocará según lo que hicieron:

> Hay personas que cuando les hablan sobre el juicio final y el gran trono blanco se erizan porque saben que tendrán que enfrentar ese juicio. Usted está perdido y sabe que ese juicio le espera. Pero [...] para los creyentes en Cristo no hay condenación. Para los creyentes en Cristo no hay infierno. Para los creyentes en Cristo no hay lago de fuego, no hay diablo que pueda con nosotros. Porque tenemos la autoridad total de aquel que en la cruz venció por nosotros

[140] Ibid.

> y por toda la humanidad [...] aquellos que rechazaron el evangelio, delante del trono de Cristo probarán, con toda la justicia de Jesús en plenitud, sus pecados.[141]

Yiye veía a la humanidad dividida en dos grandes grupos después del juicio: los que serían librados del juicio y los que serían condenados. La razón por la que los creyentes son librados es Cristo y su sacrificio.

Ahora bien, no solo el juicio viene sobre los pecadores, sino sobre la naturaleza misma. Yiye enseñó que al final de los tiempos se pondrá fin a la existencia de este mundo: *Echarán a Satanás en el lago de fuego y azufre, y dice la Biblia que en ese momento Dios en su ira destruirá esta tierra [...] este evento es el que llamamos el fin del mundo [...] no quedarán ni cenizas de esta tierra [...]. Viene un día en que los cielos pasarán con gran estruendo. Todo desaparecerá de la tierra, los edificios, los estadios, todo aquí abajo arderá, no quedará nada, ni el recuerdo.*[142] En armonía con lo que ha enseñado la iglesia a través de los tiempos, el juicio afectará a la naturaleza misma. Yiye nos recuerda las palabras del apóstol Pedro cuando dijo: *Pero el día del Señor vendrá como ladrón en la noche; en el cual los cielos pasarán con gran estruendo, y los elementos ardiendo serán deshechos, y la tierra y las obras que en ella hay serán quemadas [...] todas estas cosas han de ser deshechas* (2 P. 3:10-11).

Por último, en este acápite quiero citar la Confesión de Fe de las iglesias reformadas de los Países Bajos, para mostrar solo con este ejemplo que lo que Yiye creía ya se predicaba, y existe en otros creyentes de otras denominaciones:

---

141 Ibid.

142 Ibid.

> ...nuestro Señor Jesucristo vendrá del cielo corporal y visiblemente [...] para declararse juez sobre vivos y muertos, poniendo a este viejo mundo en fuego y llamas para purificarlo. Y entonces comparecerán personalmente ante este juez todos los hombres [...] porque todos aquellos que hayan muerto, resucitarán de la tierra [...]. Entonces, los libros serán abiertos [...] y los muertos serán juzgados según lo que en este mundo hubieran hecho, sea bueno o malo [...] los impíos [...] serán vencidos por el testimonio de sus propias conciencias, y serán inmortales, pero en tal forma, que serán atormentados en el fuego eterno, preparado para el diablo y sus ángeles. En cambio, los creyentes y elegidos serán coronados con gloria y honor.[143]

La confesión belga señala que Cristo es el juez, que los pecadores irán al infierno con Satanás, y que los justos disfrutarán de la bendición en gloria. El mundo existente experimentará la destrucción. Cada uno de acuerdo con su historia de piedad e impiedad recibirá justa retribución.

[143] Confesiones de fe de la Iglesia. Confesión Belga, p. 100.

El alma y el cuerpo

El alma es renovada en el reino de la gloria. El cuerpo será formado según el cuerpo glorioso de Jesucristo, y los dos estarán unidos en un lazo indestructible, más claro e indestructible que la luna, más brillante que el sol y más resplandeciente que todas las esferas celestiales. Por haber vencido y triunfado en la Iglesia militante, el santo está ahora sentado con Jesús en su trono. ¡Aleluya! El Señor, Dios Omnipotente, reina. Y sus hijos reinarán con Él para siempre [...]. El impío no puede entrar en el cielo y, si estuviera en el cielo, no lo disfrutaría porque no le corresponde ni encaja en él. La naturaleza de los residentes debe ser apropiada al lugar de la residencia [...]. Hay comunión entre los demonios en el infierno y entre aquellos que son de naturaleza diabólica, y sabemos que los santos que habitan en el cielo son hermanos de las almas santas.

Adam Clarke (1762-1832)

También hay una escatología personal que Yiye tuvo clara. Él creía que el hombre tenía una parte material y una parte espiritual. Contrariamente a los materialistas, los Testigos de Jehová y los adventistas, que creen que el hombre es materia solamente, Yiye afirmaba la espiritualidad del hombre, donde radica la persona. Refiriéndose a 2 Corintios 5:6-8, que dice: *Así que vivimos confiados siempre, y sabiendo que entre tanto que estamos en el cuerpo, estamos ausentes del Señor [...] pero confiamos, y más quisiéramos estar ausentes del cuerpo, y presentes al Señor,* él explica lo siguiente:

> Esto de afuera es la casa donde usted vive. Usted tiene un cuerpo el cual yo veo, pero no lo veo a usted, porque usted es un espíritu que está dentro del cuerpo [...] mientras

> vivimos en este cuerpo estamos ausentes del Señor. Esto es, de la figura visible de Jesús, quien está a la diestra del Padre, intercediendo por todos aquellos que a través de Él buscan a Dios. Los que todavía vivimos dentro de este cuerpo estamos lejos de la presencia visible de Jesucristo. Pablo añade: «... mas quisiéramos estar ausentes del cuerpo, y presentes al Señor». Esto implica morir físicamente, y establece una vez más la doctrina de que los que mueren en Cristo se van a vivir con el Señor...[144]

En este punto Yiye está en armonía con todos los cristianos evangélicos que afirman que los seres humanos somos espíritu y que el hombre una vez que muere pervive en la ultratumba. En la misma dirección, cita 2 Corintios 12:2-4 para establecer la posible independencia entre el espíritu humano y el cuerpo donde este reside.

[144] Ávila, *7 mensajes de impacto. Volumen 1,* p. 63-64.

Habrá resurrección de justos e injustos

> *El que vio por primera vez el pequeño envoltorio del que pendía el cuerpo de un insecto nunca habría predicho que, en unas pocas semanas o quizás días u horas, iba a aparecer dentro de él una elegante mariposa. El que contempla con una mente filosófica esta curiosa transformación y sabe que dos años antes de que el insecto se remonte por el aire, cuando todavía está viviendo en el agua, ya tiene un rudimento de alas, no puede negar que el cuerpo de un muerto pueda, en algún día futuro, volver a ser revestido de vigor y actividad...*
>
> Dr. Gregory (-)

Otro punto importante de la escatología es que habrá resurrección. La resurrección será tanto de justos como de injustos. Los justos resucitarán para vivir para siempre con el Señor, en tanto que los impíos resucitarán para ser testigos de los eventos finales y ser condenados por la eternidad. En este sentido Yiye se expresa igual.

El símbolo de Atanasio expresa desde antaño esta enseñanza histórica de la fe cristiana, cuando declara sobre la resurrección:

> ...desde allí vendrá a juzgar a los vivos y a los muertos. A su venida todos los hombres resucitarán con sus cuerpos y darán cuenta de sus propios actos; y los que obraron bien irán a la vida eterna, los que obraron mal, al fuego eterno.[145]

> Viviremos para siempre con el Señor. Filipenses 1:23 [...]. Mire la ganancia que tiene el que es salvo en la muerte; se va inmediatamente a la presencia de Cristo, donde va a ver

[145] Confesiones de fe de la Iglesia. Confesión Belga, p. 22.

al Señor tal como es y a tener una comunión profunda con Él. Se mueve de esta tierra para vivir con Jesús en el cielo. Hay ganancia en la muerte para los de Cristo Jesús. Nos vamos a vivir en su presencia.[146]

Las moradas celestiales

En el cielo viviremos en nuestro propio elemento. Somos ahora como el pez en un vaso de agua, con solo lo suficiente para mantenernos con vida. ¿Qué es estar en el océano? Tenemos poco aire y apenas podemos respirar aquí, pero ¿qué serán las suaves brisas del Monte de Sión? Aquí tenemos algún rayo de sol que ilumina nuestra oscuridad y nos evita que nos congelemos; pero allí viviremos en la luz y bañados con el calor del sol.

Richard Baxter (1615-1691)

Los cristianos creemos que seremos llevados con el Señor y disfrutaremos de un nuevo espacio, donde la maldad y los sufrimientos quedarán excluidos. La Biblia nos habla del cielo, del paraíso y de estar frente a la misma presencia del Señor. Creo que este criterio también es común a muchos cristianos. Nuestro hermano Yiye se expresaba sobre esto de la siguiente manera:

> Jesús, el Hijo, en su cuerpo visible, está sentado a la diestra del Padre. ¡Más allá de las estrellas más lejanas, aún más allá del paraíso! Se encuentra en la misma ciudad celestial, junto al trono del Dios viviente. Hacia ese lugar trasladará a su novia, la iglesia pura, sin mancha, ni arrugas, santa e inmaculada. Así tienen que estar todos los creyentes que se

146 Ávila, *7 mensajes de impacto. Volumen 1,* p. 63.

> quieren ir en el rapto. Él vendrá y nos tomará a sí mismo, para que donde Él esté nosotros también estemos [...]. Arrebatados en las nubes, subiremos hacia los cielos.[147]

Quizá haya muchas preguntas e inquietudes sobre el espacio en el que habitaremos por la eternidad. También puede que haya diferentes maneras de ver e interpretar lo que la Biblia llama *cielo nuevo y tierra nueva*. Pero lo que creo que es de criterio común es que habitaremos en un nuevo espacio habilitado para el cuerpo glorificado del creyente y donde habitaremos eternamente. Wayne Grudem, quien es reconocido como un teólogo evangélico conservador y es estimado grandemente, aunque a veces se difiera con él, expresa sobre la nueva creación lo siguiente:

> En medio de todas las preguntas que naturalmente tenemos en relación con los nuevos cielos y la nueva tierra, no podemos perder de vista el hecho de que la Escritura consistentemente describe esta nueva creación como un sitio de gran belleza y gozo [...]. Se trata de una ciudad santa [...]. En este lugar no habrá muerte, ni llanto, ni lamento, ni dolor [...]. Es una ciudad que resplandecerá con la gloria de Dios [...]. Pero mucho más importante que la belleza física de la ciudad celestial, más importante que el compañerismo del que gozaremos eternamente junto a todo el pueblo de Dios de todas las naciones y de todos los períodos de la historia [...] mucho más importante que todas estas cosas, será el hecho de que estaremos en la presencia de Dios y gozaremos de un compañerismo ilimitado con Él...[148]

---

147 Ávila, *¿Pasará la Iglesia por la Gran Tribulación?*, p. 37, 38.

148 Grudem, *Teología sistemática*, p. 1226, 1227.

En sintonía con Yiye y con Grudem, se expresa también Edward M. Bounds:

> La Biblia pone nuestra ciudadanía en el cielo; al mismo tiempo parece como si nos expatriara de la Tierra y nos hiciera estar suspirando como desterrados de nuestro país nativo, con la nostalgia y la soledad de los peregrinos y de los extranjeros. Sí, la Biblia pone en todos los verdaderos cristianos una actitud de gemir por el cielo, como si estuvieran corriendo el último trecho de la carrera. Para ellos es la única vida, la verdadera vida, vivir en el cielo y para el cielo; esta es nuestra patria, nuestro hogar [...]. Mas nuestra ciudadanía está en el cielo, de donde también esperamos al Salvador, al Señor Jesucristo.[149]

De manera que Yiye aquí otra vez estaba en sintonía con los grandes hombres del cristianismo. Otra vez los criterios de Yiye son los criterios comunes que tenemos todos los cristianos. Muchas veces se refirió al día en que seríamos trasladados al cielo en la venida del Señor Jesús y habitaríamos siempre con Él.

Un tema controversial

Perdónenme por ser tan común y corriente, mientras afirmo conocer a un Dios tan extraordinario.

Jim Elliot (1927-1956)

La pasión de Yiye y su anhelo por el Señor frente a la decadencia moral del mundo algunas veces lo llevó a interpretar la

---

[149] Bounds, *Grandes autores de la fe. Lo mejor de Edward M. Bounds*, p. 659.

cercanía de la venida de Cristo. Esto ha pasado a causa de la impaciencia de muchos creyentes. Creo que en algunos casos cualquier sentido que se haga, explícita o implícitamente, puede causar resultados negativos e incentivar actitudes poco saludables. La historia de los distintos expositores apasionados por la escatología nos habla alto y fuerte de las tristes consecuencias de buscarle fechas a la Parusía. También los diferentes grupos de la historia que buscaron precisar fechas para la venida de Cristo dejaron el mal sabor de la decepción y promovieron la duda. Debo ser muy prudente con este tema.

Al mismo tiempo, debo señalar que aquellos que tildan a Yiye como un falso ministro del evangelio porque falló en su fervor anhelante, y se precipitó en emitir e insinuar momentos precisos para la venida, creo que también yerran. Cuando la Biblia habla de los profetas falsos que profetizaron falsedades, no solo implica la profecía misma que puede estar errada, también implica algún grado de intencionalidad perversa, además de la naturaleza del profeta que ya de por sí era falsa, aunque puede llegar a evidenciarse luego en la declaración profética. Los que conocimos a Yiye de cerca sabemos de su piedad, de su sinceridad y de su escrúpulo moral. De manera que diagnosticar a Yiye como falso por haber tenido alguna percepción o interpretación escatológica nos parece precipitado y hasta superficial. La vida de los siervos de Dios nos ilumina en muchos sentidos: en aquello que es bueno e inspirador y también en aquello en lo cual erraron. En la Biblia es así, Dios nos muestra a través de sus siervos las actitudes y prácticas que debemos imitar y también nos enseña aquello en lo que fallaron y que nos debe servir de alerta para no hacerlo.

Razones por las que no debemos fechar la segunda venida

No hay ninguna profecía acerca del tiempo exacto para la venida de Cristo. Una máxima de la hermenéutica y de la teología bíblica es que debemos hablar cuando Dios habla y callar cuando Dios calla. El teólogo habla a partir de la revelación bíblica, y lo que no está declarado en la Palabra es porque Dios no quiso manifestarlo: *Las cosas secretas pertenecen a Jehová nuestro Dios; mas las reveladas son para nosotros y para nuestros hijos para siempre, para que cumplamos todas las palabras de esta ley* (Dt. 29:29).

Los creyentes deben mantener una actitud de expectación y preparación para el encuentro con el Señor Jesús. Intencionalmente Dios veló ese día, inculcando en su pueblo que todos los días deben estar apercibidos y listos para el encuentro con su Rey: *Mas vosotros, hermanos, no estáis en tinieblas, para que aquel día os sorprenda como ladrón. Porque todos vosotros sois hijos de luz e hijos del día; no somos de la noche ni de las tinieblas. Por tanto, no durmamos como los demás, sino velemos y seamos sobrios* (1 Tes. 5:4-6).

Las fechas puestas en el pasado han tenido tristes consecuencias. Cuando ha llegado el momento, la decepción y la duda han causado estragos, no solo en la iglesia sino en el mundo que se mofa y calumnia la Biblia diciendo que tiene falta de integridad y es digna de desconfianza. Las fechas causan desilusión y falsa seguridad: *Porque vosotros sabéis perfectamente que el día del Señor vendrá así como ladrón en la noche; que cuando digan: Paz y seguridad, entonces vendrá sobre ellos destrucción repentina, como los dolores a la mujer encinta, y no escaparán* (1 Tes. 5:2-3).

Instaurar lo que Dios no ha señalado es el deseo del maligno. Es él quien quiere distorsionar la Palabra de Dios: *Pero temo que como la serpiente con su astucia engañó a Eva, vuestros sentidos sean de alguna manera extraviados de la sincera fidelidad a Cristo* (2 Cor. 11:3).

Cuando especulamos en temas tan sensibles, sobrepasando la Biblia, nos exponemos al orgullo. Ni los ángeles ni Cristo (en su parte humana) tuvieron tal conocimiento, y no podemos nosotros alzarnos por encima de ellos en ningún conocimiento: *Pero del día y la hora nadie sabe, ni aun los ángeles de los cielos, sino solo mi Padre* (Mt. 24:36).

Capítulo XI

LA SALVACIÓN

El concepto de la salvación

Solo por los méritos de Jesucristo, sin consideración alguna de las buenas obras, podremos gozar de la vida eterna.

Francisco san Román (1510-1542)

Es muy importante tener una idea clara de lo que es e implica la salvación. No entender esta enseñanza de la Palabra de Dios y no darle el debido énfasis sería un gran peligro. Por el contrario, la adecuada presentación de esta doctrina involucra que las almas entren en la relación con Dios y aseguren su eternidad en el cielo. Además de la salud espiritual de la que gozará la iglesia cuando la salvación con su corolario sea debidamente presentada.

Son muchos los acercamientos que se pueden hacer a esta doctrina y puede ser mirada desde diferentes ángulos sin que la sustancia se altere. Yiye, por ejemplo, una de las maneras que tenía para presentar la enseñanza era expresando que esta consta de tres aspectos: justificación, regeneración y santificación.

Analizaremos los dos primeros aspectos en este capítulo y luego, en otro apartado trataré el último que, por su misma naturaleza, merece dedicarle más extensión.

La justificación

La justificación quita la culpa, y así abre el camino para la paz. Esto es a través de nuestro Señor Jesucristo; a través de Él como el gran pacificador, el mediador entre Dios y el hombre.

MATTHEW HENRY (1662-1714)

La justificación es una doctrina muy importante. Para el reformador Martín Lutero era fundamental. Él la definió como un punto doctrinal en el cual la iglesia permanece o cae. Esta enseñanza de la Palabra de Dios es un distintivo de la fe cristiana. Wesley se expresa en este sentido: *El amor que perdona es la raíz de todo.* La justificación es aquella obra divina en la que el pecador es librado de la culpa y del castigo.

Yiye, hablando de la justificación, dice: *Implica la absolución divina [...] es un cambio de posición de parte del pecador, antes condenado, ahora absuelto. Dios lo perdonó, le quitó la condenación y lo declaró hombre justo [...] y todo por la fe en la obra de Cristo en la cruz.*[150]

Esta doctrina de la justificación es otro aspecto de todo el entramado que involucra la salvación. El apóstol Pablo, al presentar un bosquejo general de la salvación en Romanos 8:30, menciona la justificación: *Y a los que predestinó, a estos también llamó; y a los que llamó, a estos también justificó; y a los que justificó, a estos también glorificó.* Aunque Yiye presenta aspectos esenciales de la salvación, esta implica más aspectos que los que él enfatizó, como es el caso del llamamiento y la glorificación.

La primera parte de la cita de Yiye explicita el concepto de justificación. Es la absolución y cambio de postura. La

---

150 Ávila, *7 mensajes de impacto. Volumen 1,* p. 30.

justificación es un término jurídico, una declaración legal de Dios. El término justificar, del griego *dikaioo,* en el Nuevo Testamento, es un verbo con una variedad de significados, pero el más común es al que estoy haciendo referencia, que es declarar justo a alguien, o sea que las demandas de la ley han sido satisfechas.

Yiye también señalaba la importancia de la fe tocante a la justificación. El paquete de la salvación lo adquirimos por la fe. Por tanto, la justificación viene por la fe solamente, *sola fide.*[151] La Palabra de Dios nos muestra que la justificación está precedida por la fe: *Pero ahora, aparte de la ley, se ha manifestado la justicia de Dios, testificada por la ley y por los profetas; la justicia de Dios por medio de la fe en Jesucristo, para todos los que creen en él. Porque no hay diferencia, por cuanto todos pecaron, y están destituidos de la gloria de Dios, siendo justificados gratuitamente por su gracia, mediante la redención que es en Cristo Jesús, a quien Dios puso como propiciación por medio de la fe en su sangre, para manifestar su justicia, a causa de haber pasado por alto, en su paciencia, los pecados pasados, con la mira de manifestar en este tiempo su justicia, a fin de que él sea el justo, y el que justifica al que es de la fe de Jesús [...] Concluimos, pues, que el hombre es justificado por fe sin las obras de la ley* (Ro. 3:21-26, 28).

De este texto se desprenden algunos elementos: que Dios es el que justifica sin las obras de la ley, pero solo a aquel que ejerce fe en Jesús. Que el hombre ha fracasado en su intento de justificarse a sí mismo. Además de que en el evangelio se aprecia la justicia de Dios al mandar a Jesús a morir por el pecador. Este texto que he citado forma lo que se ha dado en llamar el *locus classicus*[152] de la doctrina de la justificación por la fe.

---

[151] Del latín, sola fe.

[152] Pasaje clave que se cita para esclarecer y exponer esta doctrina.

La justificación es por fe solamente, nunca por obras. La fe y las obras se oponen. La obra es la gestión humana. La fe es el descanso en la obra divina: *...sabiendo que el hombre no es justificado por las obras de la ley, sino por la fe de Jesucristo, nosotros también hemos creído en Jesucristo, para ser justificados por la fe de Cristo y no por las obras de la ley, por cuanto por las obras de la ley nadie será justificado* (Gá. 2:16).

La justificación es una obra de la gracia de Dios, es un acto de bondad divina. Dios no estaba obligado a justificar a nadie, por eso es un favor inmerecido. *En quien tenemos redención por su sangre, el perdón de pecados según las riquezas de su gracia* (Ef. 1:7). Justificación es perdón. Es el perdón por la justicia satisfecha en la redención, porque se derramó la sangre. Fue una obra de abundante gracia. Dios manifestó la riqueza de su gracia. Juan Wesley expresa sobre la justificación:

> La enseñanza simple y clara de la Escritura respecto a la justificación es el perdón, el perdón de los pecados. Es ese acto de Dios el Padre mediante el cual, por medio de la propiciación hecha por la sangre de su Hijo, manifestó su justicia (o misericordia) a causa de haber pasado por alto, en su paciencia, los pecados pasados...[153]

Solo la justicia de Cristo hace posible la justificación. Con la muerte de Cristo, Dios estaba obrando la satisfacción de su justicia para poder justificar al hombre. La muerte de Cristo no fue un pago a Satanás, sino la satisfacción divina. *Porque la paga del pecado es muerte, mas la dádiva de Dios es vida eterna en Cristo Jesús Señor nuestro* (Ro. 6:23). En el carácter de Dios no solamente hay amor sino también justicia. Alguien debía

---

[153] Justo González, editor general, *Tomo I, Sermones I, Obras de Wesley*. Tennesee: Providence House Publishers, 1996, p. 105.

pagar por el pecado cometido, librando al hombre de la condenación: *Ahora, pues, ninguna condenación hay para los que están en Cristo Jesús, los que no andan conforme a la carne, sino conforme al Espíritu* (Ro. 8:1). La justicia de Dios exige condenación, pero la obra de Cristo provee la liberación de esta.

La justificación se imputa al hombre por la confianza que este deposita en Cristo. Una fe viva producirá un vivir justo. Esta fe es despertada en el hombre por el Espíritu Santo, generalmente en relación con la Palabra. *Porque en Cristo Jesús ni la circuncisión vale algo, ni la incircuncisión, sino la fe que obra por el amor* (Gá. 5:6).

La doctrina de la justificación es consoladora porque provee el perdón y la libertad que el hombre nunca podrá alcanzar por sus propios medios. También trae el consuelo y la paz porque Dios ya no va a ejecutar el juicio merecido sobre el pecador.

La justificación es el acto legal de parte de Dios, en el cual instantáneamente ha perdonado al pecador. La justificación es la declaración de que somos justos ante Dios. La justificación acontece por la fe en Cristo.

La regeneración

> *Dios nos ama tanto que, aunque su criatura, el hombre, haya caído fue hecho semejante a Él para levantarlo de nuevo y hacerlo a su imagen.*
>
> Andrew Jukes (1815-1901)

Se ha dicho, con razón, que la justificación es lo que Dios hace por nosotros y la regeneración es lo que hace en nosotros. La justificación y la regeneración guardan una relación muy estrecha y deben de ser vistas en sus vínculos. Aunque son dos aspectos diferentes son inseparables, como las dos caras de una sola moneda. La justificación trata con la culpa y el castigo, y la regeneración con la depravación y la rebelión del corazón por causa del pecado que se produjo en la caída. Después de la regeneración viene la santificación porque esta logra el principio del cambio.

Apreciemos en primer lugar lo que Yiye expresa sobre la regeneración. Él dice: *Es un acto divino que imparte en el creyente una vida nueva y más elevada en unión con Cristo.*[154] Nos parece muy importante entender lo que expresa al reconocer la regeneración como *acto divino.* La palabra regeneración, del griego *anoten,* significa: nacer de lo alto o nuevo nacimiento. No es posible que el hombre se regenere a sí mismo, así como nadie puede darse a luz a sí mismo. Se trata de lo que Dios hace en el corazón humano. Pensar que la regeneración es un acto del esfuerzo humano provocaría que los hombres miren en la dirección equivocada, al mismo tiempo que nunca experimenten el cambio que Dios desea en sus almas. *Esta vida nueva es impartida por Dios por la fe en Cristo y por la operación de Espíritu Santo...*[155]

Esta regeneración se da en Cristo. El Señor Jesús es el Salvador, y la única manera de tener una vida nueva es por la poderosa obra de la cruz en el Calvario. Cristo es el único lugar de la salvación. Sin Cristo no hay regeneración. Si no están en Cristo las personas permanecerán en sus pecados y estarán bajo la ira de Dios: *Ahora, pues, ninguna condenación hay para los que están en Cristo Jesús, los que no andan conforme a la carne, sino conforme al Espíritu* (Ro. 8:1). *La regeneración [...] la obtenemos por el arrepentimiento y la fe viva en la muerte expiatoria de Cristo.*[156]

---

[154] Ávila, *7 mensajes de impacto. Volumen 1,* p. 32.

[155] Ibid., p. 32.

[156] Ibid., p. 33.

La salvación fue planificada en Cristo desde la eternidad: *Según nos escogió en él antes de la fundación del mundo, para que fuésemos santos y sin mancha delante de él* (Ef. 1:4). Los que iban a ser regenerados fueron escogidos por Dios en la eternidad para el propósito de ser santos en su presencia. La elección en Cristo tuvo lugar antes de la creación misma y era parte del propósito de Dios. Es un aspecto muy importante que sin Cristo nadie es elegido y nadie es regenerado. Solo los regenerados son escogidos y el lugar, por decirlo de alguna manera, donde se produce la elección es en Cristo.

El plan de Dios es que los que quieren ser salvos deben estar en Cristo. No hay ninguna persona, ni manera de ser salvo, fuera de Cristo. La vida se encuentra en Cristo: *...aun estando nosotros muertos en pecados, nos dio vida juntamente con Cristo (por gracia sois salvos)* (Ef. 2:5). La obra de Dios es cristocéntrica.

La regeneración no es una opción para el que quiere disfrutar del favor de Dios. No es posible ser hijo de Dios sin regeneración. Esta no está planteada como una opción entre muchas para los seres humanos. Yiye se expresa en este sentido: *La regeneración es una necesidad. Todo pecador tiene que comprender que necesita limpieza y transformación...*[157] Jesús expresó esto cuando dijo: *... Os es necesario nacer de nuevo* (Jn. 3:7). La regeneración es una necesidad imperiosa. Al mismo tiempo, esto implica una responsabilidad, porque si la salvación de cada uno fuera una determinación divina, no se podría atribuir la perdición a la incredulidad o la salvación a la fe.

La fuente de la vida es el Señor Jesús. La salvación es la vida de Dios en nosotros a través de Cristo. La salvación se consumará el día final cuando se produzca la glorificación en la venida de Cristo: *Porque somos sepultados juntamente con él*

[157] Ibid., p. 33.

para muerte por el bautismo, a fin de que como Cristo resucitó de los muertos por la gloria del Padre, así también nosotros andemos en vida nueva (Ro. 6:4). La regeneración es la vida nueva.

Al tratar el tema, Yiye señala varios aspectos de la regeneración apelando a algunos textos paradigmáticos. Analicemos algunos de estos textos.

Dios obra un engendramiento para que luego haya un nacimiento espiritual.[158] *Todo aquel que cree que Jesús es el Cristo, es nacido de Dios; y todo aquel que ama al que engendró, ama también al que ha sido engendrado por él* (1 Jn. 5:1). Este texto pone toda la obra en las manos de Dios. Los que creen pueden ser hechos hijos de Dios. La fe en Cristo es el único requisito para poder participar de este milagro divino en el corazón.

El nacimiento es del Espíritu. Cada persona de la Trinidad participa de la obra de la salvación. Cada persona de la Trinidad tiene su rol específico. El Espíritu Santo actúa para aplicar la salvación que Cristo ganó en la cruz y que el Padre planificó desde la eternidad. *El viento sopla de donde quiere, y oyes su sonido; mas ni sabes de dónde viene, ni a dónde va; así es todo aquel que es nacido del Espíritu* (Jn. 3:8). La regeneración, por ser una obra del Espíritu, como bien enfatiza Yiye, tiene una dimensión sobrenatural. Al mismo tiempo implica misterio, porque el Espíritu opera en una escala no comprendida por los hombres. Hay mucho de la regeneración que, aunque la podamos experimentar y podamos presentar argumentos hasta donde los textos bíblicos nos dejan ver, tiene también mucho de inexplicable, ya que es insondable. A esto hizo referencia Jesús en este texto al hablarle a Nicodemo.

El nacimiento es impartido por Dios por la fe en Cristo: *...nos salvó, no por obras de justicia que nosotros hubiéramos hecho, sino por su misericordia, por el lavamiento de la regeneración*

---

[158] Ibid., p. 32.

y por la renovación en el Espíritu Santo (Tit. 3:5). Como ya he señalado, aludiendo a los planteamientos de Yiye. La salvación se recibe por la fe. La fe no es el resultado de ser salvos sino la condición para experimentar la regeneración. *Mas a todos los que le recibieron, a los que creen en su nombre, les dio potestad de ser hechos hijos de Dios* (Jn. 1:12). El recibir del que habla este texto tiene que ver con la confianza que toda persona debe depositar en el Salvador del mundo.

La regeneración trae un cambio radical en el alma humana que afecta el carácter, el deseo (voluntad) y el propósito. *De modo que si alguno está en Cristo, nueva criatura es; las cosas viejas pasaron; he aquí todas son hechas nuevas* (2 Cor. 5:17). Este texto bíblico presenta la regeneración como un acto de creación. Es decir, que la regeneración trata con la raíz del problema, dando como resultado un hombre nuevo. No es posible decir que uno es regenerado y continuar en el mismo estado de antes de tal experiencia. Si no hay un profundo cambio en la vida y la moral de la persona, es muy posible que tal experiencia no haya acontecido.

La regeneración no solo es presentada como un nacimiento, sino también como una resurrección.[159] *Porque somos sepultados juntamente con él para muerte por el bautismo, a fin de que como Cristo resucitó de los muertos por la gloria del Padre, así también nosotros andemos en vida nueva* (Ro. 6:4); *...sepultados con él en el bautismo, en el cual fuisteis también resucitados con él, mediante la fe en el poder de Dios que le levantó de los muertos* (Col. 2:12); *...aun estando nosotros muertos en pecados, nos dio vida juntamente con Cristo (por gracia sois salvos)* (Ef. 2:5). Se trata de un estado de destrucción e involución de donde el hombre es sacado. La vida es un proceso de ascensión, la muerte es un proceso de deterioro y de destrucción. Donde

---

[159] Ibid., p. 32.

ha ocurrido la regeneración hay ascenso, hay avance, hay vida. Por eso la regeneración es resurrección.

Esta experiencia de regeneración no es opcional sino imprescindible, es necesaria. Yiye planteaba siempre la necesidad que los hombres tienen de regeneración. Para los seres humanos es imprescindible la vida de Dios para que puedan disfrutar por la eternidad y no perezcan. Se impele a todo hombre que busque esta experiencia.[160] *Respondió Jesús y le dijo: De cierto, de cierto te digo, que el que no naciere de nuevo, no puede ver el reino de Dios* (Jn. 3:3).

Hay muchas personas que piensan que todos somos hijos de Dios. Piensan que por pertenecer a la raza humana o por ser creación de Dios ya esto les confiere el privilegio de ser hijos de Dios. La realidad bíblica enseña que la experiencia de la regeneración con todo lo que ella implica es la que pone al ser humano pecador en la posición de hijo de Dios.

> El que practica el pecado es del diablo; porque el diablo peca desde el principio. Para esto apareció el Hijo de Dios, para deshacer las obras del diablo. Todo aquel que es nacido de Dios, no practica el pecado, porque la simiente de Dios permanece en él; y no puede pecar, porque es nacido de Dios (1 Jn. 3:8-9).

El ser hijo de Dios conlleva que Él nos adopte, estableciéndose una nueva relación entre Él y nosotros: *Pues no habéis recibido el espíritu de esclavitud para estar otra vez en temor, sino que habéis recibido el espíritu de adopción, por el cual clamamos: ¡Abba, Padre!* (Ro. 8:15).

La regeneración une al creyente con Dios a través del Espíritu. Lo hace una habitación divina; el Espíritu Santo a partir

---

[160] Ibid., p. 33.

de ese momento habita de manera perenne en esa persona. *¿Y qué acuerdo hay entre el templo de Dios y los ídolos? Porque vosotros sois el templo del Dios viviente, como Dios dijo: Habitaré y andaré entre ellos, y seré su Dios, y ellos serán mi pueblo* (2 Cor. 6:16). La regeneración pone al creyente en una intimidad con Dios. *Con Cristo estoy juntamente crucificado, y ya no vivo yo, mas vive Cristo en mí; y lo que ahora vivo en la carne, lo vivo en la fe del Hijo de Dios, el cual me amó y se entregó a sí mismo por mí* (Ga. 2:20). *Y el que guarda sus mandamientos, permanece en Dios, y Dios en él. Y en esto sabemos que él permanece en nosotros, por el Espíritu que nos ha dado* (1 Jn. 3:24).

La persona regenerada demostrará con sus nuevas actitudes la autenticidad de su experiencia. *El verdadero regenerado lo demostrará por su aversión al pecado…*[161] El nacido de nuevo rechaza el pecado: *Si sabéis que él es justo, sabed también que todo el que hace justicia es nacido de él* (1 Jn. 2:29). Posee amor fraternal: *Amados, amémonos unos a otros; porque el amor es de Dios* (1 Jn. 4:7a). Tiene la victoria sobre el mundo: *Todo aquel que ama, es nacido de Dios, y conoce a Dios* (1 Jn. 4:7b). No puede vivir en el pecado: *Todo aquel que es nacido de Dios, no practica el pecado, porque la simiente de Dios permanece en él; y no puede pecar, porque es nacido de Dios* (1 Jn. 3:9); *Hijitos míos, estas cosas os escribo para que no pequéis; y si alguno hubiere pecado, abogado tenemos para con el Padre, a Jesucristo el justo* (1 Jn. 2:1). *El nacido de Dios puede tropezar, pero no puede vivir habitualmente en pecado.*[162]

Juan Wesley se expresó sobre las señales del nacido de nuevo:

---

[161] Ibid., p. 33.

[162] Ibid., p. 33.

> Así contesta Dios mismo a la importante pregunta: ¿qué es nacer de Dios? Así es todo aquel que es nacido del Espíritu. Esto es, según el juicio del Espíritu de Dios, ser hijo de Dios. Es creer en Dios por medio de Cristo y no practicar el pecado, y gozar, en todo tiempo y lugar, la paz de Dios que sobrepasa todo entendimiento. Es esperar en Dios por medio del Hijo de su amor, de tal manera que se llega a tener no solo el testimonio de una buena conciencia, sino que también el Espíritu mismo da testimonio a nuestro espíritu de que somos hijos de Dios, de donde naturalmente brota ese regocijo en aquel por quien hemos recibido la reconciliación. Es amar a Dios, quien los amó como ustedes nunca han amado a ninguna criatura, por lo que son constreñidos a amar a todos los seres humanos como a ustedes mismos; con un amor que no solo arde en sus corazones, sino en todas sus acciones y conversaciones, haciendo toda su vida un trabajo de amor…[163]

Esta comprensión de la regeneración nos ayuda a desechar mucho de aquello que podría confundirnos y que no es regeneración. Un regenerado no es necesariamente aquella persona que se ha bautizado. No es ser miembro de la iglesia. No es formar parte de la lista de los miembros de la iglesia local. No es ofrendar. No conlleva participar en las actividades de la iglesia o de algún ministerio. No implica leer la Biblia. No es orar. No es ser una persona moralista, o que conoce bien la Biblia. No es saberse pecador. No es ser religioso. Aunque todos estos aspectos son resultado o consecuencia de ser regenerado, no es propiamente la regeneración, porque se puede tener algo de esto y no ser regenerado. Un ministerio evangelístico como

---

163 González, *Tomo I, Sermones I, Obras de Wesley*, p. 375.

el de Yiye necesita con urgencia una adecuada comprensión de esta enseñanza.

Pasemos ahora a tratar el tema de la santidad como parte del paquete de lo que es la salvación. El que avanza en la santidad avanza en la salvación, crece en la salvación.

Capítulo XII

LA SANTIDAD

La importancia y la relevancia de la santidad

La santidad implica más que meras acciones. Nuestras motivaciones deben ser santas, o sea, deben brotar de un deseo de hacer algo sencillamente porque es la voluntad de Dios.

JERRY BRIDGES (1929-2016)

Si bien Yiye fue un predicador de la venida de Cristo, y reiteró muchas veces desde diferentes perspectivas que Cristo venía, también es verdad que fue un predicador de los dones, hablando de las múltiples manifestaciones del poder del Espíritu Santo. Además, insistió sobre la búsqueda de Dios en la oración, el ayuno y por supuesto el evangelismo, reiterando constantemente la necesidad de que los pecadores se convirtieran de sus malos caminos. A veces los diferentes temas terminaban enfatizando la necesidad de la salvación de los pecadores.

A estos temas se le puede añadir el de la santidad. Yiye fue un predicador de la santidad. Tal vez hermanos de diferentes denominaciones puedan discordar acerca del tema de la venida de Cristo, de los dones espirituales y hasta oponerse a ciertos énfasis o perspectivas, pero ¿quién puede oponerse a la santidad? La santidad es una doctrina clave, porque el principal problema de la humanidad es el pecado y la doctrina de la santidad trata con este problema y da la solución. Por supuesto que el grado de santidad posible para el creyente sí es tema de debate. A esto dedicaré un espacio más adelante.

La santificación es salvación

La santidad es el resultado invisible de la conversión verdadera.

J. C. Ryle (1816-1900)

La santificación, como es bien conocido, significa separación del pecado, a la vez que dedicación a Dios y purificación.[164] El problema de la humanidad es el pecado, de manera que la santidad, o separación, es la salvación. A veces se piensa en la salvación como el traslado de la tierra al cielo. Muchos cuando piensan en ser salvos solamente hacen énfasis en la liberación de la condenación del infierno y, si bien es verdad que los salvos serán librados del infierno, no es cierto que esto sea lo único que implica la salvación. De hecho, un aspecto clave de lo que implica ser salvo es la santificación.

En un mensaje de Yiye titulado *La salvación*[165], él señalaba tres aspectos de esta: la justificación, la regeneración y la santificación. En palabras del propio Yiye, estas eran:

> La justificación [...] implica la absolución divina. Este acto de aceptar al pecador es un don gratuito de Dios, disponible únicamente por la fe en Cristo Jesús. Es un cambio de posición de parte del pecador; antes condenado, ahora absuelto. Dios lo perdonó, le quitó la condenación y lo

[164] Ávila, *7 mensajes de impacto. Volumen I*, p. 33.

[165] Ibid., p. 30.

> declara hombre justo. Es justo a su vista, y todo por la fe en la obra de Cristo en la cruz [...]. La justificación viene por la gracia de Dios. Es un favor, o disposición bondadosa, de Dios...
>
> La regeneración es un acto divino que imparte al creyente una vida nueva y más elevada en unión con Cristo. Implica un nacimiento. El creyente es engendrado por Dios. Es nacido del Espíritu.[166]

Estos dos primeros aspectos son acertadamente esenciales en el pensamiento de Yiye en cuanto a la santificación. Sin la justificación y la regeneración no se produce la santificación. Desde el momento en que se producen estos dos, el creyente es santo, aunque inicialmente sea una santidad posicional e incipiente, que debe luego avanzar y crecer hacia una santidad práctica. En 2 Corintios 7:1 se puede apreciar tanto la santidad posicional como el crecimiento en santidad: *Así que, amados, puesto que tenemos tales promesas, limpiémonos de toda contaminación de carne y de espíritu, perfeccionando la santidad en el temor de Dios.* Se nos anima a buscar la limpieza en todas las áreas de nuestra vida. La santidad que obtenemos al recibir la salvación luego se estimula para que crezcamos en ella. Nadie puede perfeccionar lo que no tiene. La santidad está en todo creyente, sea este un niño en Cristo o haya llegado a la madurez. Pero todos debemos perfeccionar el grado de santidad que tengamos. Yiye dice respecto a esto:

> Relativa a la posición, la santificación es instantánea [...]. Pablo llamó a todos los creyentes santos; sin embargo, aun algunos eran carnales y cometían pecados [...]. Eran santos y santificados en Cristo, pero algunos no lo eran en su vida

166 Ibid., p. 30-32.

> diaria. Se les dio el lugar de santos simultáneamente a la justificación, pero no estaban honrando a Dios conforme a la posición que él les había conferido en Cristo. No caminaban dignos al llamado...[167]

Me parece muy atinado el tratamiento de Yiye, viendo aristas de la doctrina de la salvación. La salvación es un paquete que implica una obra divina con muchos beneficios. Entender la salvación como santificación es muy importante. Esto da pie para ver a la salvación, además, como un acto y a la vez un proceso.

Yiye argumentó respecto a la progresión de la santificación:

> La santificación es también práctica y progresiva. La separación inicial es el comienzo de una vida progresiva de santificación. Esta separación debe seguirse diariamente, y el creyente debe procurar ser cada día más semejante a Cristo. Así progresamos en la santificación [...]. Debemos perfeccionar la consagración para limpiarnos de toda inmundicia...[168]

Aquí Yiye nos presenta otro aspecto que es muy importante de entender. La santificación en su estado maduro no llega de manera sorpresiva o instantánea, como algunos han dicho, de manera que nos ayuda a entender el carácter paulatino de la obra santificadora de Dios en el creyente. La obra de la santificación nos habla del crecimiento.

No es posible hablar solo de nacimiento y madurez, sino que las etapas de la vida cristiana van sucediéndose una a la otra. Primero nacemos, regeneración; luego se da el debido

---

167 Ibid., p. 34.

168 Ibid., p. 34.

proceso de santificación, crecimiento; hasta llegar a la madurez o santificación completa.

Santificación completa

Los verdaderos creyentes evitan diligentemente el pecado. Aborrecen el pecado, no lo justifican ni tampoco lo excusan. En pocas palabras, buscan la santidad perfecta.

CHARLES FINNEY (1792-1875)

Se trasluce en los escritos y mensajes de Yiye la idea de la santificación completa[169] en esta tierra. Es decir que Yiye piensa que se puede tener victoria sobre el pecado por la obra de Cristo en la cruz y la obra del Espíritu.

> Como don de la gracia, Dios nos pone en posición perfecta por la fe en Cristo. Como obra de la gracia también podemos alcanzar la santificación completa si buscamos a Dios de todo corazón. Esto viene mediante la oración y el ayuno y prestando suma atención a las ordenanzas de Dios [...]. Lo que Cristo ha hecho para nosotros debe convertirse en realidad en nosotros. El creyente está llamado a procurar con ahínco la perfección.[170]

En primer lugar, antes de precisar lo que implica la santidad completa, digamos que Yiye de ninguna manera establece esta obra como el resultado de la acción humana. Él dice que es la obra de la gracia de Dios; es decir, que es a través de los recursos divinos, a través de la voluntad divina, a través

---

169 Ibid., p. 36.
170 Ibid., p. 37.

de la fuerza de Dios. No hay lugar para el mérito y la vanagloria humana. Si alguno llegara a experimentar victoria sobre el pecado no podrá alabarse a sí mismo con justicia, tendrá que alzar su cabeza y dar gloria a Dios, porque el cielo lo favoreció con la suficiente gracia que resulta en la victoria.

Al mismo tiempo que señala la gloria de Dios y el mérito divino por la santificación, apunta a la responsabilidad humana que debe asirse de los recursos divinos, como son la oración y el ayuno. Se trata de una búsqueda ferviente y apasionada que redunda en la santidad. Esta salvación de santidad se da en la sinergia de, por un lado, la búsqueda humana de Dios y, por otro, la respuesta divina de la acción del Espíritu santificando el alma humana.

Aunque Yiye se cuidó de creerse a sí mismo santificado completamente, expresó su anhelo por seguir avanzando en el camino que agrada a Dios. Creyó en la posibilidad de la santificación, apuntando que lo que Dios nos pide es realizable. Sería una incongruencia que Dios pidiera algo que no se pudiera materializar.

> Hay que vivir en santidad. Jesús dijo sed santos porque yo soy santo. Es un reto. Yo no me atrevo a decir que soy perfecto, pero estoy peleando para alcanzar la perfección. No estoy contento con lo que soy ni con lo que tengo. Estoy buscando más. Porque hay más, hay más en el Dios del cielo que lo que yo he visto y tengo. Estoy buscando más y limpiarme más, purificarme más y santificarme más. Esto es un camino de crecimiento hacia arriba, no miro para abajo.[171]

[171] Prédicas de Yiye Ávila. (19 de diciembre de 2020) *Yiye Ávila, predicaciones. Buscad la paz con todos y la santidad, sin la cual nadie verá al Señor.* (Video) https://www.youtube.com/watch?v=xikptRct-OQ

La santidad completa, o como también se la ha llamado, perfección cristiana, es un tema que ha producido controversia. Uno de los mayores exponentes de la historia del cristianismo de esta enseñanza fue Juan Wesley. Parece ser que Yiye en este sentido es *wesleyano*, como se les conoce a los seguidores de sus doctrinas. Este delineó o precisó lo que es la santificación total, evitando la incomprensión de esta enseñanza. Por supuesto, el debate llega hasta nuestros días, y siguen existiendo los que no comprenden a Wesley y se oponen a la posibilidad de que el creyente pueda vencer el pecado en un estado de madurez.

Wesley señala lo que no es la perfección cristiana o la santificación total, expresando en primer lugar que no es la perfección del conocimiento: *No son tan perfectos en esta vida como para ser libres de toda ignorancia.*[172]

En segundo lugar, no son perfectos en cuanto a error, esto se deduce de lo anteriormente expresado. Quien no conoce todo inevitablemente cometerá errores: *...casi una consecuencia inevitable de lo anterior; teniendo en cuenta que quienes solo conocen en parte, se inclinan siempre a errar en cuanto a las cosas que no conocen.*[173]

En tercer lugar, los cristianos no son perfectos en cuanto a defectos, entendiéndose aquí lo defectuoso no en el sentido moral sino en cuanto a defectos corporales y también imperfecciones internas y externas. Asuntos tales como la debilidad, la lentitud del entendimiento, la confusión en la comprensión, la pesadez de la imaginación, la carencia de la memoria, los problemas al hablar, la lentitud del lenguaje: *Quiero significar aquí, no solamente los que son correctamente llamados defectos*

---

[172] González, *Obras de Wesley*, p. 35.

[173] Ibid., p. 37.

corporales, sino todas aquellas imperfecciones internas o externas que no son de naturaleza moral.[174]

No son tampoco perfectos en cuanto a ser libres de toda tentación. Mientras estemos en este mundo estaremos expuestos a la posibilidad de la atracción del pecado: *Tampoco debemos esperar ser totalmente libres de la tentación antes de ese tiempo. Tal perfección no pertenece a esta vida.*[175]

Algunos textos importantes en cuanto a la victoria sobre el pecado deben ser tratados cuando se presente este tema. Yiye fue incisivo, hasta donde podemos interpretarlo, en que es posible tener victoria sobre el pecado. Por supuesto que él también creía que era posible retroceder luego de haber alcanzado grandes logros espirituales en cuanto a la santidad. Siempre es posible cometer pecado, pero también es posible, bajo el auxilio del Espíritu Santo, mantenerse en obediencia siendo fiel contra todo pecado. *Porque el pecado no se enseñoreará de vosotros; pues no estáis bajo la ley, sino bajo la gracia* (Ro. 6:14). Algunos pudieran pensar que la gracia es la libertad de pecar, pero, por el contrario, el Nuevo Testamento enseña el poder de la gracia de Dios capacitando al creyente para agradar a Dios. La gracia es poder. El texto bíblico nos habla de que el creyente no tiene al pecado como señor. El pecado no lo domina, el pecado no lo somete.

Debería ser motivo de agradecimiento constante que haya un Salvador que ha vencido para que nosotros podamos vencer. *Mas gracias sean dadas a Dios, que nos da la victoria por medio de nuestro Señor Jesucristo* (1 Cor. 15:57). El aguijón que nos lleva a la muerte Cristo lo sometió. El creyente, no por sí mismo sino por Cristo, puede disfrutar del triunfo sobre el pecado.

---

[174] Ibid., p. 38, 39.

[175] Ibid., p. 39.

La santidad es un imperativo. El Señor quiere que su pueblo sea partícipe de su naturaleza santa. Él recomienda y demanda la santidad de su pueblo, porque la tiene y porque la posibilita a través de su poder. El rescate que Dios ha llevado a cabo es de la vana manera de vivir, de la vida del mundo, de la vida bajo el poder del pecado. Si alguien testifica que es salvo, pero su vida permanece en los antiguos pecados, los pecados que practican los que no conocen al Señor, no es salvo.

> ...como aquel que os llamó es santo, sed también vosotros santos en toda vuestra manera de vivir; porque escrito está: Sed santos, porque yo soy santo. Y si invocáis por Padre a aquel que sin acepción de personas juzga según la obra de cada uno, conducíos en temor todo el tiempo de vuestra peregrinación; sabiendo que fuisteis rescatados de vuestra vana manera de vivir, la cual recibisteis de vuestros padres, no con cosas corruptibles, como oro o plata, sino con la sangre preciosa de Cristo, como de un cordero sin mancha y sin contaminación (1 Pe. 1:15-19).

La santidad es un distintivo de los nacidos de Dios. La conversión inclina el corazón hacia una nueva dirección, la de agradar a Dios, la de la consagración. Lo que distingue al redimido no es el pecado sino una vida transformada. La práctica del pecado es un distintivo de los pecadores rebeldes ante Dios.

> Todo aquel que permanece en él, no peca; todo aquel que peca, no le ha visto, ni le ha conocido [...]. Todo aquel que es nacido de Dios, no practica el pecado, porque la simiente de Dios permanece en él; y no puede pecar, porque es nacido de Dios (1 Jn. 3:6-9).

Santidad interior y exterior

Mi deseo es vivir hoy más cerca de Dios que ayer,
y ser más santo el día de hoy que el anterior.
Francis Asbury (1734-1816)

Entonces, ¿en qué sentido hablo de la santidad en el cristiano? Es una obra de gracia interior que Dios obra en los que son verdaderos hijos de Él. Yiye enfatizaba en la santidad interior o, como él la llamaba, la sanidad *por dentro*.

> El interior es lo primero que el Señor dijo que había que limpiar. Si lo de adentro está sucio, lo de afuera no significa nada. Sería un disfraz de hipocresía [...]. La condenación será peor para ellos (los hipócritas) que para los que están sucios por fuera y por dentro, ya que estos últimos son menos hipócritas.[176]

La santidad es una obra interior producto de lo que Dios hace en el corazón de los auténticos creyentes. Él toma el control de nosotros: *Respondió Jesús y le dijo: De cierto, de cierto te digo, que el que no naciere de nuevo, no puede ver el reino de Dios* (Jn. 3:3). Aquí empieza una transformación que hace al hombre espiritual.[177]

El hombre nacido de nuevo conoce al Espíritu Santo y empieza a ser capacitado por este. El hombre espiritual tiene una herencia en Cristo: *...el cual nos ha librado de la potestad de las tinieblas, y trasladado al reino de su amado Hijo, en quien tenemos redención por su sangre, el perdón de pecados* (Col. 1:13-14).

---

176 Yiye Ávila, *Sin santidad nadie le verá*. Miami: Unilit, 1994, p. 9.
177 Ibid., p. 10.

El maligno no tiene autoridad sobre él y está capacitado para hacer proezas para Dios. A diferencia del hombre carnal, el espiritual es gobernado por Dios y su Palabra: *…no que seamos competentes por nosotros mismos para pensar algo como de nosotros mismos, sino que nuestra competencia proviene de Dios* (2 Co. 3:5).[178]

Es una santificación por amor en su interior manifestado a través del fruto del Espíritu: *En esto conocerán todos que sois mis discípulos, si tuviereis amor los unos con los otros* (Jn. 13:35). Cuando amamos como Dios nos ama es porque el Espíritu Santo pone este sentir en nosotros. *Mas el fruto del Espíritu es amor, gozo, paz, paciencia, benignidad, bondad, fe, mansedumbre, templanza; contra tales cosas no hay ley* (Gá. 5:22-23).[179]

Es una santificación por fe. Para ser participantes de la naturaleza divina es necesario creer: *Porque en el evangelio la justicia de Dios se revela por fe y para fe, como está escrito: Mas el justo por la fe vivirá* (Ro. 1:17).[180]

Es también una santificación por la Palabra: *Santifícalos en tu verdad; tu palabra es verdad* (Jn. 17:17). La santificación se da a través del potencial de la Palabra. La Palabra de Dios es tan poderosa que puede tocar las áreas más recónditas del ser humano, descubriendo lo que el mismo ser humano no es capaz de ver. *Porque la palabra de Dios es viva y eficaz, y más cortante que toda espada de dos filos; y penetra hasta partir el alma y el espíritu, las coyunturas y los tuétanos, y discierne los pensamientos y las intenciones del corazón* (Heb. 4:12).[181]

Lo que permite el comienzo de la vida en santidad es la santificación por la sangre que Cristo derramó en la cruz del

---

[178] Ibid., p. 11.

[179] Ibid., p. 12.

[180] Ibid., p. 13.

[181] Ibid., p. 13-15.

Calvario: ...*para que abras sus ojos, para que se conviertan de las tinieblas a la luz, y de la potestad de Satanás a Dios; para que reciban, por la fe que es en mí, perdón de pecados y herencia entre los santificados* (Hch. 26:18). *Y casi todo es purificado, según la ley, con sangre; y sin derramamiento de sangre no se hace remisión* (Heb. 9:22). El poder para la santidad viene del sacrificio de Cristo y su derramamiento de sangre. No hay manera de tener santidad sin la sangre de Cristo, sin su obra expiatoria.[182]

Hemos sido santificados por el servicio. Cuando servimos a Dios, cuando consagramos nuestras vidas a Él, podemos decir que vivimos para Él y crecemos en santidad. Así presentamos nuestro cuerpo como sacrificio vivo a Dios. *Así que, hermanos, os ruego por las misericordias de Dios, que presentéis vuestros cuerpos en sacrificio vivo, santo, agradable a Dios, que es vuestro culto racional* (Ro. 12:1).[183]

El Espíritu Santo sin coaccionarnos nos impulsa practicar y accionar en armonía con Dios. *Elegidos según la presciencia de Dios Padre en santificación del Espíritu, para obedecer y ser rociados con la sangre de Jesucristo: Gracia y paz os sean multiplicadas* (1 Pe. 1:2). Eso se llama obediencia y hace que andemos en la vida que a Dios le agrada en la santidad. *Porque Dios es el que en vosotros produce así el querer como el hacer, por su buena voluntad* (Fil. 2:13).[184]

Una evidencia de santidad interior es nuestro testimonio, donde nuestra vida y nuestras acciones hablan más que nuestros labios. Cuando nos santificamos por dentro nuestro exterior comienza a mostrar evidencias visibles para los que están a nuestro alrededor. *Por tanto, nosotros también, teniendo en derredor nuestro tan grande nube de testigos, despojémonos de*

---

182 Ibid., p. 15.

183 Ibid., p. 16, 17.

184 Ibid., p. 18.

todo peso y del pecado que nos asedia, y corramos con paciencia la carrera que tenemos por delante (Heb. 12:1).[185]

Al tratar el tema de la santidad, Yiye lo dividía entre la santidad interior, que ya he tratado, y la santidad exterior. No cabe duda, como ya también señalé en el último punto de la santidad interior, que lo más importante es la obra que Dios hace en el corazón. Es el cambio en la mente, en las emociones, en la voluntad. Es aquella obra que trata con la raíz del problema del pecado. Pero también es verdad que esa obra no queda sin evidencia. Esa obra puede ser vista. Esa obra queda al descubierto, mostrándose extrínsecamente. No es posible que una persona diga que Dios ha hecho una obra en su vida, que ha sido perdonado, que tiene el Espíritu, que está consagrado, que sirve a Dios, que tiene fe, que tiene amor, pero luego no haya evidencias tangibles.

Jesús dijo: *¡Fariseo ciego! Limpia primero lo de dentro del vaso y del plato, para que también lo de fuera sea limpio* (Mt. 23:26). Jesús habló de la prioridad de esta obra divina de santidad. Primero el interior, luego el exterior. No dice que solo es el interior, sino que primero el interior. Es decir, que la santidad externa también tiene su lugar legítimo. La Biblia también nos habla de que nuestro cuerpo es templo del Espíritu Santo, lo cual señala que lo que se ve también es importante para Dios y que se le debe dar la debida atención. *¿O ignoráis que vuestro cuerpo es templo del Espíritu Santo, el cual está en vosotros, el cual tenéis de Dios, y que no sois vuestros?* (1 Co. 6:19). Hay creyentes en nuestras iglesias que, para justificar su ropa, sus gestos o alguna manifestación externa indebida, se justifican expresando que lo que importa es lo de adentro, pero tal cosa no es verdad. Lo de afuera puede estar manifestando que el interior tiene problemas. Es legítimo manifestar reprensión

---

[185] Ibid., p. 17.

u orientación acerca de lo exterior en el creyente porque esto tiene su lugar de importancia en su vida espiritual.

Santidad visible

La cosa más triste es encontrar un cristiano solo de nombre [...] la iglesia en occidente es un campo lleno de trigo y cizaña.

Amy Carmichael (1867-1951)

Al tratar el tema de la santidad exterior, Yiye a menudo echaba mano de algunos textos. Por ejemplo, 1 Timoteo 2:9, que dice: *Asimismo que las mujeres se atavíen de ropa decorosa, con pudor y modestia; no con peinado ostentoso, ni oro, ni perlas, ni vestidos costosos.* Aquí tenemos un texto paulino que apunta a lo externo. Es decir, que en la iglesia primitiva se le prestaba atención a la apariencia. Analicemos este texto bíblico en detalle:

La expresión bíblica *...las mujeres se atavíen con ropa decorosa...* implica que el atavío no es contrario al espíritu cristiano. No puede condenarse que las mujeres se embellezcan y busquen lucir bien. Este sentir en las mujeres es algo puesto por Dios. Luchar contra el adecuado atavío femenino es luchar en contra de Dios mismo, quien las dotó de este deseo e inclinación.

Cuando Yiye aludía a este texto, apuntaba a las modas que son contrarias a Dios.[186] Si bien es cierto que no toda moda es contraria a la modestia, por lo general esto es cierto. Las modas proceden de hombres impíos que actúan sin tomar en cuenta a Dios y sus intereses. De manera que el cristiano debe cuidarse de seguir la corriente del mundo. La vida espiritual

186 Ibid., p. 20, 21.

interior va contra el proceder mundano. *Y él os dio vida a vosotros, cuando estabais muertos en vuestros delitos y pecados, en los cuales anduvisteis en otro tiempo, siguiendo la corriente de este mundo, conforme al príncipe de la potestad del aire, el espíritu que ahora opera en los hijos de desobediencia* (Ef. 2:1-2). Ser arrastrados con el mundo pertenece al pasado. La palabra atavío, del griego *kosmeo,* significa *poner en orden* o *arreglar*; de este vocablo se deriva nuestro término cosmético. Luego el texto precisa que este atavío o adorno femenino debe ser decoroso, del griego *kósmios,* que significa *bien arreglado*, que no puede ser descuidado. Es interesante que la palabra *ropa* o *traje*, del griego *katastole*, literalmente significa *algo que se deja caer*, o *tiende a descender*. Alude a una prenda suelta, no ceñida. Otra traducción de la expresión puede ser *que las mujeres se adornen con traje adornado.*

El versículo hace énfasis en el enorme cuidado al vestirse. Sigue expresando: *...con pudor y modestia...* ¿Cuál es el significado de estos adjetivos? *Pudor*, del griego *aidos,* es *respeto propio* o *recato.* Tiene el sentido de vergüenza. Es temor a traspasar las debidas fronteras. La mujer al vestir no debe cometer actos vergonzosos. Hoy en día la exhibición del cuerpo es parte de la moda. El exhibir aquellas partes del cuerpo que deberían reservarse para la intimidad y para la pareja legítima dentro del matrimonio es algo cotidiano. Cuando los creyentes reunidos para adorar a Dios no tienen el debido pudor, provocan que la atención debida a Dios sea dada al pecado. La otra palabra es *modestia,* del griego *sofrosúne,* que implica sensatez y sentido común. Hay que evitar los extremos. La mujer cristiana debe procurar reflejar a Cristo, y eso la lleva a ser abnegada. Ella no debe causar mal a la iglesia ni a su marido.

El versículo luego continúa: *...no con peinado ostentoso...* La palabra peinado es tácita en el verso, y *ostentoso,* del griego *plégma,* literalmente significa *entrelazado*, *trenza.* El punto vuelve a ser el decoro. Algunos han criticado sin razón lo mencionado por Pablo, expresando que es una posición extrema. Sin embargo, un buen número de comentaristas muestra que la combinación de la palabra con *...oro, ni perlas, ni vestidos costosos* nos guía en la dirección correcta en que debe ser entendido el texto. El énfasis es el de la extravagancia. No es cuestión meramente de un tipo de peinado sino el exceso, máxime por el contexto en donde dicho texto surgió.

Las trencillas que Pablo menciona no son un adorno modesto y sencillo. Por el contrario, costaban una fortuna; las trenzas se sostenían con joyas muy costosas. Hay joyas que las mujeres usan en nuestros días que seguro no violan el principio que Pablo quiere señalar. Cada uno deberá tomar la adecuada decisión para honrar a Dios. El culto debe rendirse a Dios, no a la belleza.

Debe añadirse a lo dicho que el descuido y el buen gusto también llamarían la atención y violarían el sentido de lo que Pablo quiere expresar. El versículo 10 presenta los adornos imprescindibles que deben embellecer a la mujer cristiana, *con buenas obras, como corresponde a mujeres que profesan piedad.*

El otro texto al que Yiye se refirió es 1 Pedro 3:3-4: *Vuestro atavío no sea el externo de peinados ostentosos, de adornos de oro o de vestidos lujosos, sino el interno, el del corazón, en el incorruptible ornato de un espíritu afable y apacible, que es de grande estima delante de Dios.* Este texto es exactamente un paralelo, pero en la pluma de Pedro, y utiliza una terminología muy similar a la del versículo que ya he analizado. La palabra que se traduce como atavío, del griego *kosmeo,* significa el *universo ordenado*, y señala lo opuesto al caos. Pedro vuelve a hablar de los adornos de oro y de los vestidos de mucho valor, usando otra palabra. Los vestidos lujosos podrían hacer referencia a la costumbre impuesta de la moda de cambiar de vestido y de adorno varias veces para estar en sintonía con las exigencias sociales del momento. El dinero que podía gastarse en forma más provechosa para el bien de lo espiritual y lo eterno, se malgastaba en lo ostentoso. Eran comunes en el imperio romano los anillos, los brazaletes y diferentes joyas brillantes en las mujeres que vestían a la moda. Estos adornos eran contrarios a la sencillez propia del cristianismo.

En 1 Corintios 11:13-15 encontramos otro texto al que Yiye echó mano para señalar aquellos aspectos de la santidad externa. Es otro texto en el que, evidentemente, está el principio de la importancia de la apariencia que debe cuidar el creyente: *Juzgad vosotros mismos: ¿Es propio que la mujer ore a Dios sin cubrirse la cabeza? La naturaleza misma ¿no os enseña que al varón le es deshonroso dejarse crecer el cabello? Por el contrario, a la mujer dejarse crecer el cabello le es honroso; porque en lugar de velo le es dado el cabello.* El texto alude a algunos aspectos de carácter cultural.

Podría ser que el velo en las mujeres sea típico de la sociedad oriental de aquella época; con excepción de las prostitutas del templo, las mujeres usaban el cabello largo y se cubrían la cabeza cuando estaban en público. Pablo toma en cuenta que era impropio, donde se tipificaba a la mala mujer sin cubrirse con el velo, que la mujer cristiana hiciera lo mismo. De manera que Pablo señala como un problema la mujer que asume la costumbre de las prostitutas.[187]

Allí hay un principio espiritual; es importante que se tenga en cuenta la apariencia exterior que puede afectar el testimonio cristiano y la santidad misma. La palabra *propio* del versículo 13, del griego *prépon*, indica *adecuado*, *correcto*, *decoroso*. Las mujeres sin cubrirse en el culto no concordaban con la solemnidad del momento. Debían cubrirse, aunque solo fuera

---

[187] Warren W. Wiersbe, *Comentario Wiersbe del Nuevo Testamento*. Sebring: Bautista Independiente. 2019, p. 502.

por la razón de la costumbre del país. Una actitud diferente hubiese distraído la atención de los adoradores.

La expresión *la naturaleza misma* nos habla de que el orden natural de la creación era un pedagogo, transmitía una enseñanza. En los mismos días de Pablo la costumbre era que los hombres judíos, griegos y romanos llevaran el cabello corto. Entre los mismos israelitas era deshonroso que un hombre tuviera el pelo largo, a no ser que se hubiera hecho el voto nazareo.

Cuando expresa *a la mujer dejarse crecer el cabello le es honroso* nos indica que la lógica es que el orden natural apunta a reconocer el cabello largo como típico de la mujer y el corto como típico del hombre. Más allá de hasta dónde se lleve el significado de este texto, el principio de que los aspectos externos forman parte de la consideración del deber cristiano y de la santidad está claro. Hay muchos otros textos que podría usar, pero estos tres tomados por Yiye nos muestran el valor y la importancia de que el cristiano cuide su testimonio al proyectar una imagen equilibrada y mesurada en el mundo, en la cultura y en el país donde le toque desarrollarse.

¿Cuál es el peligro de realizar una evaluación de la santidad exterior inadecuada? Al tratar de obedecer a Dios y buscar la santidad, podemos correr el riesgo de asumir una postura legalista. Con la palabra legalista me estoy refiriendo a aquel punto de vista que hace de la vida cristiana y de la doctrina de la gracia de Dios y la santidad el apego a un código de reglas y leyes que hay que observar de manera estricta. Pero dicha posición es radicalmente contraria a la gracia y a la enseñanza bíblica de la santidad. Es verdad que la Palabra de Dios tiene leyes, y que estas están vigentes en el sentido de que lo que Moisés dijo sobre mentir y robar sigue estando vigente y sigue siendo verdad. Pero no somos salvos por la ley, ni tampoco la santidad es el cumplimiento externo de la ley. Una persona que exteriormente cumple la ley, pero que en su corazón es rebelde a la ley, es tan desobediente como aquel que la desconoce en todo sentido.

Señalo algunos peligros del legalismo al comprender la doctrina de la santidad y al practicarla en nuestra propia vida: *...ya que por las obras de la ley ningún ser humano será justificado delante de él; porque por medio de la ley es el conocimiento del pecado* (Ro. 3:20).

El legalismo pone todo el énfasis en los cambios exteriores. Si la santidad fuera el cumplimiento exterior de ciertas reglas, habría que decir que muchas personas no cristianas tienen más santidad que los creyentes mismos.

> ¡Ay de vosotros, escribas y fariseos, hipócritas! porque sois semejantes a sepulcros blanqueados que, por fuera, a la verdad, se muestran hermosos, mas por dentro están llenos de huesos de muertos y de toda inmundicia (Mt. 23:27).

> Porque de dentro, del corazón de los hombres, salen los malos pensamientos, los adulterios, las fornicaciones, los homicidios, los hurtos, las avaricias, las maldades, el engaño, la lascivia, la envidia, la maledicencia, la soberbia, la insensatez. Todas estas maldades de dentro salen, y contaminan al hombre (Mc. 7:21-23).

El peligro del legalismo es tratar de resolver el problema del pecado a través de la ley. El problema del pecado es un problema del corazón, y ni las reglas ni las prohibiciones transforman el corazón rebelde del ser humano. De manera que es un peligro muy grande condicionar la santidad al cumplimiento de la ley. La Palabra de Dios nos alumbra señalando que la ley que Dios mismo concedió en realidad muestra cuán pecador es el hombre y cuán grave es este pecado. El Señor ha provisto la obra de la gracia a través de su Espíritu para trasformar el corazón y que este logre agradar a Dios, no reprimiéndose frente a la ley sino deleitándose porque Dios obró desde dentro, cambiando el corazón e inclinándolo hacia Él y hacia lo que le agrada. Por supuesto que esta obra interior llegará al exterior y dará testimonio de la verdadera obra de Dios y de la auténtica santidad: *...sabiendo que el hombre no es justificado por las obras de la ley, sino por la fe de Jesucristo, nosotros también hemos creído en Jesucristo, para ser justificados por la fe de Cristo y no por las obras de la ley, por cuanto por las obras de la ley nadie será justificado* (Gá. 2:16).

El peligro del legalismo es el orgullo y la soberbia humana. Si la santidad es el resultado del esfuerzo humano en el cumplimiento de la ley, la gloria es del hombre y no de Dios. Contrariamente a este espíritu, el pecador ha de sentirse humillado frente a la obra de Dios. Cuando todo depende del hombre lo que habrá será una obra exterior y no un cambio real del corazón. *El fariseo, puesto en pie, oraba consigo mismo de esta manera: Dios, te doy gracias porque no soy como los otros hombres, ladrones, injustos, adúlteros, ni aun como este publicano* (Lc. 18:11). En el legalismo es común que las personas se alaben a ellas mismas y se comparen continuamente. *En el año treinta y nueve de su reinado, Asa enfermó gravemente de los pies, y en su enfermedad no buscó a Jehová, sino a los médicos. Y durmió Asa con sus padres, y murió en el año cuarenta y uno de su reinado* (2 Cr. 16:12). Sin duda alguna, la soberbia humana puede producir legalismo y, como un búmeran, ambas conspiran en tu contra.

El peligro del legalismo es que provoca falsas motivaciones. En el legalismo lo que importa es exhibir una imagen correcta, es solo cuestión de lo que se ve y de lo que opinan los demás. En la santidad correctamente entendida es cuestión del corazón, es cuestión de lo que se siente y lo que se desea. Se trata de amar a Dios con todo el corazón.

> Y amarás al Señor tu Dios con todo tu corazón, y con toda tu alma, y con toda tu mente y con todas tus fuerzas. Este es el principal mandamiento (Mr. 12:30).

El problema del legalismo es que desarrolla un espíritu crítico con desamor. El legalista juzga a los demás según su código moral y no según la Palabra de Dios. El legalista juzga actos y no toma en cuenta las motivaciones del corazón que tanto importan para Dios. La misericordia y el amor están en falta donde reina el espíritu legalista.

> Y si repartiese todos mis bienes para dar de comer a los pobres, y si entregase mi cuerpo para ser quemado, y no tengo amor, de nada me sirve (1 Cor. 13:3).

La santidad, como bien Yiye señaló, es una obra interior en primer lugar, pero que se manifiesta exteriormente.

Glosario

Anticristo: Futura manifestación de movimiento religioso, o líder mundial que se opondrá al cristianismo.

Carismas: Término que significa regalo de Dios. Está aplicado a aquellas capacidades o destrezas que Dios ha concedido a los hombres.

Cesacionistas: Vocablo aplicado a aquellos que creen que algunos dones espirituales han cesado en la historia de la iglesia.

Coadyuvar: Se emplea para describir la cooperación, la ayuda, la contribución prestada.

Continuista: Término aplicado a los que creen en la vigencia de los dones espirituales.

Digresión: Acción de interrumpir la conversación para introducir otro tema, que puede o no estar relacionado.

Economía Trinitaria: Término que se refiere a los diferentes roles de las personas divinas: Padre, Hijo y Espíritu Santo.

Escatología: Estudio de los últimos eventos. Está relacionado con la segunda venida de Cristo, el fin del mundo, el juicio final y la resurrección.

Hereje: Dícese de una persona desviada de la verdadera doctrina.

Heterodoxo: Persona con doctrinas erradas. Sinónimo de hereje.

Incipiente: Comienzo. Fase inicial o prematura.

Locus classicus: Cuando un término o concepto se vuelve un paradigma, que ayuda a explicar la idea que se quiere transmitir.

Ortodoxia: Doctrina en conformidad con la Palabra de Dios. Doctrina establecida.

Ortopraxis: Práctica correcta. Modo de conducirse de acuerdo con los valores éticos y morales.

Parusía: Término de origen griego que significa llegada, revelación o venida. Algunas veces está referido a la venida en gloria de Cristo.

Pleroma: Término griego que denota plenitud o totalidad.

Pléyade: Celebridades, principalmente en las letras, que por lo general comparten la misma época.

Portentos: Eventos fuera de lo normal que causan tanto asombro como miedo. Sucesos extraordinarios en ocasiones sobrenaturales.

Posicional: Postura, punto de vista, posición de algo o alguien. Situación o disposición.

Praxis: Se refiere a la práctica. Se contrapone a la teoría. Es la acción de una teoría, lección o habilidad. Praxis puede referirse también al acto de involucrar, aplicar, ejercitar, realizar o practicar ideas.

Prodigios: Acontecimientos insólitos que exceden lo natural. Fenómenos milagrosos.

Protervia: Acciones perversas. Actuar con maldad y perversidad.

Ritualista: Persona que practica un ritual, como en los servicios religiosos.

Sinergia: Acción de varias causas, cuyo efecto es superior a la suma de los efectos individuales. Obtener un resultado mayor al esperado por separado.

Sola fide: Viene del latín; solo por fe.

Suigéneris: Objeto, persona o evento muy singular y excepcional.

Tácito: Se supone. Que está implícito.

Teología Propia: Terminología para hablar del estudio de Dios, sus atributos, sus decretos.

Teología: Ciencia que estudia a Dios. Se fundamenta en la Biblia.

Ultratumba: Después de la tumba. El más allá.

Vericueto: Lugar o sitio áspero y quebrado, por donde no se puede andar sino con dificultad. Laberinto.

Voto nazareo: Dedicación, consagración a Dios. En la Biblia se indica que la persona que tomaba el voto nazareo debía abstenerse de tomar vino, sidra, vinagre, licor de uvas, uvas frescas o secas. No podía acercarse a una persona muerta. Mientras duraba su voto no debía cortarse el cabello.

Bibliografía

—Adam Clarke, *Comentario de la Santa Biblia. Tomo III. Nuevo Testamento*. Casa Nazarena de Publicaciones, Kansas City. 2008.

—Alfonso Ropero, *Salud, enfermedad y fe*. Terrassa: Editorial CLIE. 1999.

—Antolín Diestre, *El estrés, su diagnóstico, causas y tratamiento*. Terrassa: CLIE. 2001.

—Arthur Wallis, *El ayuno escogido por Dios, Una guía práctica y espiritual para el ayuno.* Nashville: Grupo Nelson 27ª. 2011.

—Aurora Milano, *Mi testimonio Yiye Ávila*. 2012.

—Carmen Talavera D., *Fuimos llamados, mi vida y caminar junto a Yiye Ávila*. Camuy, PR.

—Charles C. Ryrie, *¡Ven pronto, Señor Jesús!* Grand Rapids: Editorial Portavoz. 1999.

—Charles R. Swindoll, *Decirlo bien. Cómo conmover a otros con sus palabras*. Miami: Editorial Patmos. 2016.

—Confesiones de fe de la Iglesia. Confesión Belga. Terrassa: CLIE. 1999.

—Donald W. Dayton, *Raíces teológicas del pentecostalismo*. Grand Rapids: Libros Desafíos. 2019.

—Danny Berrios, *El Rey me mandó a llamar.* Christian Editing, Miami. 2019.

—Edward M. Bounds, *Grandes autores de la fe. Lo mejor de Edward M. Bounds*. Terrassa: CLIE. 2001.

—Frank W. R. Benoit, *No por Ignorancia.* Sevilla: Deep River Books. 2020.

—Gordon D. Fee, *La lectura eficaz de la Biblia.* Deerfield: Editorial Vida. 1995.

—Guy Duffield, *Fundamentos de teología pentecostal.* Editorial Desafío, Bogotá. 2006.

—Héctor Detrés Collazo, *Televisión, sus efectos en niños y adolescentes.* Terrassa: CLIE. 1995.

—José Grau, *Curso de formación teológica evangélica. 7 Escatología final de los tiempos*. Terrassa: CLIE. 1977.

—Justo González, editor general, *Obras de Wesley. Tomo I, Sermones I, Obras de Wesley.* Tennesee: Providence House Publishers, 1996.

—*Obras de Wesley, Tomo II, Sermones II.* Tennesee: Providence House Publishers, 1996.

—*Obras de Wesley. Tomo VIII, Tratados teológicos*. Henrico: Editorial Wesley Heritage Foundation, 1998.

—Louis Berkhof, *Teología sistemática,* Libros Desafío. Gran Rapids. 2012.

—Neil T. Anderson, *Cómo ganar la guerra espiritual.* Medley: Editorial Unilit. 2016.

—*Rompiendo las cadenas*, Medley: Editorial Unilit. 2019.

—Norma C. de Deiros, *¡Sonríe, hermano!* Miami: Editorial Caribe. 1988.

—Pablo Deiros, *La acción del Espíritu Santo en la historia.* Miami: Editorial Caribe. 1998.

—Ralph Mahoney, *El cayado del pastor. Señales y maravillas hoy.* Burbank: World MAP. 1995.

—R. Goos, *Tribulaciones y triunfos de la Fe*. 1875.

—R. Mayhue, *Cómo interpretar la Biblia uno mismo*, Michigan: Editorial Portavoz. 1994.

—Ronald A. Kydd, *Dones carismáticos en la iglesia primitiva: los dones del Espíritu en los primeros 300 años.* Miramar: Patmos. 2023.

—Sam Waldron, *¿Continuarán?, una crítica bíblica a la continuación de los dones milagrosos*. Pensacola: Chapel Library. 2020.

—Tony Reinke, *Hechizo digital. 12 maneras en las que tu dispositivo te está cambiando*. Faro de gracia. 2017.

—Walter Martin, *Los testigos de Jehová.* Grupo Nelson. 2009.

—Warren W. Wiersbe, *Comentario Wiersbe del Nuevo Testamento.* Sebring: Bautista Independiente. 2019.

—Wayne Grudem, *Teología sistemática*, Miami: Editorial Vida, 2007.

—*¿Están vigentes los dones milagrosos? Cuatro puntos de vista, colección teológica contemporánea.* Barcelona: CLIE, 2004.

—Wesley L. Duewel, *Cambie el mundo a través de la oración.* Nashville: Editorial Betania. 1988.

—Yiye Ávila, *¿Pasará la Iglesia por la Gran Tribulación?* Miami: Unilit. 1994.

—*7 mensajes de impacto. Volumen I.* Editorial Cristo Viene, Camuy. 2006.

—*Dones del Espíritu.* Medley: Unilit. 2016.

—*El ayuno del Señor, ayuno de victoria.* Miami. 1994.

—*La Ciencia de la Oración.* Miami: Unilit. 2002.

—*Mis experiencias con Jesús*. Camuy: Editorial Cristo Viene. 2007.

—*Señales de su venida*. Medley: Unilit. 2022.

—*Sin santidad nadie le verá.* Miami: Unilit. 1994.

—(1981). Impacto en Perú 1980. *La fe en marcha*, 1981.

—(1983). Impacto de Dios, California 83. *La fe en marcha,* 1983-5.

—(1984). Paraguay 1984. *La fe en marcha,* 1985-3.
—(1984). Puerto Rico 1984. *La fe en marcha,* 1985-1.
—(1985). Bogotá, Colombia 1984. *La fe en marcha,* 1985-2.
—(1985). Chile 1985. *La fe en marcha,* 1986-2.
—(1985). Impacto en México 1985. *La fe en marcha,* 1986-1.
—(1985). Venezuela 1985. *La fe en marcha,* 1985-4.
—(1986). Campaña en Panamá y Haití. *La fe en marcha,* 1986-4.
—(1986). España y Estados Unidos 1986. *La fe en marcha,* 1986-6.
—(1987). Bolivia 87. *La fe en marcha*, 1987-4.
—(1987). Europa 1987. España, Francia, Portugal. *La fe en marcha*, 1987-6.
—(1987). Los Ángeles, CA y Miami, FL para Cristo. *La fe en marcha*, 1987-5.
—(1987). México 87. *La fe en marcha*, 1987-3.
—(1988). Campañas en Puerto Rico. *La fe en marcha*, 1988-2.
—(1988). Nicaragua. *La fe en marcha*, 1988-1.
—(1989). Campañas en República Dominicana. *La fe en marcha*, 1989-2.
—(1989). Impacto de Dios en Guatemala. *La fe en marcha*, 1989-3.
—(1990). Impacto en Venezuela. *La fe en marcha*, 1990-4.
—(1990). Impacto de Dios. Australia 1989. *La fe en marcha*, 1990-1.
—(1990). Una reseña muy personal. Por: Hna. Yeya Ávila. (Esposa del Hno. Yiye Ávila). *La fe en marcha*, 1990-8.
—(1991). Argentina 1990. *La fe en marcha*, 1991-1.
—(1991). Campaña en Los Ángeles. *La fe en marcha*, 1991-.
—(1991). México 1991. *La fe en marcha*, 1991-4.
—(1992). Campaña en Colombia 92. *La fe en marcha*, 1992-6.
—(1992). Impacto en Nueva York 1992. *La fe en marcha*, 1992-5.

—(1993). Campañas en El Salvador. *La fe en marcha*, 1993-1.
—(1993). Campañas en Santo Domingo. *La fe en marcha*, 1993-3.
—(2000). Impacto en Guatemala. *La fe en marcha*, 2000-2.
—(2007). Gloriosa cruzada evangélica en Ecuador. *La fe en marcha*, 2007-1.
—(1983). Campañas en la República Dominicana. *La fe en marcha*, 1983.
—(1985). Campaña en el Bronx, Nueva York. Texas 1984. *La fe en marcha*, 1985-1.
—(1986). Campaña en Haití. *La fe en marcha*, 1986-4.
—(1990). Campaña en Puerto Rico. *La fe en marcha*, 1990-8.

Bibliografía digital

—Acepta a Jesús. (4 de diciembre de 2017). *Yiye Ávila, «Mi testimonio». Iglesia de Claudio Freidzon, Argentina 2004.* (Video) https://www.youtube.com/watch?v=S-QRBa8sy1k
—Alejandro Román. (4 de junio de 2023). *Yiye Ávila, El juicio final.* (Video) https://www.youtube.com/watch?v=iLkBXud_oUs
—Aurora Milano. (26 de octubre de 2012). *Prédica, Mi testimonio*, Yiye Ávila. (Video) https://www.youtube.com/watch?v=KdbE-hyD2DU&t=2770s
—Iglesia Buenas Nuevas de Madrid. (4 de septiembre de 2014). *Este es uno de los mensajes más impactantes de Yiye Ávila.* (Video) https://www.youtube.com/watch?v=X4I3cHj6cNI&t=1161s
—Iglesia primitiva de Cristo. (9 de mayo de 2017). *Testimonio impactante de Yiye Ávila.*
Asesinato de su hija. (Video) https://www.youtube.com/watch?v=d-8krx6yf2s&t=10s

—Jesús Dávila, tu canal de música cristiana. (24 de julio de 2021). *Yiye Ávila (Mi testimonio) LP completo (ya-001) Vol.1.* (Video) https://www.youtube.com/watch?v=szDks22Rvmo

—Jonathan Pérez. (2 de junio de 2022). *El evangelista que llevó a miles a los pies del Señor.* ¾Noticia Cristiana. https://www.noticiacristiana.com/sociedad/2022/06/yiye-avila-evangelista-miles-senor.html

—Prédicas de Yiye Ávila. (10 de febrero de 2024). *El poder de orar de madrugada.* https://www.youtube.com/watch?v=lDcEjq3s8_Q&t=2s

—Prédicas de Yiye Ávila. (18 de enero de 2021). *¿Podremos reconocer a nuestros familiares en el cielo? ¿Tendremos recuerdos?* (Video) https://www.youtube.com/watch?v=_6z-gzGp-aVk&t=494s

—Tiempos finales. (4 de mayo de 2020). *Entrevista completa junto a la hermana Yeya Ávila, esposa del evangelista Yiye Ávila.* (Video) https://www.youtube.com/watch?v=5ZhxjAZDZ0M&t=254s

—Yiye Ávila. (4 de marzo 2023). *Aprende a callar y deja que Dios haga justicia.* (Video) https://www.youtube.com/watch?v=KXouPrRNzD8&t=74s

Reconocimientos

Deseo reconocer a más de ciento cincuenta personas a las que entrevisté y me permitieron ver al Yiye que ellos conocían.

A la junta directiva del Ministerio Cristo Viene, a los evangelistas, coordinadores y miembros de los distintos departamentos del ministerio.

A Tommy Figueroa, presidente de Cristo Viene, por su apoyo y disposición a facilitarme todo lo necesario desde las oficinas, archivos, fotos, libros, revistas, grabaciones y acompañarme a realizar algunas de las entrevistas.

A Carmen Delia Talavera «Yeya» y a Doris Ávila, su hija, por abrir sus corazones y permitir que desde su intimidad el pueblo de Dios conozca cosas que solo ellas sabían.

A Tito Atiles, el primer coordinador.

A Rdo. Orlando Manso, por la investigación realizada y por tomar mis pensamientos y darle forma.

A Jorge Julio González, mi editor.

A Rdo. Eugenio Jiménez, cuya influencia ayudó a moldear al joven Yiye, mi vida misma y este libro.

Sobre el autor

Luis Ángel Díaz-Pabón es presidente de la Sociedad Misionera Global y dirige varios ministerios, como la iglesia Capilla del Rey (The King's Chapel), en Miami, Florida. Nació en el seno de una familia cristiana, reconoció a Cristo como su Señor y Salvador a los quince años de edad y posteriormente comenzó su obra como evangelista en Puerto Rico en 1973. Sus cruzadas evangelísticas han congregado a más de 60 000 personas en una sola noche.